Jahresabschlusserstellung – online-Version

Sehr geehrte Jahresabschlussersteller,

mit dem Kauf der Jahresabschlusserstellung erhalten Sie einen kostenfreien Zugang auf die Online-Version der Jahresabschlusserstellung, die alle abgedruckten Arbeitspapiere in digitaler Form enthält. Damit haben Sie unabhängig vom gedruckten Buch jederzeit einen orts- und zeitunabhängigen Zugriff auf den kompletten Datenbestand der Jahresabschlusserstellung.

Die Online-Version enthält neben den einzelnen Arbeitshilfen, die Sie direkt am Bildschirm bearbeiten und ausfüllen können, ein Auswahlprogramm, mit dem Sie individuell für jeden Mandanten ein spezifisches Erstellungsprogramm generieren können.

Und noch viel mehr:

Die so bearbeiteten Arbeitshilfen können Sie direkt auf Ihrem PC mandantenspezifisch speichern und weiterverarbeiten.

Nutzen Sie das Angebot. Gehen Sie online!

Und so geht's:

1. Rufen Sie die Internetadresse www.qssonline.de auf.
2. Wählen Sie den Menüpunkt „Registrieren" aus und halten Sie Ihre persönliche Freischaltnummer bereit. Diese befindet sich unten auf dieser Seite.
3. Zur Bestätigung Ihrer Anmeldung erhalten Sie umgehend Ihre Zugangsdaten per E-Mail, mit denen Sie sich auf der Homepage www.qssonline.de anmelden und auf die Online-Version der Jahresabschlusserstellung zugreifen können.

Ihr Freischaltcode: _____ 47048-277df-5686e-f3388 _____

Farr/Niemann/Bruckner
Jahresabschlusserstellung

Jahresabschlusserstellung

Arbeitshilfen bei Anwendung des
Bilanzrichtlinie-Umsetzungsgesetzes (BilRUG)
(ohne Beurteilungen)

Mit einer Einführung in das BilRUG von

Prof. Dr. Christian Zwirner
Wirtschaftsprüfer und Steuerberater in München

Bearbeitet von

Dr. Wolf-Michael Farr
Wirtschaftsprüfer und Steuerberater in Berlin

Dr. Walter Niemann
Rechtsanwalt, Wirtschaftsprüfer und Steuerberater in Köln

Andrea Bruckner
Wirtschaftsprüferin und Steuerberaterin in München

3. Auflage 2016

C.H.BECK

Zitiervorschlag: Farr/Niemann/Bruckner, JA-Erstellung, S. …

www.beck.de

ISBN 978 3 406 69605 3

© 2016 Verlag C.H.Beck oHG,
Wilhelmstraße 9, 80801 München
Druck und Bindung: Beltz Bad Langensalza GmbH
Neustädter Straße 1–4, 99947 Bad Langensalza

Satz: Erich Seitz, Sternstraße 5, 86748 Marktoffingen
Umschlaggestaltung: Druckerei C.H.Beck Nördlingen

Gedruckt auf säurefreiem, alterungsbeständigem Papier,
hergestellt aus chlorfrei gebleichtem Zellstoff

Vorwort

Mit der 3. Auflage werden 5 Jahre nach der 2. Auflage erneut Arbeitshilfen zur Jahresabschluss-erstellung in Buchform veröffentlicht, nachdem in der Zwischenzeit die in der 2. Auflage angebotenen Arbeitshilfen für ein Qualitätssicherheitssystem (QSS) in erweiterter und zwischenzeitlich auch überarbeiteter Form als Teil des digitalen FARR-NIEMANN-QSS veröffentlicht wurden.

Die vorliegende Auflage beschränkt sich entsprechend dem Bedarf in der Praxis auf diejenigen Arbeitshilfen zur Erstellung des Jahresabschlusses, die bei Auftragsverhältnissen ohne weitere Beurteilungen benötigt werden. Dabei tragen sämtliche Arbeitshilfen den Änderungen des HGB durch das BilRUG Rechnung. Zum besseren Verständnis werden die Arbeitshilfen durch eine von Herrn Prof. Dr. *Christian Zwirner* verfasste Einführung über die Änderungen des BilRUG für den Einzelabschluss sowie durch sämtliche relevanten HGB-Vorschriften mit Hervorhebung der Änderungen durch das BilRUG ergänzt.

Die Zahl der bisherigen Autoren hat sich erweitert. Wie im FARR-NIEMANN-QSS werden die Arbeitshilfen zur Erstellung von Jahresabschlüssen verantwortet von Frau *Andrea Bruckner* und von Herrn *Dr. Walter Niemann*, die Checklisten zum Anhang und zum Lagebericht von Herrn *Dr. Wolf-Michael Farr*.

Den Nutzern dieses Werks wird zusätzlich über das Internet eine digitale Bearbeitung angeboten. Hierzu beachten Sie bitte die Hinweise zur Nutzung der Arbeitshilfen in der Online-Version auf den Seiten 21 ff. Die dafür notwendige persönliche Freischaltnummer (kostenlos für alle Buchkäufer) finden Sie auf der Umschlaginnenseite. Zugleich bietet dieser Zugang auch die Möglichkeit, das vollständige QSS zur Jahresabschlusserstellung sowie zu den übrigen Auftragsgebieten der Berufsangehörigen (Organisation der Praxis, Jahresabschlussprüfung, Konzernabschlussprüfung, Prüfung nach der MaBV und der FinVermV) kennenzulernen.

Unser herzlicher Dank gilt wiederum Herrn *Hans-Josef Hunold* aus dem Verlag C.H.Beck, der das Werk mit großem Engagement und mit vielfältigen Ideen begleitet hat. Außerdem gilt unser Dank dem Geschäftsführer der FARR · NIEMANN GmbH, Herrn *Franco Bergamasco,* der die digitale Bearbeitung über das Internet eingerichtet hat.

Wir hoffen, dass die neue Auflage allen Anwendern die benötigte Hilfestellung bietet, um den immer differenzierteren Qualitätsanforderungen auf praktikable Weise Rechnung zu tragen.

Berlin / Köln / München im Mai 2016

Dr. Wolf-Michael Farr
Dr. Walter Niemann
Andrea Bruckner

Inhaltsverzeichnis

Vorwort V

Einführung und tabellarischer Überblick über die Änderungen des BilRUG für den Einzelabschluss
von Prof. Dr. Christian Zwirner 1

A. Benutzungshinweise zur Anwendung der Arbeitshilfen (Online-Version)

1. Freischaltung der Online-Version 21
2. Login/Passwort zurücksetzen 21
3. Zu Ihren freigeschalteten Arbeitshilfen navigieren 22
4. Mandant und Auftrag anlegen 23
5. Öffnen, bearbeiten und Download Ihrer Arbeitshilfe 23
6. Listenansicht: Bearbeitete Arbeitshilfen 24

B. Arbeitshilfen

I. Abschluss der Buchführung

Abschluss der Buchführung 27

II. Arbeitshilfen zur Abschlusserstellung

1. Aufwendungen für die Ingangsetzung und Erweiterung des Geschäftsbetriebes ... 33
2. Immaterielle Vermögensgegenstände des Anlagevermögens 35
3. Sachanlagen 41
4. Finanzanlagen 47
5. Vorräte 51
6. Forderungen und sonstige Vermögensgegenstände 55
7. Wertpapiere des Umlaufvermögens 59
8. Kassenbestand, Bundesbankguthaben, Guthaben bei Kreditinstituten und Schecks ... 62
9. Rechnungsabgrenzungsposten 64
10. Latente Steuern 66
11. Eigenkapital 68
12. Sonderposten mit Rücklageanteil 74
13. Rückstellungen 76
14. Verbindlichkeiten 84
15. Eventualverbindlichkeiten 88
16. Gewinn- und Verlustrechnung 90

Anhang für Personengesellschaften (haftungsbeschränkt; z.B. GmbH & Co KG) 97
Anhang für Gesellschaften mit beschränkter Haftung 121
Anhang für Aktiengesellschaften 141

Aufstellung des Lageberichts 165
Endkontrolle 175
Auftragsbesonderheit: Jahresabschlüsse von Kleinstkapitalgesellschaften (MicroBil) § 267a HGB 179

Einführung und tabellarischer Überblick
über die Änderungen des BilRUG für den Einzelabschluss

Das BilRUG ist als Artikelgesetz ausgestaltet und führt folglich zu Änderungen in diversen Einzelgesetzen. Im Folgenden werden allein die Änderungen, die den handelsrechtlichen Einzelabschluss betreffen, tabellarisch dargestellt, wobei auf die Änderungen des sonstigen Bundesrechts verzichtet wird. Die relevanten Regelungen zur Offenlegung sowie in den Straf- und Bußgeldvorschriften und zu den Ordnungsgeldern werden auch dargestellt.

Die Regelungen zum EGHGB werden auch skizziert. Die relevanten Änderungen für Genossenschaften werden ebenso dargestellt wie die Folgeänderungen zum HGB im PublG, AktG und GmbHG. Auf die Besonderheiten für Kreditinstitute und Versicherungsunternehmen wird verzichtet; ebenso auf die Vorschriften zum Zahlungsbericht.*

---

*   Vgl. zu einem umfassenden Überblick zu allen Änderungen durch das BilRUG stellvertretend und weiterführend *Zwirner,* BilRUG, 2016.

Einführung und tabellarischer Überblick über die Änderungen durch das BilRUG

Gegenstand der Änderung/Neuerung	Rechtsgrundlagen	Zeitpunkt des Inkrafttretens
Handelsgesetzbuch		
Die Änderungen des HGB stellen die zentralen Vorschriften des BilRUG dar und beinhalten unter anderem die Anhebung der Schwellenwerte (§ 267 HGB) und eine Neudefinition der Umsatzerlöse (§ 277 HGB).		
In § 8 Abs. 2 Nr. 4 HGB wird ein Verweis auf den neuen § 341w HGB aufgenommen. Dies ist eine Folgeänderung im Zusammenhang mit der Einführung einer Berichtspflicht für bestimmte Unternehmen des Rohstoffsektors über ihre Zahlungen an staatliche Stellen.	§ 8b Abs. 2 Nr. 4 HGB (Unternehmensregister)	Erstmalige Anwendung auf Zahlungsberichte für ein nach dem Inkrafttreten des BilRUG beginnendes Geschäftsjahr
Vorschriften für alle Kaufleute		
Die Schwellenwerte von 500.000 EUR Umsatzerlöse und 50.000 EUR Jahresüberschuss sind nach § 241a HGB jeweils auf die letzten zwölf Monate vor dem Abschluss des Geschäftsjahres und das Vorjahr zu beziehen. Nicht maßgeblich sind die aufgerechneten Beträge von zwei aufeinanderfolgenden Geschäftsjahren.*	§ 241a Satz 1 HGB (Befreiung von der Pflicht zur Buchführung und Erstellung eines Inventars)	23.7.2015
Die Änderung des § 253 Abs. 1 Satz 6 HGB ist eine redaktionelle Klarstellung im Zuge des MicroBilG. Die neue Formulierung „Macht eine Kleinstkapitalgesellschaft von mindestens einer der in Satz 5 genannten Erleichterungen Gebrauch," präzisiert hier den Anwendungsbereich. Der § 253 Abs. 3 HGB regelt die Abschreibungsdauer bei aktivierten Geschäfts- oder Firmenwerten sowie selbst geschaffenen immateriellen Vermögensgegenständen, bei denen die Nutzungsdauer nicht verlässlich geschätzt werden kann. Planmäßige Abschreibungen auf die Herstellungskosten sind hierbei über einen Zeitraum von zehn Jahren vorzunehmen. Der Zeitraum, über den die Abschreibung erfolgt, ist/bleibt im Anhang zu erläutern. Eine entsprechende Anhangangabe für Entwicklungskosten selbst erstellter immaterieller Vermögensgegenstände des Anlagevermögens ist nicht gefordert.	§ 253 HGB (Zugangs- und Folgebewertung)	Erstmalige Anwendung auf Jahresabschlüsse sowie Lageberichte für das nach dem 31.12.2015 beginnende Geschäftsjahr
Nur (einzeln und direkt) zurechenbare Anschaffungspreisminderungen dürfen von den Anschaffungskosten nach § 255 Abs. 1 HGB zum Abzug gebracht werden. Demnach sind mengen- oder umsatzabhängige Boni nur dann anschaffungskostenmindernd zu berücksichtigen, wenn sie den Vermögensgegenständen einzeln zugerechnet werden können.	§ 255 Abs. 1 HGB (Bewertungsmaßstäbe)	Erstmalige Anwendung auf Jahresabschlüsse sowie Lageberichte für das nach dem 31.12.2015 beginnende Geschäftsjahr

---

* Durch das Bürokratieentlastungsgesetz (BGBl. I 2015, S. 1400ff.) wurden die Schwellenwerte auf 600.000 EUR Umsatzerlöse und 60.000 EUR Jahresüberschuss mit Wirkung ab dem 1.1.2016 erhöht.

Gegenstand der Änderung/Neuerung	Rechtsgrundlagen	Zeitpunkt des Inkrafttretens
Ergänzende Vorschriften **für Kapitalgesellschaften sowie bestimmte Personenhandelsgesellschaften** **Allgemeine Vorschriften**		
Die Angabepflicht der Kleinstkapitalgesellschaften zu eigenen Aktien unter der Bilanz wird mit der Anpassung des § 264 Abs. 1 Satz 5 Nr. 3 HGB auf Aktiengesellschaften beschränkt (bisher auch KGaA). Nach § 264 Abs. 1 HGB wird ein neuer Abs. 1a (§ 264 Abs. 1a HGB) eingefügt, der die Angabepflicht im Jahresabschluss (bzw. Anhang) neu regelt. So besteht nun eine explizite Angabepflicht von Firma, Sitz, Registergericht und Handelsregisternummer des Bilanzierenden. Sofern sich das berichtende Unternehmen in Liquidation befindet, ist auch hierauf gesondert hinzuweisen. Der Zusatz, dass diese Angaben im einleitenden Teil des Jahresabschlusses gemacht werden müssen, wurde im Rahmen des Gesetzgebungsverfahrens zwar diskutiert, jedoch abschließend nicht aufgenommen. Somit können diese Angaben zukünftig an beliebiger Stelle (bevorzugt jedoch zu Beginn) im Jahresabschluss gemacht werden. In § 264 Abs. 3 HGB erfolgt eine Klarstellung in Bezug auf die notwendigen Voraussetzungen für die Inanspruchnahme der Befreiungsvorschrift hinsichtlich der Aufstellung, Prüfung und Offenlegung des Jahresabschlusses. Hierbei werden redaktionelle Ungenauigkeiten der bisherigen Formulierung des § 264 Abs. 3 HGB bereinigt und Zweifelsfragen geklärt. Die zu erfüllenden Voraussetzungen lauten wie folgt: 1. Alle Gesellschafter des Tochterunternehmens haben der Befreiung zugestimmt. 2. Es besteht eine Bereitschaft zur Übernahme der durch das Tochterunternehmen eingegangenen Verpflichtungen aus dem jeweiligen Geschäftsjahr durch das befreiende Mutterunternehmen (wenn, sobald und soweit die Bereitschaft zur Verlustübernahme widerrufen wird, leben alle Rechnungslegungspflichten etc. des eigentlich zu befreienden Tochterunternehmens wieder auf). 3. Aufstellung und Prüfung des Konzernabschlusses erfolgen nach den Rechtsvorschriften des Sitzstaates des Mutterunternehmens. 4. Tatsächliche Einbeziehung in den Konzernabschluss ist erfolgt und es wurde ein Hinweis auf die Befreiung im Konzernanhang gegeben. 5. Für das zu befreiende Tochterunternehmen sind der Beschluss nach Nr. 1, die Erklärung nach Nr. 2 sowie der Konzernabschluss mit Bestätigungsvermerk nach Nr. 3 offengelegt. Sofern das Mutterunternehmen bereits einzelne oder alle in Satz 1 Nr. 5 bezeichneten Unterlagen offengelegt hat, braucht das Tochterunternehmen diese Unterlagen nicht erneut offenzulegen, wenn sie im Bundesanzeiger unter dem Tochterunternehmen auffindbar sind.	§ 264 HGB (Pflicht zur Aufstellung; Befreiung)	Erstmalige Anwendung auf Jahresabschlüsse sowie Lageberichte für das nach dem 31.12.2015 beginnende Geschäftsjahr

Einführung und tabellarischer Überblick über die Änderungen durch das BilRUG

Gegenstand der Änderung/Neuerung	Rechtsgrundlagen	Zeitpunkt des Inkrafttretens
§ 264 Abs. 4 HGB regelt nach seiner Änderung, dass auch Mutterunternehmen, die nicht die Rechtsform einer Kapitalgesellschaft haben, einen befreienden Konzernabschluss aufstellen können. Dieser Abschluss kann auch freiwillig erstellt werden, sofern alle Regelungen, die für Kapitalgesellschaften zu beachten sind, berücksichtigt werden. Insoweit gelten die Regelungen nach § 264 Abs. 3 HGB analog.		
Eine Personenhandelsgesellschaft (OHG, KG) ist von der Anwendung der Vorschriften der §§ 264 ff. HGB befreit, wenn sie in den Konzernabschluss eines persönlich haftenden Gesellschafters oder in den Konzernabschluss eines Mutterunternehmens mit Sitz in der EU oder im EWR einbezogen wurde .	§ 264b HGB (Befreiung der offenen Handelsgesellschaften und Kommanditgesellschaften im Sinne des § 264a von der Anwendung der Vorschriften dieses Abschnitts)	Erstmalige Anwendung auf Jahresabschlüsse sowie Lageberichte für das nach dem 31.12.2015 beginnende Geschäftsjahr
Mit dem BilRUG wird in § 264d HGB ein früheres Redaktionsversehen beseitigt. Der Zusatz „Satz 1" wird zukünftig gestrichen.	§ 264d HGB (Kapitalmarktorientierte Kapitalgesellschaft)	23.7.2015
Neben zusätzlichen Posten dürfen zukünftig mit der Änderung des § 265 Abs. 5 HGB auch Zwischensummen eingefügt werden.	§ 265 HGB (Allgemeine Grundsätze für die Gliederung)	Erstmalige Anwendung auf Jahresabschlüsse sowie Lageberichte für das nach dem 31.12.2015 beginnende Geschäftsjahr
Bilanz		
Es wird eine redaktionelle Änderung zur Beseitigung eines früheren Redaktionsversehens aufgenommen. Zukünftig lautet die Formulierung in Satz 2 „mittelgroße und große Kapitalgesellschaften (§ 267 Absatz 2 und 3)".	§ 266 HGB (Gliederung der Bilanz)	23.7.2015
Die Schwellenwerte des § 267 HGB werden durch das BilRUG auf die nach Vorgaben der EU maximale Höhe angehoben: – bei kleinen Kapitalgesellschaften erfolgt eine Anhebung um rd. 24 % der bisherigen Werte (Bilanzsumme 6 Mio. EUR (zuvor: 4,84 Mio. EUR) und Umsatzerlöse 12 Mio. EUR (zuvor: 9,68 Mio. EUR) – bei mittelgroßen Kapitalgesellschaften erfolgt eine Anhebung um rd. 4 % (20 Mio. EUR Bilanzsumme (bisher: 19,25 Mio. EUR) und 40 Mio. EUR Umsatzerlöse (bisher: 38,5 Mio. EUR) Hierdurch ergeben sich Entlastungen für kleine und mittelgroße Gesellschaften. Die Entlastungen für kleine Kapitalgesellschaften wirken sich hierbei deutlich mehr aus, da die relevanten Werte stärker erhöht werden.	§ 267 HGB (Umschreibung der Größenklassen)	Erstmalige Anwendung der §§ 267, 267a Abs. 1, 277 Abs. 1 sowie 293 HGB auf Jahresabschlüsse sowie Lageberichte für das nach dem **31.12.2013** beginnende Geschäftsjahr **möglich**, jedoch nur insgesamt.

Einführung und tabellarischer Überblick über die Änderungen durch das BilRUG

Gegenstand der Änderung/Neuerung	Rechtsgrundlagen	Zeitpunkt des Inkrafttretens
Maßgebend für die Einstufung in die jeweilige Größenklasse sind die Summen von zwei aufeinanderfolgenden Geschäftsjahren, wobei zwei der drei Merkmale zutreffend sein müssen (§ 267 Abs. 4 HGB). Im Falle eines Formwechsels finden die Ausführungen zu § 267 Abs. 4 Satz 2 HGB zur Anwendung der Schwellenwerte bei Neugründungen etc. keine Anwendung (§ 267 Abs. 4 Satz 3 HGB). Dies gilt zumindest dann, wenn die formwechselnde Gesellschaft eine Kapitalgesellschaft oder Personenhandelsgesellschaft i.S.d. § 264a Abs. 1 HGB ist. Nach dem neuen § 267 Abs. 4a HGB wird die für die Schwellenwertbestimmung maßgebliche Bilanzsumme definiert als Summe der Buchstaben A bis E der Aktivseite (§ 266 Abs. 2 HGB). Damit sind die latenten Steuern ebenso zu berücksichtigen. Ein auf der Aktivseite ausgewiesener Jahresfehlbetrag wird nicht in die Bilanzsumme einbezogen.		Wird von der vorgezogenen Anwendung kein Gebrauch gemacht, sind die Vorschriften erstmals auf Jahresabschlüsse sowie Lageberichte für das nach dem **31.12.2015** beginnende Geschäftsjahr anzuwenden
In § 267a Abs. 1 HGB werden, als Folgeänderung der geänderten Definition der Bilanzsumme, die Wörter „nach Abzug eines auf der Aktivseite ausgewiesenen Fehlbetrags (§ 268 Absatz 3)" gestrichen und Satz 2 ganz aufgehoben. Nach § 267a Abs. 3 sind die für Kleinstkapitalgesellschaften vorgesehenen Erleichterungen künftig von folgenden Kategorien von Unternehmen nicht mehr anzuwenden: – Investmentgesellschaft i.S.d. KAGB, – Unternehmensbeteiligungsgesellschaft, – Unternehmen, deren einziger Zweck darin besteht, Beteiligungen an anderen Unternehmen zu erwerben sowie die Verwaltung und Verwertung dieser Beteiligungen wahrzunehmen, ohne dass sie unmittelbar oder mittelbar in die Verwaltung dieser Unternehmen eingreifen, wobei die Ausübung der ihnen als Aktionär oder Gesellschafter zustehenden Rechte außer Betracht bleibt.	§ 267a HGB (Kleinstkapitalgesellschaften)	Erstmalige Anwendung der §§ 267, 267a Abs. 1, 277 Abs. 1 sowie 293 HGB auf Jahresabschlüsse sowie Lageberichte für das nach dem **31.12.2013** beginnende Geschäftsjahr **möglich**, jedoch nur insgesamt. Wird von der vorgezogenen Anwendung kein Gebrauch gemacht, sind die Vorschriften erstmals auf Jahresabschlüsse sowie Lageberichte für das nach dem **31.12.2015** beginnende Geschäftsjahr anzuwenden. Erstmalige Anwendung des geänderten § 267a Abs. 3 HGB auf Jahresabschlüsse sowie Lageberichte für das nach dem 31.12.2015 beginnende Geschäftsjahr

Einführung und tabellarischer Überblick über die Änderungen durch das BilRUG

Gegenstand der Änderung/Neuerung	Rechtsgrundlagen	Zeitpunkt des Inkrafttretens
Mit dem BilRUG wird der § 268 HGB zu den Bilanzvermerken an mehreren Stellen abgeändert. Durch die Änderung des § 268 Abs. 1 HGB ergibt sich zukünftig ein Pflichtausweis des Gewinn- oder Verlustvortrags in der Regel in der Bilanz. Der bislang bestehende § 268 Abs. 2 HGB wird aufgehoben. Mittelgroße und große Kapitalgesellschaften haben künftig Angaben über die Anschaffungs- und Herstellungskosten, Zu- und Abgänge und Abschreibungen zu den einzelnen Posten des Anlagevermögens im Anhang darzustellen. Die Erstellung eines gesonderten Anlagengitters/Anlagenverzeichnisses als Bestandteil des Anhangs bleibt weiterhin möglich. Nach § 268 Abs. 5 HGB ist zukünftig nicht nur der Betrag der Verbindlichkeiten mit einer Restlaufzeit bis zu einem Jahr, sondern auch der Betrag mit einer Restlaufzeit von mehr als einem Jahr bei jedem gesondert ausgewiesenen Posten zu vermerken. Nach § 268 Abs. 7 HGB sind bei Anwendung des § 251 HGB von Kapitalgesellschaften folgende Angaben zu machen: – Die Angaben zu nicht auf der Passivseite auszuweisenden Verbindlichkeiten oder Haftungsverhältnissen sind im Anhang zu machen (Nr. 1). – Die einzelnen Haftungsverhältnisse sind jeweils gesondert unter Angabe der gewährten Pfandrechte oder sonstigen Sicherheiten anzugeben (Nr. 2). – Gesondert sind zudem die Verpflichtungen betreffend die Altersversorgung und gegenüber verbundenen oder assoziierten Unternehmen zu vermerken (Nr. 3).	§ 268 HGB (Vorschriften zu einzelnen Posten der Bilanz; Bilanzvermerke)	Erstmalige Anwendung auf Jahresabschlüsse sowie Lageberichte für das nach dem 31.12.2015 beginnende Geschäftsjahr
Eine Beteiligung wird zukünftig nach § 271 Abs. 1 Satz 3 HGB in Übereinstimmung mit der EU-Richtlinie vermutet, wenn mehr als 20 % der Anteile gehalten werden. Diese Vermutung kann widerlegt werden, wenn aufgezeigt wird, dass keine dauernde Verbindung der Unternehmen angestrebt wird. Zusätzlich wird durch das BilRUG eine redaktionelle Anpassung in § 271 Abs. 2 HGB vorgenommen.	§ 271 HGB (Beteiligungen, Verbundene Unternehmen)	Erstmalige Anwendung auf Jahresabschlüsse sowie Lageberichte für das nach dem 31.12.2015 beginnende Geschäftsjahr
Dem § 272 HGB wird mit dem BilRUG ein Abs. 5 angefügt. Übersteigt zukünftig der auf eine Beteiligung entfallende Teil des Jahresüberschusses in der Gewinn- und Verlustrechnung die Beträge, die als Dividende oder Gewinnanteil eingegangen sind oder auf deren Zahlung ein Anspruch besteht, ist der Unterschiedsbetrag in eine Rücklage einzustellen, die nicht ausgeschüttet werden darf. Außerdem wird klargestellt, dass eine Rücklage aufzulösen ist, soweit die Kapitalgesellschaft die Beträge vereinnahmt oder einen Anspruch auf ihre Zahlung erwirbt. Damit bleibt eine phasengleiche Gewinnvereinnahmung grundsätzlich weiterhin möglich (und auch von der EU-Richtlinie gedeckt). Allerdings sind künftig nur die Beträge ausschüttbar, die bereits als Gewinnanteil eingegangen sind oder auf die ein Zahlungsanspruch besteht. Für einen übersteigenden Betrag besteht eine Ausschüttungssperre (durch Rücklagenbildung!).	§ 272 HGB (Eigenkapital)	Erstmalige Anwendung auf Jahresabschlüsse sowie Lageberichte für das nach dem 31.12.2015 beginnende Geschäftsjahr

Einführung und tabellarischer Überblick über die Änderungen durch das BilRUG

Gegenstand der Änderung/Neuerung	Rechtsgrundlagen	Zeitpunkt des Inkrafttretens
Bei der Aufhebung von § 274a Nummer 1 HGB handelt es sich um eine Folgeänderung zur Aufhebung des § 268 Abs. 2 HGB. Zugleich rücken die bisherigen Nummern 2 bis 5 auf und werden zu den neuen Nummern 1 bis 4.	§ 274a HGB (Größenabhängige Erleichterungen)	Erstmalige Anwendung auf Jahresabschlüsse sowie Lageberichte für das nach dem 31.12.2015 beginnende Geschäftsjahr
Gewinn- und Verlustrechnung		
Die Gliederung der handelsrechtlichen GuV wird angepasst. Durch den Wegfall des außerordentlichen Ergebnisses in der GuV und der nunmehr nur noch im Anhang erfolgenden Erläuterung (siehe dazu auch die Neuregelung nach § 285 Nr. 31 HGB) ist die GuV-Gliederung sowohl für das Gesamtkostenverfahren als auch das Umsatzkostenverfahren anzupassen.	§ 275 HGB (Gliederung)	Erstmalige Anwendung auf Jahresabschlüsse sowie Lageberichte für das nach dem 31.12.2015 beginnende Geschäftsjahr
Kleine Kapitalgesellschaften haben durch die Änderung des § 276 HGB künftig für alle Aufwendungen und Erträge, die einem anderen Geschäftsjahr zuzurechnen sind – auch zu derartigen außerordentlichen Aufwendungen und Erträgen –, Erläuterungen (gemäß § 285 Nr. 31 HGB) zu machen.	§ 276 HGB (Größenabhängige Erleichterungen)	Erstmalige Anwendung auf Jahresabschlüsse sowie Lageberichte für das nach dem 31.12.2015 beginnende Geschäftsjahr
Mit der Änderung des § 277 Abs. 1 HGB wird die Definition der handelsrechtlichen Umsatzerlöse an die Vorgaben der EU-Richtlinie angepasst. Künftig sind auch Erzeugnisse, Waren und Dienstleistungen einzubeziehen, die nicht für die gewöhnliche Geschäftstätigkeit der Kapitalgesellschaft typisch sind. Dies bedeutet, dass die Differenzierung von Erzeugnissen, Waren oder Dienstleistungen hinsichtlich der Beurteilung, ob diese typisch für die gewöhnliche Geschäftstätigkeit sind, damit künftig entfällt. Die Bestimmungen des § 277 Abs. 4 HGB werden im Rahmen des BilRUG aufgehoben. Die bisherige Erläuterungspflicht zu Erträgen und Aufwendungen aus Satz 2 wird durch die Bestimmungen des § 285 Nr. 31 HGB ersetzt. Die bisher in Satz 3 enthaltene Erläuterungspflicht zu periodenfremden Aufwendungen und Erträgen wird in eine Anhangangabe nach § 285 Nr. 32 HGB überführt. Für die künftige Umsatzerlösabgrenzung wird die Abgrenzung von „Produkt" und „Dienstleistung" entscheidend sein. In der Praxis wird indes unverändert ein Ermessensspielraum bestehen.	§ 277 HGB (Vorschriften zu einzelnen Posten der Gewinn- und Verlustrechnung)	Jahresabschlüsse sowie Lageberichte für das nach dem **31.12.2015** beginnende Geschäftsjahr anzuwenden Erstmalige Anwendung des geänderten § 277 Abs. 2 und 3 HGB auf Jahresabschlüsse sowie Lageberichte für das nach dem 31.12.2015 beginnende Geschäftsjahr
Mit der Einführung des BilRUG wird der ehemalige § 278 HGB aufgehoben. Die Regelung nach § 278 HGB, die ihren Ursprung in der früher gegebenen unterschiedlichen Besteuerung von Ausschüttungen und Thesaurierungen bei Kapitalgesellschaften (und damit einhergehenden unterschiedlichen Körperschaftsteuersätzen) hatte, hat in der Vergangenheit bereits ihre Bedeutung verloren. Daher kann § 278 HGB nunmehr aufgehoben werden.	§ 278 HGB (Steuern)	23.7.2015

Einführung und tabellarischer Überblick über die Änderungen durch das BilRUG

Gegenstand der Änderung/Neuerung	Rechtsgrundlagen	Zeitpunkt des Inkrafttretens

Anhang

Gegenstand der Änderung/Neuerung	Rechtsgrundlagen	Zeitpunkt des Inkrafttretens
Die mit dem BilRUG erfolgende Änderung des § 284 HGB hat substantielle Änderungen der Anhangberichterstattung zur Folge. § 284 Abs. 1 HGB wird dergestalt verändert, dass künftig die Anhangangaben in der Reihenfolge der einzelnen Posten der Bilanz und der Gewinn- und Verlustrechnung darzustellen sind. Zudem sind die Angaben in den Anhang aufzunehmen, die in Ausübung eines Wahlrechts nicht in der Bilanz oder GuV gemacht werden. Der bisherige § 284 Abs. 2 Nr. 2 HGB wird aufgehoben. Damit sind künftig keine gesonderten Angaben zu den Grundlagen der Währungsumrechnung mehr zu machen. Dies dürfte angesichts der seit dem BilMoG in § 256a HGB geregelten Währungsumrechnung auch entbehrlich sein. Bei den Angaben zum Einfluss der Abweichungen von Bilanzierungs- und Bewertungsmethoden auf die Vermögens-, Finanz- und Ertragslage sind künftig explizit Angaben zum Umfang des Einflusses zu machen (§ 284 Abs. 2 Nr. 2 HGB). Sofern Zinsen für Fremdkapital in die Herstellungskosten einbezogen werden, sind diese nach § 284 Abs. 2 Nr. 4 HGB zukünftig im Einzelnen zu beziffern. Nach § 284 Abs. 3 HGB ist künftig im Anhang die Entwicklung der einzelnen Posten des Anlagevermögens darzustellen (Anlagengitter). Sind in die Herstellungskosten Zinsen für Fremdkapital einbezogen worden, ist zukünftig ebenfalls für jeden Posten des Anlagevermögens anzugeben, welcher Betrag an Zinsen im Geschäftsjahr aktiviert worden ist.	§ 284 HGB (Erläuterung der Bilanz und der Gewinn- und Verlustrechnung)	Erstmalige Anwendung auf Jahresabschlüsse sowie Lageberichte für das nach dem 31.12.2015 beginnende Geschäftsjahr
Eine der umfassendsten Änderungen im Rahmen des BilRUG betrifft die Bestimmungen zu den sonstigen Pflichtangaben im Anhang, geregelt in § 285 HGB. Hier werden Änderungen an zahlreichen Anhangangaben vorgenommen: – Nach § 285 Nr. 3 HGB sind künftig bei Risiken und Vorteilen von Geschäften, die nicht in der Bilanz enthalten sind, die Auswirkungen auf die Finanzlage anzugeben. – Bei sonstigen finanziellen Verpflichtungen, die nicht in der Bilanz enthalten sind, sind Verpflichtungen betreffend die Altersversorgung anzugeben, sofern sie nicht bei den Haftungsverhältnissen unter der Bilanz (§ 268 Abs. 7 Nr. 3 HGB) angegeben worden sind. Zudem sind die Verpflichtungen gegenüber verbundenen oder assoziierten Unternehmen anzugeben (§ 285 Nr. 3a HGB). – In § 285 Nr. 4 HGB erfolgt eine redaktionelle Klarstellung, da es auf die für die gewöhnliche Geschäftstätigkeit der Kapitalgesellschaft typischen Umsatzerlöse bei deren weiterer Erläuterung und Aufgliederung im Anhang nicht ankommt.	§ 285 HGB (Sonstige Pflichtangaben)	Erstmalige Anwendung auf Jahresabschlüsse sowie Lageberichte für das nach dem 31.12.2015 beginnende Geschäftsjahr

Einführung und tabellarischer Überblick über die Änderungen durch das BilRUG

Gegenstand der Änderung/Neuerung	Rechtsgrundlagen	Zeitpunkt des Inkrafttretens
– § 285 Nr. 6 HGB wird aufgehoben. Die Angabe, in welchem Umfang die Steuern vom Einkommen und vom Ertrag das Ergebnis der gewöhnlichen Geschäftstätigkeit und das außerordentliche Ergebnis belasten, fällt künftig weg. Es handelt sich hierbei um eine Folgeänderung zur Verlagerung der Erläuterung des außerordentlichen Ergebnisses aus der GuV in den Anhang (infolge §§ 275, 277 HGB).		
– Die Angaben für die Mitglieder des Geschäftsführungsorgans, eines Aufsichtsrats, eines Beirats oder einer ähnlichen Einrichtung werden durch die Änderung von § 285 Nr. 9c HGB mit Blick auf die Informationen zu den gewährten Vorschüssen und Krediten um die erlassenen Beträge ergänzt.		
– Nach der Neufassung des § 285 Nr. 11 HGB sind		
• Name und Sitz,		
• Höhe des Anteils am Kapital,		
• das Eigenkapital sowie das		
• Ergebnis des letzten Geschäftsjahres, für das ein Jahresabschluss vorliegt,		
aller Unternehmen anzugeben, an denen das berichtende Unternehmen eine Beteiligung hält, die dazu bestimmt ist, dem Geschäftsbetrieb der Kapitalgesellschaft dauerhaft zu dienen. Hiervon wird ausgegangen, wenn die berichtende Gesellschaft mindestens den fünften Teil der Anteile (d.h. mindestens 20 %) besitzt.		
Da die vorgenannte Schwelle von 20 % aber nur eine Vermutung ist, betrifft die Berichtpflicht auch jene Beteiligungen, die bei einer geringeren Beteiligungsquote dauerhaft dem Geschäftsbetrieb der berichtenden Kapitalgesellschaft dienen sollen.		
– Börsennotierte Kapitalgesellschaften haben alle Beteiligungen an großen Kapitalgesellschaften anzugeben, die 5 % der Stimmrechte überschreiten. Diese Neuregelung des § 285 Nr. 11b HGB tritt neben die für alle Kapitalgesellschaften geltende Regelung nach Nr. 11. Nach § 286 Abs. 3 Satz 1 HGB kann auf die Angabe verzichtet werden, sofern die Angaben von untergeordneter Bedeutung sind oder dem Unternehmen einen erheblichen Nachteil zuführen würden.		
– Unabhängig von der zugrundeliegenden Nutzungsdauer sind die für die Festlegung des Abschreibungszeitraums relevanten Gründe zu erläutern (§ 285 Nr. 13 HGB).		
– § 285 Nr. 14 HGB wird neu gefasst: Name und Sitz des Mutterunternehmens der Kapitalgesellschaft, das den Konzernabschluss für den größten Kreis von Unternehmen aufstellt, sowie der Ort, wo dieser Konzernabschluss erhältlich ist, sind im Anhang anzugeben.		
– § 285 Nr. 14a HGB ergänzt zukünftig die Bestimmungen unter § 285 Nr. 14 HGB. Danach sind Name und Sitz des Mutterunternehmens der Kapitalgesellschaft, das den Konzernabschluss für den kleinsten Kreis von Unternehmen aufstellt, sowie der Ort, wo dieser Konzernabschluss erhältlich ist, im Anhang anzugeben.		

Einführung und tabellarischer Überblick über die Änderungen durch das BilRUG

Gegenstand der Änderung/Neuerung	Rechtsgrundlagen	Zeitpunkt des Inkrafttretens
– Sofern Genussscheine, Genussrechte, Wandelschuldverschreibungen, Optionsscheine, Optionen, Besserungsscheine oder vergleichbare Wertpapiere oder Rechte bestehen, sind deren Zahl und die verbrieften Rechte anzugeben (§ 285 Nr. 15a HGB). – Die Nummern 18, 26 und 27 werden in ihrem Wortlaut verändert. Diese Änderungen stellen dabei jeweils redaktionelle Folgeänderungen zu § 253 Abs. 3 HGB (Nr. 18 und 26) bzw. § 268 Abs. 7 HGB (Nr. 27) dar. – § 285 Nr. 30 HGB bildet die Erweiterung der Angaben zu den latenten Steuern ab. Die Angabe umfasst für den Fall, dass latente Steuern in der Bilanz angesetzt werden, die Angabe der latenten Steuern am Ende des Geschäftsjahrs und die im Laufe des Geschäftsjahrs erfolgten Änderungen. – Nach § 285 Nr. 31 HGB ist jeweils der Betrag und die Art der einzelnen Erträge und Aufwendungen von außergewöhnlicher Größenordnung oder außergewöhnlicher Bedeutung, soweit die Beträge nicht von untergeordneter Bedeutung sind, anzugeben. – Der bisherige § 277 Abs. 4 Satz 3 HGB wird in den neuen § 285 Nr. 32 HGB verschoben. Zukünftig ist hier eine Erläuterung der einzelnen periodenfremden Aufwands- und Ertragsposten vorzunehmen, wenn die Beträge nicht von untergeordneter Bedeutung sind. – Nach dem neuen § 285 Nr. 33 HGB sind zukünftig Angaben zu wesentlichen Ereignissen nach dem Abschlussstichtag, die weder in der Bilanz noch in der GuV berücksichtigt sind, unter Darstellung ihrer Art und finanziellen Auswirkungen zu machen. – Im Anhang ist der Vorschlag über die Ergebnisverwendung zu machen (§ 285 Nr. 34 HGB). Die Angaben zur Ergebnisverwendung sind regelmäßig zu einem Zeitpunkt zu machen, bevor Verfahren zur Prüfung, Billigung oder Feststellung eingeleitet werden können. Deshalb bezieht sich die vorliegende Regelung auf den Vorschlag. Es ist darzustellen, wie das gesamte Ergebnis verwendet werden soll.		
Nach § 285 Nr. 4 HGB kann die Aufgliederung der Umsatzerlöse künftig nur dann unterbleiben, wenn der berichtenden Kapitalgesellschaft ein erheblicher Nachteil droht. Nach § 286 Abs. 2 HGB ist in diesem Fall auf die Anwendung der Ausnahmeregelung im Anhang hinzuweisen. In § 286 Abs. 3 Satz 1 HGB wird zudem die Angabe „11a" durch die Angabe „11b" ersetzt. Außerdem ergibt sich hier eine Änderung bei den Angaben zum Eigenkapital und Jahresergebnis. Diese können künftig nach § 286 Abs. 3 Satz 2 HGB unterbleiben, wenn das Unternehmen, über das zu berichten ist, seinen Jahresabschluss nicht offenzulegen hat und die berichtende Kapitalgesellschaft keinen beherrschenden Einfluss auf das betreffende Unternehmen ausüben kann.	§ 286 HGB (Unterlassen von Angaben)	Erstmalige Anwendung auf Jahresabschlüsse sowie Lageberichte für das nach dem 31.12.2015 beginnende Geschäftsjahr

Einführung und tabellarischer Überblick über die Änderungen durch das BilRUG

Gegenstand der Änderung/Neuerung	Rechtsgrundlagen	Zeitpunkt des Inkrafttretens
Der Grundsatz der Maximalharmonisierung der Anhangangaben, so wie ihn die EU-Richtlinie vorsieht, erfordert es, kleine Kapitalgesellschaften von mehr Anhangangaben zu befreien als bisher, wohingegen die Angabepflichten im Anhang von mittelgroßen und großen Kapitalgesellschaften zunehmen. Die Erleichterungen des § 288 HGB beziehen sich hierbei nur auf die in den §§ 284, 285 HGB geregelten Berichtspflichten. **Kleine Kapitalgesellschaften** (§ 267 Abs. 1 HGB) brauchen **<u>nicht</u>** anzugeben: – **neu:** die nach § 264c Abs. 2 Satz 9 HGB geforderte Angabe zu den im Handelsregister gemäß § 172 Abs. 1 HGB eingetragenen Einlagen, soweit diese noch nicht geleistet sind; – **neu:** Erläuterungen zu geschäftszweigspezifischen Abweichungen der Gliederung nach § 265 Abs. 4 Satz 2 HGB und zu deren Begründung; – die Unterschiedsbeträge bei Anwendung der Gruppenbewertung (§ 240 Abs. 4 HGB) oder eines Bewertungsvereinfachungsverfahrens (§ 256 Satz 1 HGB), pauschal für die jeweilige Gruppe, soweit am Abschlussstichtag erhebliche Bewertungsunterschiede auftreten (§ 284 Abs. 2 Nr. 3 HGB); – **neu:** Anlagengitter nach § 284 Abs. 3 HGB; – Aufgliederung der Verbindlichkeiten mit einer Restlaufzeit von mehr als fünf Jahren und der gesicherten Verbindlichkeiten für jeden Posten der Verbindlichkeiten nach dem vorgeschriebenen Gliederungsschema (§ 285 Nr. 2 HGB); – bestimmte Informationen zu außerbilanziellen Geschäften (§ 285 Nr. 3 HGB); – Aufgliederung der Umsatzerlöse nach Tätigkeitsbereichen sowie nach geografisch bestimmten Märkten (§ 285 Nr. 4 HGB); – eine Trennung nach Gruppen bei der durchschnittlichen Zahl der während des Geschäftsjahres beschäftigten Arbeitnehmer (§ 285 Nr. 7 HGB); – **neu:** bei Anwendung des Umsatzkostenverfahrens (§ 275 Abs. 3 HGB) den Materialverbrauch (gegliedert nach § 275 Abs. 2 Nr. 5 HGB) und den Personalaufwand des Geschäftsjahres (gegliedert nach § 275 Abs. 2 Nr. 6 HGB; § 285 Nr. 8 HGB); – Gesamtbezüge der Organmitglieder (§ 285 Nr. 9 Buchst. a HGB); – Gesamtbezüge sowie Pensionsrückstellungen (gebildet oder nicht gebildet) der früheren Organmitglieder und ihrer Hinterbliebenen (§ 285 Nr. 9 Buchst. b HGB); – **neu:** alle Mitglieder des Geschäftsführungsorgans und eines Aufsichtsrats (§ 285 Nr. 10 HGB); – **neu:** Name und Sitz sowie Kapitalanteil, Eigenkapital und Ergebnis von Beteiligungen an Unternehmen (§ 285 Nr. 11 HGB); – Name, Sitz und Rechtsform der Unternehmen, deren unbeschränkt haftender Gesellschafter die Kapitalgesellschaft ist (§ 285 Nr. 11a HGB);	§ 288 HGB (Größenabhängige Erleichterungen)	Erstmalige Anwendung auf Jahresabschlüsse sowie Lageberichte für das nach dem 31.12.2015 beginnende Geschäftsjahr

Einführung und tabellarischer Überblick über die Änderungen durch das BilRUG

Gegenstand der Änderung/Neuerung	Rechtsgrundlagen	Zeitpunkt des Inkrafttretens
– bei börsennotierten Kapitalgesellschaften: Beteiligungen an großen Kapitalgesellschaften, wenn > 5 % der Stimmrechte (§ 285 Nr. 11 b HGB);		
– Erläuterungen nicht gesondert ausgewiesener sonstiger Rückstellungen (§ 285 Nr. 12 HGB);		
– **neu:** Name und Sitz des Mutterunternehmens der Kapitalgesellschaft, das den Konzernabschluss für den größten Kreis von Unternehmen aufstellt (§ 285 Nr. 14 HGB);		
– Ort, wo der vom Mutterunternehmen – für den kleinsten Kreis von Unternehmen – aufgestellte Konzernabschluss erhältlich ist (§ 285 Nr. 14a HGB);		
– **neu:** Name und Sitz der persönlich haftenden Gesellschafter bei Personengesellschaften (§ 285 Nr. 15 HGB);		
– **neu:** Genussscheine, Genussrechte, Wandelschuldverschreibungen, Optionsscheine, Optionen, Besserungsscheine oder vergleichbare Wertpapiere oder Rechte (§ 285 Nr. 15a HGB);		
– aufgeschlüsseltes Gesamthonorar des Abschlussprüfers (§ 285 Nr. 17 HGB);		
– **neu:** zu den Finanzanlagen gehörende Finanzinstrumente, die über ihrem beizulegenden Zeitwert ausgewiesen werden (§ 285 Nr. 18 HGB);		
– nicht zum beizulegenden Zeitwert bilanzierte derivative Finanzinstrumente (§ 285 Nr. 19 HGB);		
– nicht zu marktüblichen Konditionen zustande gekommene Geschäfte mit nahestehenden Unternehmen und Personen (§ 285 Nr. 21 HGB);		
– Gesamtbetrag der aktivierten Forschungs- und Entwicklungskosten sowie der davon auf selbstgeschaffene immaterielle Vermögensgegenstände entfallende Betrag (§ 285 Nr. 22 HGB);		
– **neu:** angewandte versicherungsmathematische Berechnungsverfahren etc. zu den Rückstellungen für Pensionen und ähnliche Verpflichtungen (§ 285 Nr. 24 HGB);		
– **neu:** Investmentvermögen von mehr als 10 % in der EU oder im Ausland (§ 285 Nr. 26 HGB);		
– **neu:** Gründe der Risikoeinschätzung für nicht in der Bilanz ausgewiesene Verbindlichkeiten und Haftungsverhältnisse (§ 285 Nr. 27 HGB);		
– **neu:** Gesamtbetrag der Ausschüttungssperre (§ 285 Nr. 28 HGB);		
– Ursachen latenter Steuern und der der Bewertung zugrunde gelegte Steuersatz (§ 285 Nr. 29 HGB);		
– **neu:** Angabe der Steuersalden in der Bilanz und deren Entwicklung im abgelaufenen Geschäftsjahr (§ 285 Nr. 30 HGB);		
– **neu:** Angabe der periodenfremden Aufwendungen und Erträge (§ 285 Nr. 32 HGB);		
– **neu:** Vorgänge von besonderer Bedeutung, die nach dem Schluss des Geschäftsjahres eingetreten sind (mit Auswirkungen auf die Finanzlage, § 285 Nr. 33 HGB);		
– **neu:** Vorschlag oder Beschluss der Ergebnisverwendung (§ 285 Nr. 34 HGB).		

Gegenstand der Änderung/Neuerung	Rechtsgrundlagen	Zeitpunkt des Inkrafttretens
Mittelgroße Kapitalgesellschaften (§ 267 Abs. 2 HGB) brauchen **nicht** anzugeben: – Aufgliederung der Umsatzerlöse nach Tätigkeitsbereichen sowie nach geografisch bestimmten Märkten (§ 285 Nr. 4 HGB); – Ursachen latenter Steuern und der der Bewertung zugrunde gelegte Steuersatz (§ 285 Nr. 29 HGB); – Erläuterung der einzelnen periodenfremden Aufwands- und Ertragsposten (§ 285 Nr. 32 HGB); – aufgeschlüsseltes Gesamthonorar des Abschlussprüfers (§ 285 Nr. 17 HGB) – aber: Pflicht zur Übermittlung an die Wirtschaftsprüferkammer im Fall einer schriftlichen Anforderung durch die Kammer; – nicht zu marktüblichen Konditionen zustande gekommene Geschäfte mit nahestehenden Unternehmen und Personen (§ 285 Nr. 21 HGB) – es sei denn, die Geschäfte wurden direkt oder indirekt mit einem Gesellschafter, Unternehmen, an denen die Gesellschaft selbst eine Beteiligung hält, oder Mitgliedern des Geschäftsführungs-, Aufsichts- oder Verwaltungsorgans abgeschlossen.		

Lagebericht

Die bisherige Soll-Vorschrift des § 289 Abs. 2 HGB wird zur Muss-Vorschrift und liegt damit nicht mehr im pflichtgemäßen Ermessen der Unternehmensführung (§ 288 Abs. 2 HGB). Vielmehr ist im Lagebericht einzugehen auf die Berichterstattung über • Finanzinstrumente, • Forschung und Entwicklung, • Zweigniederlassungen, • Vergütungsbericht. Vorgänge von besonderer Bedeutung, die nach dem Schluss des Geschäftsjahrs eingetreten sind (der sog. Nachtragsbericht), müssen bzw. sollen nicht mehr im Lagebericht erfasst werden. Vielmehr sind diese Angaben künftig im Anhang zu machen (§ 285 Nr. 33 HGB). Sind im Anhang Angaben zum Bestand an eigenen Aktien der Gesellschaft (nach § 160 Abs. 1 Nr. 2 AktG) zu machen, ist im Lagebericht darauf zu verweisen.	§ 289 HGB (Inhalt des Lageberichts)	Erstmalige Anwendung auf Jahresabschlüsse sowie Lageberichte für das nach dem 31.12.2015 beginnende Geschäftsjahr

Offenlegung

Nach § 325 Abs. 1 HGB haben die gesetzlichen Vertreter von Kapitalgesellschaften für die Gesellschaft folgende Unterlagen offenzulegen: 1. den festgestellten oder gebilligten Jahresabschluss, den Lagebericht und den Bestätigungsvermerk oder den Vermerk über dessen Versagung sowie 2. den Bericht des Aufsichtsrats und die nach § 161 AktG (Erklärung zum Corporate Governance Kodex) vorgeschriebene Erklärung.	§ 325 HGB (Offenlegung)	Erstmalige Anwendung auf Jahresabschlüsse sowie Lageberichte für das nach dem 31.12.2015 beginnende Geschäftsjahr

Einführung und tabellarischer Überblick über die Änderungen durch das BilRUG

Gegenstand der Änderung/Neuerung	Rechtsgrundlagen	Zeitpunkt des Inkrafttretens
Die Unterlagen sind elektronisch beim Bundesanzeiger einzureichen. Die Neufassung des § 325 Abs. 1 HGB stellt klar, dass Jahresabschluss, Lagebericht und Bestätigungsvermerk (oder Versagungsvermerk) gemeinsam innerhalb der entsprechenden Fristen offenzulegen sind. Es ist damit nicht mehr zulässig, dass Unternehmen zunächst ungeprüfte Jahresabschlüsse einreichen, um etwaige Offenlegungsfristen einzuhalten. Nach § 325 Abs. 1a HGB sind die in Abs. 1 genannten Unterlagen unverzüglich nach ihrer Vorlage an die Gesellschafter, spätestens aber ein Jahr nach dem Abschlussstichtag des Geschäftsjahres (d.h. im Laufe des auf den Abschlussstichtag folgenden Jahres) einzureichen, auf das sie sich beziehen. Sofern die offenzulegenden Unterlagen nicht innerhalb der vorstehenden Frist vorliegen, sind sie unverzüglich nach ihrem Vorliegen offenzulegen. Die Regelung nach § 325 Abs. 1a HGB bestimmt somit die grundsätzliche Frist der Offenlegung sowie die Möglichkeiten einer späteren Einreichung bestimmter Unterlagen. Für den Fall, dass der Jahresabschluss oder der Lagebericht geändert wird, so ist nach § 325 Abs. 1b HGB, die Änderung gesondert nach § 325 Abs. 1 HGB offenzulegen. Ist im Jahresabschluss nur der Vorschlag für die Ergebnisverwendung (und nicht der Beschluss) enthalten, ist der Beschluss über die Ergebnisverwendung nach seinem Vorliegen gesondert offenzulegen. Bei den durch das BilRUG vorgenommenen Änderungen in § 325 Abs. 2a HGB handelt es sich um Folgeänderungen der §§ 264 und 286 HGB und mit Blick auf die Streichung des bisherigen Verweises auf § 287 HGB um die Bereinigung eines früheren Redaktionsversehens. Die Änderungen in § 325 Abs. 3 und 4 HGB sind jeweils Folgeänderungen zur Neufassung der Abs. 1 bis 1b. Sie stellen sicher, dass die in § 325 Abs. 1a HGB bezeichnete Offenlegungsfrist bei kapitalmarktorientierten Unternehmen wie bisher vier Monate beträgt. Die Anpassung in § 325 Abs. 6 HGB dient der Bereinigung eines früheren Redaktionsversehens. Die Erleichterungen für Zweigniederlassungen von ausländischen Kreditinstituten sind in § 340l Abs. 2 Satz 6 HGB geregelt, so dass hierauf zu verweisen ist.		
Mit der Änderung von § 326 Abs. 2 Satz 1 HGB wird – den durch das MicroBilG eingeführten Erleichterungen folgend – klargestellt, dass Kleinstkapitalgesellschaften mit der Hinterlegung ihrer Bilanz nicht alle Pflichten des § 325 HGB erfüllen können, denn die Hinterlegung ersetzt lediglich die einzelgesellschaftlichen Offenlegungspflichten. Eine Hinterlegung kommt hierbei für den Konzernabschluss nicht in Betracht. Die Änderung in § 326 Abs. 2 Satz 2 HGB ist eine Folgeänderung von § 325 Abs. 1 HGB.	§ 326 HGB (Größenabhängige Erleichterungen für kleine Kapitalgesellschaften und Kleinstkapitalgesellschaften bei der Offenlegung)	Erstmalige Anwendung auf Jahresabschlüsse sowie Lageberichte für das nach dem 31.12.2015 beginnende Geschäftsjahr

Einführung und tabellarischer Überblick über die Änderungen durch das BilRUG

Gegenstand der Änderung/Neuerung	Rechtsgrundlagen	Zeitpunkt des Inkrafttretens
Die Änderung dient der Bereinigung eines früheren Redaktionsversehens aus der Änderung von § 2 Abs. 1 WpHG.	§ 327a HGB (Erleichterung für bestimmte kapitalmarktorientierte Kapitalgesellschaften)	23.7.2015
Mit dem BilRUG wird § 328 Abs. 1 HGB neu gefasst. Bei der Offenlegung des handelsrechtlichen Jahresabschlusses, eines Einzelabschlusses nach § 325 Abs. 2a HGB (IFRS-Einzelabschluss), oder des Lageberichts sind die Abschlüsse und Lageberichte so wiederzugeben, dass sie den für ihre Aufstellung maßgeblichen Regelungen entsprechen. Unberührt hiervon steht dem Bilanzierenden die Inanspruchnahme der größenabhängigen Erleichterungen nach den §§ 326 und 327 HGB zu. § 328 Abs. 1a HGB regelt, dass das Datum der Feststellung bzw. Billigung des offengelegten Abschlusses anzugeben ist. Bei der Offenlegung ist infolge der Änderung von § 325 Abs. 1 HGB auch die zwingende Offenlegung des Bestätigungs-/Versagungsvermerks zu beachten. Für den Fall der Prüfung des Abschlusses durch einen Abschlussprüfer ist der vollständige Wortlaut des von ihm erteilten Bestätigungs- bzw. Versagungsvermerks wiederzugeben. Sofern der Jahresabschluss wegen der Inanspruchnahme von Erleichterungen (§§ 326, 327 HGB) nur teilweise offengelegt wird, sich der Bestätigungs-/Versagungsvermerk aber auf den vollständigen Jahresabschluss bezieht, ist darauf hinzuweisen. Bei der Offenlegung von Jahresabschluss oder Einzelabschluss nach § 325 Abs. 2a HGB ist gegebenenfalls darauf hinzuweisen, wenn die Offenlegung zur Wahrung der gesetzlich vorgeschriebenen Fristen vor der gesetzlich vorgeschriebenen Feststellung erfolgt oder wenn die Offenlegung nicht vollständig, d.h. nicht mit allen anderen nach § 325 HGB offenzulegenden Unterlagen erfolgt. Bis auf die Klarstellung der zwingenden zeitgleichen Offenlegung des Bestätigungs- oder Versagungsvermerks mit den anderen Unterlagen innerhalb der Offenlegungsfrist (infolge der Änderung des § 325 Abs. 1 HGB) wurden die bisherigen Regelungen des § 325 Abs. 1 HGB a.F. auf die beiden Absätze (Abs. 1 und Abs. 1a) aufgeteilt, um die Lesbarkeit der Regelung zu verbessern.	§ 328 HGB (Form und Inhalt der Unterlagen bei der Offenlegung, Veröffentlichung und Vervielfältigung)	Erstmalige Anwendung auf Jahresabschlüsse sowie Lageberichte für das nach dem 31.12.2015 beginnende Geschäftsjahr
Die Änderung beseitigt ein früheres Redaktionsversehen. Die Ausführungen zu § 325 Abs. 6 HGB gelten entsprechend.	§ 329 HGB (Prüfungs- und Unterrichtungspflicht des Betreibers des Bundesanzeigers)	23.7.2015

Einführung und tabellarischer Überblick über die Änderungen durch das BilRUG

Gegenstand der Änderung/Neuerung	Rechtsgrundlagen	Zeitpunkt des Inkrafttretens
Straf- und Bußgeldvorschriften, Ordnungsgelder		
Es handelt sich um eine Folgeänderung zur Änderung des § 292 HGB.	§ 331 HGB (Unrichtige Darstellung)	Erstmalige Anwendung auf Jahresabschlüsse sowie Lageberichte für das nach dem 31.12.2015 beginnende Geschäftsjahr
Die materiellen Änderungen in den §§ 253, 264, 268, 289, 297 und 315 HGB sind folgerichtig auch im Bereich der Bußgeldvorschriften nachzuziehen. Eine Ordnungswidrigkeit im Sinne des § 334 Abs. 1 HGB liegt vor, wenn bei der Aufstellung des Jahresabschlusses (Nr. 1) oder bei der Aufstellung des Konzernabschlusses (Nr. 2) gegen die explizit in § 334 Abs. 1 HGB genannten materiellen Rechnungslegungsvorschriften verstoßen wird. Zudem wird ein früheres Redaktionsversehen in § 334 Abs. 1 Nr. 2 HGB beseitigt.	§ 334 HGB (Bußgeldvorschriften)	Erstmalige Anwendung auf Jahresabschlüsse sowie Lageberichte für das nach dem 31.12.2015 beginnende Geschäftsjahr
Die Ergänzung des Satzes „§ 335a ist entsprechend anzuwenden" dient lediglich der Klarstellung.	§ 335b HGB (Anwendung der Straf- und Bußgeld- sowie der Ordnungs-geldvorschriften auf bestimmte offene Handelsgesellschaften und Kommandit-gesellschaften)	23.7.2015
Einführungsgesetz zum Handelsgesetzbuch		
Artikel 67 Abs. 7 EGHGB wird aufgehoben.	Art. 67 EGHGB	23.7.2015
Art. 75 Abs. 1 EGHGB: Die Änderungen des HGB erfordern eine Umstellung der Rechnungslegung der von den Neuregelungen betroffenen Unternehmen. Daher sollen die Neuregelungen – soweit möglich – erst für künftige Geschäftsjahre anzuwenden sein. Da die meisten Änderungen durch das BilRUG auf die Vorgaben der EU-Richtlinie 2013/34/EU vom 26.6.2013 zurückgehen, die bis zum Juli 2015 in nationales Recht umzusetzen ist, erfolgt die Erstanwendung des weit überwiegenden Teils der Neuregelungen erstmals für Geschäftsjahre, die nach dem 31.12.2015 beginnen. Art. 75 Abs. 2 EGHGB: §§ 267, 267a Abs. 1, 277 Abs. 1 HGB dürfen erstmals bereits für nach dem 31.12.2013 beginnende Geschäftsjahre angewendet werden, jedoch nur insgesamt. Damit könnten die neuen Größenkriterien, die im Einzelfall zu einer Erleichterung (Neueinstufung der Kapitalgesellschaft auf einer geringeren Stufe) führen, bereits erstmals für 2014 berücksichtigt werden.	Art. 75 EGHGB	23.7.2015

Gegenstand der Änderung/Neuerung	Rechtsgrundlagen	Zeitpunkt des Inkrafttretens
Bei der Überprüfung des zweimaligen Über- bzw. Unterschreitens der für die Einordnung nach §§ 267, 293 HGB relevanten Größenkriterien sind die durch das BilRUG erhöhten Werte auch auf den Vorjahresabschluss anzuwenden.		
Wird von der vorgezogenen Anwendung der §§ 267, 267a Abs. 1, 277 Abs. 1 HGB in der Fassung des BilRUG kein Gebrauch gemacht, sind die zuvor genannten Vorschriften erstmals auf Jahresabschlüsse, Lageberichte für das nach dem 31.12.2015 beginnende Geschäftsjahr anzuwenden; in diesem Fall sind die §§ 267, 267a Abs. 1, 277 Abs. 1 und 293 HGB a.F. letztmals auf das vor dem 1.1.2016 endende Geschäftsjahr anzuwenden.		
Bei der erstmaligen Anwendung der zuvor bezeichneten Vorschriften ist im Anhang auf die fehlende Vergleichbarkeit der Umsatzerlöse hinzuweisen und unter nachrichtlicher Angabe der Höhe der Umsatzerlöse des Vorjahres, die sich aus der Anwendung von § 277 Abs. 1 HGB in der Fassung des BilRUG ergeben hätte, zu erläutern.		
Eine freiwillige frühere Erstanwendung kann bspw. für kleine Kapitalgesellschaften interessant sein, die bereits vor dem Geschäftsjahr 2016 die Erleichterungen im Bereich der Anhangberichterstattung nutzen wollen.		
Art. 75 Abs. 3 EGHGB: Um die Transparenz über Zahlungsströme an staatliche Stellen im Rohstoffsektor schnellstmöglich einzuführen und infolge der Umsetzung der Vorgaben der EU-Richtlinie sind die Zahlungsberichte (§§ 341q ff. HGB) bereits für nach dem 23.7.2015 beginnende Geschäftsjahre zu erstellen.		
Art. 75 Abs. 4 EGHGB: Die Übergangsvorschrift zu den geänderten Abschreibungsmodalitäten bei selbst geschaffenen immateriellen Vermögensgegenständen des Anlagevermögens und bei entgeltlich erworbenen Geschäfts- oder Firmenwerten sieht in Anlehnung an die Übergangsvorschrift zum BilMoG vor, dass sie erstmals anzuwenden ist auf Vorgänge aus Geschäftsjahren, die nach dem 31.12.2015 beginnen. Für selbst geschaffene immaterielle Vermögensgegenstände ist dabei auf die erstmalige Aktivierung abzustellen. Für entgeltlich erworbene Geschäfts- oder Firmenwerte ist der Zeitpunkt des Erwerbsvorgangs maßgeblich, aus dem der Geschäfts- oder Firmenwert herrührt.		
Die in Art. 75 Abs. 4 EGHGB enthaltenen Ausführungen zu einer möglichen vorzeitigen Anwendung laufen ins Leere und hätten aufgrund der Modifikation von Art. 75 Abs. 1 EGHGB im Laufe des Gesetzgebungsverfahrens gelöscht werden müssen.		
Art. 75 Abs. 5 EGHGB: Es handelt sich um eine Folgeänderung zur Änderung der Regelungen des § 275 HGB und § 277 Abs. 4 HGB über außerordentliche Posten. Künftig sind die übergangsweise nach Art. 67 Abs. 7 EGHGB als außerordentliche Posten auszuweisenden Aufwendungen und Erträge aus einer geänderten Bewertung laufender Pensionen oder Anwartschaften oder vergleichbarer Übergangsvorschriften nicht mehr unter außerordentlichen Posten, sondern als gesonderte Posten innerhalb der sonstigen betrieblichen Aufwendungen oder Erträge auszuweisen. Dafür wird eine Bezeichnung der Posten gewählt, die auf das EGHGB verweist und so eine eindeutige Zuordnung ermöglicht.		

Einführung und tabellarischer Überblick über die Änderungen durch das BilRUG

Gegenstand der Änderung/Neuerung	Rechtsgrundlagen	Zeitpunkt des Inkrafttretens
Publizitätsgesetz		
Die Änderungen von § 5 PublG sind redaktioneller Natur und setzen die Änderungen des HGB in den im PublG befindlichen Verweisen um. Mit den Anpassungen des PublG wird klargestellt, dass die im HGB erfolgten Änderungen durch das BilRUG ebenso von Unternehmen, die ihre Rechnungslegung auf Grundlage des PublG erstellen, zu beachten sind. Damit soll auch künftig ein Gleichlauf der Vorgaben in HGB und PublG sichergestellt sein, ohne die weiterhin bestehenden Besonderheiten in der Rechnungslegung von Unternehmen nach dem PublG zu ändern.	§ 5 PublG (Aufstellung von Jahresabschluss und Lagebericht)	Erstmals auf Jahresabschlüsse für Geschäftsjahre anzuwenden, die nach dem 31.12.2015 beginnen.
Anpassung der Regelungen an die Änderungen des HGB.	§ 9 PublG (Offenlegung des Jahresabschlusses und des Lageberichts, Prüfung durch den Betreiber des Bundesanzeigers)	Erstmals auf Jahresabschlüsse für Geschäftsjahre anzuwenden, die nach dem 31.12.2015 beginnen.
Die Anpassung der Vorschriften des § 17 PublG nimmt ebenfalls Bezug auf die Anpassungen des HGB in den §§ 291, 292 HGB und stellt eine redaktionelle Folgeänderung dar.	§ 17 PublG (Unrichtige Darstellung)	Erstmals auf Jahresabschlüsse für Geschäftsjahre anzuwenden, die nach dem 31.12.2015 beginnen.
Die Bußgeldvorschriften sind um die materiellen Änderungen des HGB anzupassen, um sicherzustellen, dass ein Verstoß gegen die Neuregelungen entsprechend strafbewehrt ist. Insoweit handelt es sich um redaktionelle Folgeänderungen.	§ 20 PublG (Bußgeldvorschriften)	Erstmals auf Jahresabschlüsse für Geschäftsjahre anzuwenden, die nach dem 31.12.2015 beginnen.
Die geänderten §§ 5, 9, 17 und 20 PublG sind erstmals auf Jahresabschlüsse für Geschäftsjahre anzuwenden, die nach dem 31.12.2015 beginnen.	§ 22 PublG (Erstmalige Anwendung geänderter Vorschriften)	23.7.2015
Aktiengesetz		
Künftig wird die Möglichkeit, dass Vorstand und Aufsichtsrat den Eigenkapitalanteil von bei der steuerlichen Gewinnermittlung (z.B. § 6b EStG-Rücklagen) gebildeten Passivposten, die nicht im Sonderposten mit Rücklageanteil (dessen handelsrechtliche Bildung basierend auf rein steuerlichen Vorgaben seit dem BilMoG im handelsrechtlichen Abschluss nicht mehr erlaubt ist) ausgewiesen werden dürfen, in andere Gewinnrücklagen einstellen dürfen, gestrichen. Durch die bereits durch das BilMoG erfolgten Änderungen hat die Regelung keine praktische Relevanz mehr (Änderung des § 58 Abs. 2a Satz 1 AktG).	§ 58 AktG (Verwendung des Jahresüberschusses)	Erstmals auf Jahresabschlüsse für Geschäftsjahre anzuwenden, die nach dem 31.12.2015 beginnen.

Einführung und tabellarischer Überblick über die Änderungen durch das BilRUG

Gegenstand der Änderung/Neuerung	Rechtsgrundlagen	Zeitpunkt des Inkrafttretens
In § 58 Abs. 2a Satz 2 AktG erfolgt eine Klarstellung, dass der Betrag der zuvor genannten Rücklagen in der Bilanz gesondert auszuweisen ist; er kann auch im Anhang angegeben werden.		
Die Änderung in § 152 Abs. 4 AktG beruht auf dem Grundsatz der Maximalharmonisierung der Anhangangaben bei kleinen Aktiengesellschaften nach Art. 16 Abs. 3 der Richtlinie 2013/34/EU. Die bisherige Wahlmöglichkeit dieser Aktiengesellschaften, bestimmte Informationen zur Kapitalrücklage und zu den Gewinnrücklagen entweder im Anhang oder in der Bilanz zu machen, wurde zugunsten der Bilanz aufgehoben.	§ 152 AktG (Vorschriften zur Bilanz)	Erstmals auf Jahresabschlüsse für Geschäftsjahre anzuwenden, die nach dem 31.12.2015 beginnen.
Die Änderung von § 160 Abs. 1 AktG erfolgt zur Umsetzung der Art. 16 bis 18 der Richtlinie 2013/34/EU. Die Änderungen von § 160 Abs. 1 Nr. 3 und 5 AktG dienen der Umsetzung von Art. 17 Abs. 1 Buchst. h und j der Richtlinie 2013/34/EU. Die Änderung von § 160 Abs. 1 Nr. 5 AktG und die Aufhebung von § 160 Abs. 1 Nr. 6 AktG sind Folgeänderungen zur Verschiebung der Angabepflicht zu Genussrechten und vergleichbaren Rechten sowie Wandelschuldverschreibungen in einen neuen § 285 Nr. 15a HGB. Hintergrund ist, dass diese Rechte künftig auch von Unternehmen auszuweisen sind, die nicht die Rechtsform einer Aktiengesellschaft oder Kommanditgesellschaft auf Aktien haben. Die Neufassung des bisherigen § 160 Abs. 3 AktG dient der Umsetzung von Art. 16 Abs. 3 der Richtlinie 2013/34/EU und sieht für kleine Aktiengesellschaften eine Reduzierung der Anhangangaben vor. Da die für kleine Aktiengesellschaften verbleibende Angabepflicht zu bestimmten Aspekten eigener Aktien nicht über das hinausgeht, was Kleinstkapitalgesellschaften bisher in jedem Fall anzugeben hatten, kann auf eine gesonderte Erleichterung für Kleinstkapitalgesellschaften verzichtet werden. Damit wird künftig nur § 160 Abs. 1 Nr. 2 AktG auf kleine Aktiengesellschaften anzuwenden sein, wobei der Umfang dieser Angaben für kleine Aktiengesellschaften begrenzt wird. Kleine Aktiengesellschaften haben zukünftig über das im HGB geforderte Mindestmaß hinaus nur noch eingeschränkt Angaben zu den eigenen Aktien zu machen.	§ 160 AktG (Vorschriften zum Anhang)	Erstmals auf Jahresabschlüsse für Geschäftsjahre anzuwenden, die nach dem 31.12.2015 beginnen.
Anpassung der Regelungen zur zugrunde gelegten Bilanz (im Zusammenhang mit Kapitalerhöhungen aus Gesellschaftsmitteln) an die Änderungen des HGB, wobei der Anwendungsbereich um die Regelungen nach §§ 256a sowie 274a HGB erweitert wird. Hierbei handelt es sich um eine redaktionelle Klarstellung.	§ 209 AktG (Zugrunde gelegte Bilanz)	Erstmals auf Jahresabschlüsse für Geschäftsjahre anzuwenden, die nach dem 31.12.2015 beginnen.
§ 240 Satz 3 AktG fordert im Zusammenhang mit dem Ausweis der Kapitalherabsetzung gesonderte Angaben im Anhang, ob und in welcher Höhe die aus der Kapitalherabsetzung und aus der Auflösung der Gewinnrücklagen gewonnenen Beträge zum Ausgleich von Wertminderungen, zur Deckung von Verlusten oder zur Einstellung in die Kapitalrücklage verwandt werden. Diese Angabepflicht ist künftig auf Grund der Erweiterung der Regelung um Satz 4 von kleinen Aktiengesellschaften (im Sinne von § 267 Abs. 1 HGB) nicht anzuwenden.	§ 240 AktG (Ausweis der Kapitalherabsetzung)	Erstmals auf Jahresabschlüsse für Geschäftsjahre anzuwenden, die nach dem 31.12.2015 beginnen.

Einführung und tabellarischer Überblick über die Änderungen durch das BilRUG

Gegenstand der Änderung/Neuerung	Rechtsgrundlagen	Zeitpunkt des Inkrafttretens
Im Zusammenhang mit der Nichtigkeit des Jahresabschlusses wird eine redaktionelle Korrektur vorgenommen. Es wird klargestellt, dass für die Frage der Über- oder Unterbewertung einer Position in der Bilanz auch die Regelungen nach § 256a HGB (zur Währungsumrechnung) zu beachten sind.	§ 256 AktG (Nichtigkeit)	Erstmals auf Jahresabschlüsse für Geschäftsjahre anzuwenden, die nach dem 31.12.2015 beginnen.
Die in § 256 Abs. 5 AktG vorgenommene Klarstellung hinsichtlich der Relevanz von § 256a HGB für die Frage der Nichtigkeit einer Bilanz wird in § 261 Abs. 1 Satz 2 AktG nachvollzogen. Die Erweiterung der bestehenden Regelung um Satz 7 sieht für kleine Kapitalgesellschaften (im Sinne von § 267 Abs. 1 HGB) die Anhangangaben nach § 261 Abs. 1 Satz 3 und 4 AktG nur dann vor, wenn die Voraussetzungen des § 264 Abs. 2 Satz 2 HGB (Angabepflicht zusätzlicher Angaben im Anhang, wenn besondere Umstände dazu führen, dass der Jahresabschluss ansonsten kein den tatsächlichen Verhältnissen entsprechendes Bild der Vermögens-, Finanz- und Ertragslage vermittelt) unter Berücksichtigung der nach diesem Abschnitt durchgeführten Sonderprüfung vorliegen. In diesen Fällen sind folgende Angaben im Anhang zu machen: – Satz 3: Angabe der Gründe der festgestellten Unterbewertung und Darstellung der Entwicklung des von den Sonderprüfern festgestellten Wertes oder Betrags – Satz 4: Angabe über die Verwendung des Ertrags aus dem Abgang der als unterbewertet identifizierten Gegenstände, sofern diese nicht mehr vorhanden sind.	§ 261 AktG (Entscheidung über den Ertrag aufgrund höherer Bewertung)	Erstmals auf Jahresabschlüsse für Geschäftsjahre anzuwenden, die nach dem 31.12.2015 beginnen.

Einführungsgesetz zum Aktiengesetz

Die Änderungen des AktG durch das BilRUG sind erstmals auf Jahresabschlüsse für Geschäftsjahre anzuwenden, die nach dem 31.12.2015 beginnen.	§ 26g EGAktG	23.7.2015

Gesetz betreffend die Gesellschaften mit beschränkter Haftung

Die Änderungen des § 29 Abs. 4 GmbHG beruhen auf dem Grundsatz der Maximalharmonisierung der Anhangangaben bei kleinen Gesellschaften mit beschränkter Haftung nach Art. 16 Abs. 3 der Richtlinie 2013/34/EU. Zum einen wird der Bezug auf bei der steuerlichen Gewinnermittlung gebildete Passivposten, die nicht Bestandteil eines Sonderpostens mit Rücklageanteil sein dürfen, gestrichen. Zum anderen wird klargestellt, dass der Betrag der zuvor genannten Gewinnrücklagen in der Bilanz gesondert auszuweisen ist. Er kann auch im Anhang angegeben werden.	§ 29 GmbHG (Ergebnisverwendung)	Erstmals auf Jahresabschlüsse für Geschäftsjahre anzuwenden, die nach dem 31.12.2015 beginnen.

Einführungsgesetz zum Gesetz betreffend die Gesellschaften mit beschränkter Haftung

Die Ergänzung des EGGmbHG um einen neuen § 6 erfolgt spiegelbildlich zur neuen Übergangsvorschrift des EGHGB, um die neuen Vorgaben erst für nach dem 31.12.2015 beginnende Geschäftsjahre vorzuschreiben.	§ 6 EGGmbHG (Übergangsvorschriften zum Bilanzrichtlinie-Umsetzungsgesetz)	23.7.2015

A. Benutzungshinweise zur Anwendung der Arbeitshilfen (Online-Version)

1. Freischaltung der Online-Version

Rufen Sie die Internetadresse www.qssonline.de auf.

Wählen Sie den Menüpunkt **Registrieren** aus.
Geben Sie Ihre persönliche Freischaltnummer (siehe Umschlaginnenseite) ein.
Nach Abschluss der Registrierung erhalten Sie per E-Mail Ihre Zugangsdaten.

2. Login / Passwort zurücksetzen

Rufen Sie die Internetadresse www.qssonline.de auf.

Wählen Sie den Menüpunkt **Login** aus.
Nebenstehendes Popup Fenster erscheint:

Geben Sie Ihre Zugangsdaten aus Ihrer E-Mail ein.

A. Benutzungshinweise zur Anwendung der Arbeitshilfen (Online-Version)

Sollten Sie Ihr Passwort nicht mehr kennen, so wählen Sie den Link Passwort vergessen? aus.
Geben Sie anschließend Ihre zu Ihrem Benutzer gespeicherte und gültige E-Mailadresse ein.
Nach Bestätigung erhalten Sie eine E-Mail mit einem Link. Mit diesem Link können Sie Ihr
Passwort neu setzen. Dieser Link ist 24 Stunden gültig und nur einmal verwendbar.

Nach erfolgreichem Login erscheint Ihre persönliche Schaltfläche.

Wenn Sie mit Ihrer Maus über diese Schaltfläche fahren
erhalten Sie folgendes Untermenü:

Im Menüpunkt **„Persönliche Daten"** können Sie Ihre Daten und Ihr Passwort ändern.
Im Menüpunkt **„Lizenzen"** erhalten Sie Informationen zu den freigeschalteten Modulen / Bücher.
Unter dem Menüpunkt **„Logout"** können Sie sich von der Webseite abmelden.

3. Zu Ihren freigeschalteten Arbeitshilfen navigieren

Gehen Sie hierbei wie folgt vor:
Wählen Sie auf der linken oberen Ecke die Schaltfläche ≡ aus.
Es öffnet sich eine Übersicht Ihrer erworbenen Module.

Wählen Sie hier unter der Rubrik
„Meine Module:"
die Jahresabschlusserstellung
ohne Beurteilungen aus.

Nun wird der Inhalt des Buches /
Modul als Baumstruktur geladen.

Mit dem Button **„Mehrfachauswahl"** haben Sie die Möglichkeit mehrere Arbeitshilfen auszuwählen und mit dem Button **„in Liste eintragen"** wird Ihre Auswahl in Ihrer Liste der bearbeiteten Arbeitshilfen übertragen.

4. Mandant und Auftrag anlegen

Nach Auswahl Ihres Buches können Sie im Arbeitsbereich Ihre Mandantendaten eingeben.

Die Eingabe sollte vor der Bearbeitung der Arbeitspapiere erfolgen.
Diese Angaben werden in den Kopfzeilen der entsprechenden Arbeitshilfen automatisch zur Identifizierung des entsprechenden Mandanten übertragen.

5. Öffnen, bearbeiten und Download Ihrer Arbeitshilfe

Wählen Sie aus der Inhaltsangabe eine Arbeitshilfe aus. Nun öffnet sich der Bearbeitungsmodus der Arbeitshilfe. Sie können diese direkt über Ihren Browser bearbeiten und mit der Schaltfläche **„Download"** in einem eigenen Ordner als Word Dokument speichern oder über dem **„Speichern & Schließen"** Button in die Listenansicht übertragen.

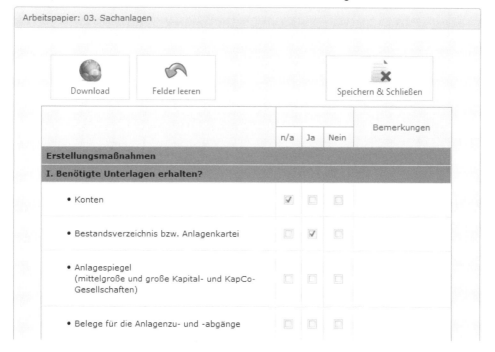

A. Benutzungshinweise zur Anwendung der Arbeitshilfen (Online-Version)

Nach der Auswahl des **„Download"** Buttons öffnet sich bei Benutzung des Firefox Browsers nebenstehendes Dialogfenster.

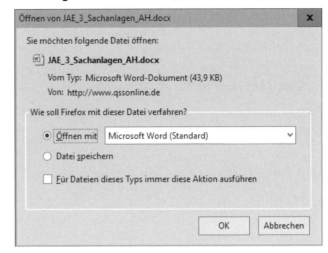

Nun können Sie die Datei mit Word öffnen und weiter bearbeiten oder Sie mit **„Datei speichern"** lokal auf Ihrer Festplatte speichern.

Achtung!

Alle getätigten Eingaben werden temporär gespeichert und stehen nach Abmeldung nicht mehr zur Verfügung.
Speichern Sie Ihre Daten deshalb vor Beenden des Programms in einem eigenen Ordner.

6. Listenansicht: Bearbeitete Arbeitshilfen

Bei der Listenansicht werden alle Arbeitshilfen aufgelistet, die Sie bereits bearbeitet oder über die Mehrfachansicht in die Liste übertragen haben. Sie können jede Arbeitshilfe aufrufen und bearbeiten oder Sie mit dem Button **„Download"** herunterladen. Haben Sie mehrere Arbeitshilfen ausgewählt und den Button **„Download"** betätigt, so generiert das System ein Zip-Archiv mit allen ausgewählten Arbeitshilfen und startet den Downloadprozess.

B. Arbeitshilfen

I. Abschluss der Buchführung

	Referenz	**AB**
Mandant	Erstellt von / am	
Auftrag	Durchgesehen von / am	
Prüffeld / Betreff **Abschluss der Buchführung**	Qualitätssicherung durch / am	

	n/a	Ja	Nein	Bemerkungen

Kontenpflege (monatlich)

1. Wurden die Salden der Kasse sowie der Guthaben bei Kreditinstituten abgestimmt? ☐ ☐ ☐

2. Wurden die Konten für durchlaufende Posten, ungeklärte Posten, etc. sowie Interimskonten geklärt? ☐ ☐ ☐

3. Wurden die Debitorenkonten abgestimmt und eine Saldenliste abgerufen? ☐ ☐ ☐

4. Wurden die Kreditorenkonten abgestimmt und eine Saldenliste abgerufen? ☐ ☐ ☐

5. Wurde das Lohnverrechnungskonto abgestimmt? ☐ ☐ ☐

6. Wurden die Konten für
   - Aushilfslöhne ☐ ☐ ☐
   - pauschale Lohnsteuer ☐ ☐ ☐
   - Lohnsteueranmeldungen ☐ ☐ ☐

   abgestimmt?

7. Wurden die
   - Kfz-Privatanteile ☐ ☐ ☐
   - Kfz-Fahrten zwischen Wohnung und Arbeitsstätte ☐ ☐ ☐
   - Privatanteil Telefon ☐ ☐ ☐

   verbucht?

8. Wurden Privatentnahmen und -einlagen erfasst und verbucht? (Auf Bar- und Sacheinlagen achten!) ☐ ☐ ☐

9. Wurden Spenden separat verbucht und komplett belegt? ☐ ☐ ☐

10. Wurden Bewirtungskosten separat verbucht und die formellen Anforderungen erfüllt? ☐ ☐ ☐

11. Wurden die Geschenke bis Euro 35,– im Einzelfall separat verbucht und Name sowie die Anschrift des Empfängers verzeichnet? ☐ ☐ ☐

12. Sind sämtliche offenen Fragen aus der Belegkontrolle beantwortet? ☐ ☐ ☐

13. Sind die Kontenbezeichnungen und Buchungsbeschriftungen korrekt? ☐ ☐ ☐

Abschlussbuchungen

14. Sind sämtliche Anlagenzugänge in dem Anlagenverzeichnis und in der Finanzbuchhaltung erfasst? ☐ ☐ ☐

15. Sind sämtliche Anlagenabgänge im Anlagenverzeichnis und in der Finanzbuchhaltung erfasst? ☐ ☐ ☐

	n/a	Ja	Nein	Bemerkungen
16. Wurden die Abschreibungen auf das Anlagevermögen verbucht?	☐	☐	☐	
17. Sind die Konten der Finanzbuchhaltung mit dem Anlagenverzeichnis nach vorgenommenen Abschlussbuchungen abgestimmt?	☐	☐	☐	
18. Sind sämtliche Vorratsbestände durch Inventuren belegt und verbucht?	☐	☐	☐	
19. Wurden fertige / unfertige Erzeugnisse bzw. Leistungen inventarisiert und mit den Umsatzerlösen sowie den erhaltenen Anzahlungen abgestimmt?	☐	☐	☐	
20. Wurden Einzelwertberichtigungen auf Forderungen gebildet?	☐	☐	☐	
21. Wurden Pauschalwertberichtigungen auf Forderungen gebildet?	☐	☐	☐	
22. Wurden sämtliche Zinsen und Gebühren auf Darlehensforderungen verbucht und die Ausweise mit den vertraglichen Vereinbarungen abgestimmt?	☐	☐	☐	
23. Wurden Besitz- und Schuldwechsel mit den vorhandenen Verzeichnissen abgestimmt?	☐	☐	☐	
24. Sind sämtliche sonstigen Forderungen in zutreffender Höhe erfasst und verbucht?	☐	☐	☐	
25. Wurden sämtliche aktiven Rechnungsabgrenzungsposten verbucht?	☐	☐	☐	
26. Wurden die im Vorjahr gebildeten Rückstellungen in zutreffender und belegter Weise verbraucht bzw. aufgelöst, soweit nicht bereits in laufender Buchhaltung vorgenommen?	☐	☐	☐	
27. Wurden für vorhandene Risiken in ausreichender Höhe Rückstellungen gebildet?	☐	☐	☐	
28. Wurden für sämtliche Darlehen und Verbindlichkeiten, Zinsen und Gebühren verbucht?	☐	☐	☐	
29. Wurden die ausgewiesenen Salden mit den zugrunde liegenden Verträgen abgestimmt?	☐	☐	☐	
30. Wurden die sonstigen Verbindlichkeiten vollständig und in zutreffender Höhe verbucht?	☐	☐	☐	
31. Wurden die passiven Rechnungsabgrenzungsposten vollständig verbucht?	☐	☐	☐	
32. Wurde nach Einbuchung sämtlicher Abschlussbuchungen eine Saldenliste / eine Bilanzübersicht / ein Jahresabschluss ausgedruckt?	☐	☐	☐	

Kontrollen

	n/a	Ja	Nein	Bemerkungen
33. Sind die Eröffnungswerte komplett und in Übereinstimmung mit der Vorjahresbilanz eingebucht?	☐	☐	☐	
34. Wurden die Gewinnausschüttungen korrespondierend mit den Gewinnausschüttungsbeschlüssen vorgenommen und korrekt verbucht?	☐	☐	☐	
35. Sind die Leistungsbeziehungen zwischen der Gesellschaft und den Gesellschaftern durch Verträge wie unter fremden Dritten belegt?	☐	☐	☐	

	n/a	Ja	Nein	Bemerkungen
Liegen insbesondere vor				
• Arbeitsverträge?	☐	☐	☐	
• Pensionsverträge?	☐	☐	☐	
• Darlehensverträge?	☐	☐	☐	
• Miet- und Pachtverträge?	☐	☐	☐	
36. Sind die Leistungsbeziehungen zwischen der Gesellschaft und den nahen Angehörigen durch Verträge wie unter fremden Dritten belegt?	☐	☐	☐	
Liegen insbesondere vor				
• Arbeitsverträge?	☐	☐	☐	
• Pensionsverträge?	☐	☐	☐	
• Darlehensverträge?	☐	☐	☐	
• Miet- und Pachtverträge?	☐	☐	☐	
37. Wurden die Ergebnisse und Folgewirkungen aus einer abgeschlossenen				
• Betriebsprüfung	☐	☐	☐	
• Lohnsteuerprüfung	☐	☐	☐	
• Umsatzsteuersonderprüfung	☐	☐	☐	
• AOK-/Ersatzkassenprüfung	☐	☐	☐	
vollständig buchhalterisch erfasst?				
38. Wurden sämtliche Erlös- und Ertragskonten mit den Umsatzsteuerkonten abgestimmt?	☐	☐	☐	
39. Sind die im Berichtsjahr geleisteten Umsatzsteuervorauszahlungen mit der Finanzkasse abgestimmt?	☐	☐	☐	
40. Wurden sämtliche für die private Einkommensteuer benötigten Angaben gesondert erfasst?	☐	☐	☐	

II. Arbeitshilfen zur Abschlusserstellung

	Referenz	**1**
Mandant	Erstellt von / am	
Auftrag	Durchgesehen von / am	
Prüffeld / Betreff **Aufwendungen für die Ingangsetzung und Erweiterung des Geschäftsbetriebes**	Qualitätssicherung durch / am	

Erstellungsmaßnahmen

	n/a	Ja	Nein	Bemerkungen

I. Benötigte Unterlagen erhalten?

- Konten ☐ ☐ ☐

- Anlagenspiegel
  (mittelgroße und große Kapital- und KapCo-Gesellschaften) ☐ ☐ ☐

II. Nachweis/Ansatz
(Vollständigkeit, Periodenabgrenzung, betragsmäßig richtige Erfassung, wirtschaftliches Eigentum) und **Bewertung/Zuordnung**

1. Wurde darauf geachtet, dass ab 1.1.2010 die Kosten der Ingangsetzung und Erweiterung nicht mehr aktiviert werden können? ☐ ☐ ☐

2. Für den Fall der Fortführung eines bereits gebildeten Postens: Ist sichergestellt, dass die zu aktivierten Aufwendungen

   - nur Aufwendungen für den Auf- und Ausbau der Unternehmensorganisationen beinhalten? ☐ ☐ ☐

   - nicht enthalten:

     - Aufwendungen für die Gründung und Kapitalbeschaffung (§ 248 Abs. 1 HGB)? ☐ ☐ ☐

     - Anschaffungs- oder Herstellungskosten aktivierungsfähiger Vermögensgegenstände? ☐ ☐ ☐

     - Kosten der Betriebsumstellung? ☐ ☐ ☐

     - Kosten der Betriebsverlagerung? ☐ ☐ ☐

     - Vertriebskosten? ☐ ☐ ☐

     - nicht angesetzt werden ☐ ☐ ☐

     - in einer eventuellen Überschuldungsbilanz? ☐ ☐ ☐

     - in der Steuerbilanz? ☐ ☐ ☐

3. Wird bei mittelgroßen und großen Kapital- und KapCo-Gesellschaften für die aktivierten Aufwendungen eine Anlagenkartei geführt, die die für die Erstellung eines Anlagenspiegels erforderlichen Daten enthält? ☐ ☐ ☐

4. Wurde die Anlagenkartei/-buchführung bei Fortführung eines gebildeten Postens korrekt fortgeführt? ☐ ☐ ☐

5. Ist sichergestellt, dass bei Fortführung eines gebildeten Postens die auf evtl. Abgänge entfallenden aufgelaufenen Abschreibungen ausgebucht wurden? ☐ ☐ ☐

	n/a	Ja	Nein	Bemerkungen
6. Ist bei Fortführung eines gebildeten Postens der ausgewiesene Bilanzwert durch				
• die Sachkonten	☐	☐	☐	
• die Anlagenkartei und	☐	☐	☐	
• (ggf. bei mittelgroßen und großen Kapital- und KapCo-Gesellschaften) den Anlagenspiegel im Anhang	☐	☐	☐	
nachgewiesen?				
7. Wurden die Grundsätze der Ansatz- und Bewertungsstetigkeit beachtet?	☐	☐	☐	

III. Ausweis
(Kontenzuordnung/Verständlichkeit)

	n/a	Ja	Nein	Bemerkungen
8. Wurde bei Fortführung eines gebildeten Postens der Posten in den Anlagenspiegel integriert und entspricht dieser inhaltlich den Erfordernissen?	☐	☐	☐	
9. Wurden (ggf.) die im Anlagenspiegel im Berichtsjahr ausgewiesenen Abschreibungen mit dem GuV-Posten „Abschreibungen auf immaterielle Vermögensgegenstände und Sachanlagen sowie auf aktivierte Aufwendungen für die Ingangsetzung und Erweiterung des Geschäftsbetriebes" abgestimmt?	☐	☐	☐	

		Referenz	2
Mandant		Erstellt von / am	
Auftrag		Durchgesehen von / am	
Prüffeld / Betreff	**Immaterielle Vermögensgegenstände des Anlagevermögens** – Selbstgeschaffene gewerbliche Schutzrechte und ähnliche Rechte und Werte – Entgeltlich erworbene Konzessionen, gewerbliche Schutzrechte und ähnliche Rechte und Werte sowie Lizenzen an solchen Rechten – Geschäfts- und Firmenwert – Geleistete Anzahlungen	Qualitätssicherung durch / am	

Erstellungsmaßnahmen

	n/a	Ja	Nein	Bemerkungen
I. Benötigte Unterlagen erhalten?				
• Konten	☐	☐	☐	
• Bestandsverzeichnis	☐	☐	☐	
• Anlagenspiegel (mittelgroße und große Kapital- und KapCo-Gesellschaften)	☐	☐	☐	
• Register	☐	☐	☐	
• Verträge	☐	☐	☐	
• Schriftwechsel	☐	☐	☐	
• Urkunden	☐	☐	☐	
• Belege für Anlagenzu- und -abgänge	☐	☐	☐	
• ggf. Inventurunterlagen	☐	☐	☐	
• Technische Pläne für die selbst geschaffenen immateriellen Vermögensgegenstände	☐	☐	☐	
• Managemententscheidungen, Planungsrechnungen für die selbst geschaffenen immateriellen Vermögensgegenstände	☐	☐	☐	
• Verkaufsstrategien für die selbst geschaffenen immateriellen Vermögensgegenstände	☐	☐	☐	
• Marktstudien für die selbst geschaffenen immateriellen Vermögensgegenstände	☐	☐	☐	
• Business-Plan für die selbst geschaffenen immateriellen Vermögensgegenstände	☐	☐	☐	
• Kostenstellenrechnung				
II. Nachweis/Ansatz (Vollständigkeit, Periodenabgrenzung, betragsmäßig richtige Erfassung, wirtschaftliches Eigentum) und **Bewertung/Zuordnung**				
1. Wurde die Anlagenkartei/-buchführung korrekt fortgeführt und mit den Sachkonten abgestimmt?	☐	☐	☐	

	n/a	Ja	Nein	Bemerkungen

1a. Ist der ausgewiesene Bilanzwert durch

   a) die Sachkonten, ☐ ☐ ☐

   b) die Anlagenkartei und ☐ ☐ ☐

   c) (ggf. bei mittelgroßen und großen Kapital- und KapCo-Gesellschaften) den Anlagenspiegel im Anhang ☐ ☐ ☐

   nachgewiesen?

2. Bei selbst erstellten immateriellen Vermögensgegenständen:

   Ist sichergestellt,

- dass in der Kostenstellenrechnung die Kosten der Forschung (das ist die eigenständige und planmäßige Suche nach neuen wissenschaftlichen oder technischen Erkenntnissen oder Erfahrungen allgemeiner Art, über deren technische Verwertbarkeit und wirtschaftliche Erfolgsaussichten grundsätzlich keine Aussagen gemacht werden können) und die Kosten der Entwicklung (das ist die Anwendung von Forschungsergebnissen oder von anderem Wissen für die Neu-/ Weiterentwicklung von Gütern oder Verfahren mittels wesentlicher Änderungen) hinreichend voneinander abgegrenzt werden? ☐ ☐ ☐

- dass die Kosten zur Erlangung von Grundlagenwissen oder neuen Erkenntnissen sowie die Kosten der eigenständigen und planmäßigen Suche nach wissenschaftlichen oder technischen Erkenntnissen den Forschungskosten zugeordnet wurden? ☐ ☐ ☐

- dass die Kosten der Erstellung von Prototypen und Modellen, von Werkzeugen, Gussformen, etc. sowie die Kosten der Errichtung und des Betriebes von Pilotanlagen, die noch nicht kommerziell genutzt werden können, sowie die Kosten von Entwürfen, Konstruktionen, Tests von gewählten Alternativen für neue oder verbesserte Materialien, Produkte oder Verfahren den Entwicklungskosten zugeordnet werden? ☐ ☐ ☐

3. Wurde bei evtl. Zugängen darauf geachtet, ob bei selbst erstellten immateriellen Vermögensgegenständen die Voraussetzungen für die buchhalterische Erfassung bereits gegeben sind

   a) durch Feststellung, dass ein immaterieller Vermögensgegenstand entstanden ist? ☐ ☐ ☐

- Wurden hierzu die technischen Pläne für das in Entwicklung befindliche Produkt im Hinblick auf dessen technische Realisierbarkeit eingesehen? ☐ ☐ ☐

- Wurden hierzu Management-Entscheidungen und Planungsrechnungen für das in Entwicklung befindliche Produkt im Hinblick auf die Absicht von dessen Fertigstellung eingesehen? ☐ ☐ ☐

- Wurden Verkaufsstrategien für das in Entwicklung befindliche Produkt eingesehen? ☐ ☐ ☐

- Wurden Marktstudien für das in Entwicklung befindliche Produkt im Hinblick auf die Existenz eines Marktes eingesehen? ☐ ☐ ☐

	n/a	Ja	Nein	Bemerkungen
• Existiert ein Business-Plan für das in Entwicklung befindliche Produkt im Hinblick auf die Verfügbarkeit von Ressourcen?	☐	☐	☐	
• Ist das in Entwicklung befindliche Produkt bereits aufgrund der Erfassung der hierzu entstehenden Kosten in einer Kostenstellenrechnung bewertbar?	☐	☐	☐	
b) durch Feststellung, dass es sich bei sämtlichen aktivierten Herstellungskosten nur um Entwicklungskosten handelt?	☐	☐	☐	
c) durch Feststellung, dass mit der Entwicklung erst nach dem 31.12.2009 begonnen wurde (Art. 66 Abs. 7 EGHGB n.F.)?	☐	☐	☐	
4. Wurde berücksichtigt, dass eine Aktivierung von selbst erstellten Vermögensgegenständen ausgeschlossen ist, wenn die Kosten der Forschung und Entwicklung nicht verlässlich voneinander unterschieden werden können (§ 255 Abs. 2 a Satz 4 HGB n.F.)?	☐	☐	☐	
5. Wurden geleistete Anzahlungen in Fremdwährung zum Devisenkassamittelkurs am Abschlussstichtag umgerechnet, und zwar bei einer Restlaufzeit von einem Jahr oder weniger ohne Berücksichtigung des Anschaffungswertprinzips (§ 253 Abs. 1 Satz 1 HGB) und des Realisationsprinzips (§ 252 Abs. 1 Nr. 4 HGB)?	☐	☐	☐	
6. Wurden bei geleisteten Anzahlungen Bewertungseinheiten zum Ausgleich gegenläufiger Wertänderungen oder Zahlungsströme aus dem Eintritt vergleichbarer Risiken mit Finanzinstrumenten zusammengefasst?	☐	☐	☐	
Wenn **ja**: Wurden der Ansatz von Verbindlichkeits- und Drohverlustrückstellungen (§ 249 Abs. 1 HGB), die Grundsätze der Einzelbewertung, das Vorsichtsprinzip, das Imparitätsprinzip und das Realisationsprinzip (§§ 252 Abs. 1 Nr. 3 und 4, 253 Abs. 1 Satz 1 HGB) sowie die Grundsätze zur Währungsumrechnung (§ 256 a HGB) in dem Umfang und für den Zeitraum nicht angewendet, in dem die gegenläufigen Wertänderungen oder Zahlungsströme sich ausgleichen?	☐	☐	☐	
7. Wurden die Bilanzierungs- und Bewertungsmethoden hinreichend dokumentiert?	☐	☐	☐	
8. Erfolgte die Bewertung zu Anschaffungskosten bzw. bei selbst erstellten Vermögensgegenständen zu Herstellungskosten?	☐	☐	☐	
9. Wurden bei der Bewertung zu Anschaffungskosten berücksichtigt:				
• Anschaffungsnebenkosten sowie ggf.				
• Anschaffungskostenminderungen, soweit sie dem Vermögensgegenstand *einzeln* zugeordnet werden können?	☐	☐	☐	
10. Waren bei der Ermittlung der Herstellungskosten von selbst erstellten immateriellen Vermögensgegenständen die Ausübung von Wahlrechten möglich/gewünscht?	☐	☐	☐	

	n/a	Ja	Nein	Bemerkungen
11. Wurden bei selbst erstellten immateriellen Vermögensgegenständen Forschungskosten sowie nicht eindeutig den Entwicklungskosten zuzuordnende Kosten eliminiert?	☐	☐	☐	
12. Ist sichergestellt, dass die auf die Abgänge entfallenden aufgelaufenen Wertberichtigungen ausgebucht wurden?	☐	☐	☐	
13. Ist die Abschreibungsmethode zulässig?	☐	☐	☐	
14. Sind die Abschreibungsgrundlagen (insbesondere Bemessungsgrundlage, Nutzungsdauer) zutreffend angesetzt?	☐	☐	☐	
15. Wurde beachtet, dass eine Abschreibung über einen (typisierten) Zeitraum von 10 Jahren erforderlich ist, wenn die Nutzungsdauer nicht verlässlich geschätzt werden kann und der Vermögensgegenstand nach dem 31.12.2015 (Art. 75 Abs. 4 EGHGB) aktiviert wurde?	☐	☐	☐	
16. Bei immateriellen Vermögensgegenständen mit dem Charakter materieller, abnutzbarer, beweglicher Gegenstände:				
• Wurde bei Zugängen die Möglichkeit der degressiven Abschreibung beachtet?	☐	☐	☐	
• Wurde der Übergang von der degressiven auf die lineare Abschreibung beachtet?	☐	☐	☐	
17. Wurden die Vermögensgegenstände linear abgeschrieben?	☐	☐	☐	
18. Wurde bei Abgängen die zeitanteilige Abschreibung beachtet?	☐	☐	☐	
19. Ist eine Abschreibung nach der Leistung				
• gewünscht?	☐	☐	☐	
• möglich?	☐	☐	☐	
• beachtet?	☐	☐	☐	
20. Wurden die handelsrechtlichen Geschäfts-/ Firmenwertabschreibungsvorschriften (§ 255 Abs. 4 HGB) beachtet?	☐	☐	☐	
21. Wurden außerplanmäßige Abschreibungen wegen wirtschaftlicher Wertminderung durchgeführt?	☐	☐	☐	
22. Lagen insoweit im Hinblick auf die steuerrechtliche Anerkennung dauerhafte Wertminderungen vor?	☐	☐	☐	
23. Wurde bei Abschreibungen auf Erinnerungswerte alternativ ein Abgang in Erwägung gezogen?	☐	☐	☐	
24. Wurde in der Steuerbilanz bei immateriellen Vermögensgegenständen mit dem Charakter materieller abnutzbarer beweglicher Gegenstände die Möglichkeit				
• der Bildung eines Sammelpostens für Wirtschaftsgüter mit AK/HK > € 150,– / < € 1.000,– (ohne Vorsteuer) mit einer Abschreibung über 5 Jahre	☐	☐	☐	
• des Ansatzes eines Investitionsabzugsbetrages zur Förderung kleiner und mittlerer Betriebe, § 7 g EStG,	☐	☐	☐	
• der Sonder-AfA für private Krankenhäuser, § 7 f EStG, beachtet?	☐	☐	☐	

	n/a	Ja	Nein	Bemerkungen
25. Wurden die Abschreibungen rechnerisch richtig ermittelt?	☐	☐	☐	
26. Wurde die laufende Abschreibung des Geschäftsjahres mit dem in der GuV verbuchten Betrag abgestimmt?	☐	☐	☐	
27. Wurde abgesehen vom Geschäfts- oder Firmenwert das Wertaufholungsgebot beachtet?	☐	☐	☐	
28. Sind Zeitwert bzw. die Anschaffungs- und ggf. Herstellungskosten (ggf. vermindert um planmäßige Abschreibungen), die bei der Zuschreibung nicht überschritten werden dürfen, beachtet worden?	☐	☐	☐	
29. Sind die Zuschreibungen rechnerisch richtig ermittelt worden?	☐	☐	☐	
30. Wurden die Zuschreibungen des Geschäftsjahres mit dem in der GuV-Rechnung verbuchten Betrag abgestimmt?	☐	☐	☐	
31. Wurde das Saldierungsverbot von Zuschreibungsertrag und Abschreibungsaufwand beachtet?	☐	☐	☐	
32. Sind die Angaben zu den Abschreibungen (s. Ziff. 45) und Zuschreibungen ordnungsgemäß im (ggf. vorgeschriebenen) Anlagespiegel angegeben worden?	☐	☐	☐	
33. Wurden die Grundsätze der Ansatz- und Bewertungsstetigkeit beachtet?	☐	☐	☐	
34. Ist der aktivierte Betrag von selbst erstellten materiellen Vermögensgegenständen bei der Bemessung der passiven latenten Steuern berücksichtigt worden?	☐	☐	☐	
35. Ist die Ausschüttungssperre (§ 268 Abs. 8 HGB) beachtet?	☐	☐	☐	

III. Ausweis

Bei sämtlichen Unternehmen:

	n/a	Ja	Nein	Bemerkungen
36. Liegen die Voraussetzungen des Anlagevermögens (dem Geschäftsbetrieb auf Dauer zu dienen, kein Entschluss zur Veräußerung) vor?	☐	☐	☐	
37. Sind alle notwendigen Umbuchungen von den geleisteten Anzahlungen auf die entsprechenden Sachkonten durchgeführt worden?	☐	☐	☐	
38. Sind die Umbuchungen berechtigt?	☐	☐	☐	
39. Sind nur solche Investitionen als Umbuchungen ausgewiesen, die bereits im Vortrag der geleisteten Anzahlungen enthalten waren?	☐	☐	☐	
40. Wurden die Erträge und Verluste aus Anlagenabgängen sowie die Abschreibungen und die Erträge aus Zuschreibungen korrespondierend in der GuV-Rechnung ausgewiesen?	☐	☐	☐	

Bei Kapital- und KapCo-Gesellschaften (unabhängig von der Größenordnung):

	n/a	Ja	Nein	Bemerkungen
41. Wurden evtl. Erträge oder Aufwendungen aus der Währungsumrechnung gesondert unter dem Posten „sonstige Erträge/Aufwendungen" ausgewiesen?	☐	☐	☐	

	n/a	Ja	Nein	Bemerkungen
42. Wurden die Zuschreibungen als sonstige betriebliche Erträge und die Abschreibungen als Abschreibungen auf immaterielle Vermögensgegenstände ausgewiesen?	☐	☐	☐	

Mittelgroße und große Kapital- und KapCo-Gesellschaften (zusätzlich):

	n/a	Ja	Nein	
43. Wird ein Anlagenspiegel im Anhang ausgewiesen (§ 284 Abs. 3 HGB)?	☐	☐	☐	
44. Wurden dabei				
a) die Abschreibungen in ihrer gesamten Höhe zu Beginn und Ende des Geschäftsjahres,	☐	☐	☐	
b) die im Laufe des Geschäftsjahrs vorgenommenen Abschreibungen und Zuschreibungen,	☐	☐	☐	
c) Änderungen in den Abschreibungen in ihrer gesamten Höhe im Zusammenhang mit Zu- und Abgängen sowie Umbuchungen im Laufe des Geschäftsjahres,	☐	☐	☐	
d) Angaben zum Umfang der ggf. in die Herstellungskosten einbezogenen Fremdkapitalzinsen erfasst?	☐	☐	☐	
45. Wurden bei Umbuchungen die historischen Anschaffungskosten sowie die kumulierten Ab- und Zuschreibungen ebenfalls mit umgebucht?	☐	☐	☐	
46. Wurden Bewegungen in das Umlaufvermögen oder vom Umlaufvermögen als Abgänge oder Zugänge ausgewiesen?	☐	☐	☐	
47. Wurden die im Anhang angegebenen Beträge der im Berichtsjahr angefallenen Abschreibungen und Zuschreibungen mit den GuV-Posten abgestimmt?	☐	☐	☐	

	Referenz	**3**
Mandant	Erstellt von / am	
Auftrag	Durchgesehen von / am	
Prüffeld / Betreff	**Sachanlagen** – Grundstücke, grundstücksgleiche Rechte und Bauten einschließlich Bauten auf fremden Grundstücken – Technische Anlagen und Maschinen – Andere Anlagen, Betriebs- und Geschäftsausstattung – Geleistete Anzahlungen und Anlagen im Bau	Qualitätssicherung durch / am	

Erstellungsmaßnahmen

	n/a	Ja	Nein	Bemerkungen
I. Benötigte Unterlagen erhalten?				
• Konten	☐	☐	☐	
• Bestandsverzeichnis bzw. Anlagenkartei	☐	☐	☐	
• Anlagenspiegel (mittelgroße und große Kapital- und KapCo-Gesellschaften)	☐	☐	☐	
• Belege für die Anlagenzu- und -abgänge	☐	☐	☐	
• für Grundstücke, grundstücksgleiche Rechte und Bauten, etc.				
▪ Zusammenstellung der Miet- und Pachtaufwendungen für gemietete und gepachtete Grundstücke und Gebäude	☐	☐	☐	
▪ Zusammenstellung der Miet- und Pachterträge für vermietete und verpachtete Grundstücke	☐	☐	☐	
▪ Zusammenstellung der Erbbauzinsen für Erbbaugrundstücke	☐	☐	☐	
▪ Grundbuchauszüge neuesten Datums, Lagepläne der Grundstücke, Flächenangaben, Registereintragungen	☐	☐	☐	
▪ Zusammenstellung der dinglichen Belastung	☐	☐	☐	
▪ Einheitswertbescheide	☐	☐	☐	
▪ Verzeichnis der Gebäude auf fremden Grund und Boden	☐	☐	☐	
▪ Nachweise über Versicherungsschutz und gezahlte Versicherungsprämien	☐	☐	☐	
▪ ggf. Verträge über Immobilienleasing	☐	☐	☐	
• für technische Anlagen und Maschinen, andere Anlagen, etc.				
▪ ggf. Inventurunterlagen	☐	☐	☐	
▪ Verzeichnis sicherungsübereigneter Gegenstände und Pfandrechte	☐	☐	☐	
▪ Investitionsprogramm nebst Finanzplan	☐	☐	☐	
▪ Nachweise über Versicherungsschutz und gezahlte Versicherungsprämien	☐	☐	☐	
▪ Aufstellung über geleaste Gegenstände und Leasingverträge	☐	☐	☐	

	n/a	Ja	Nein	Bemerkungen
• für geleistete Anzahlungen und Anlagen im Bau				
▪ ggf. Saldenbestätigungen	☐	☐	☐	
▪ Verträge	☐	☐	☐	
▪ Schriftwechsel	☐	☐	☐	
▪ Kostenrechnung (Betriebsabrechnungsbogen, Deckungsbeitragsrechnung, Kalkulationen, Materialentnahmescheine, Stücklisten, etc.)	☐	☐	☐	

II. Nachweis/Ansatz
(Vollständigkeit, Periodenabgrenzung, betragsmäßig richtige Erfassung, wirtschaftliches Eigentum) und **Bewertung/Zuordnung**

	n/a	Ja	Nein	
1. Werden für die Sachanlagen eine Anlagenkartei bzw. für die geleisteten Anzahlungen ein Bestandsverzeichnis geführt, die bei mittelgroßen und großen Kapital- und KapCo-Gesellschaften die für die Erstellung eines Anlagenspiegels erforderlichen Daten enthalten?	☐	☐	☐	
2. Wurde die Anlagenkartei/-buchführung korrekt fortgeführt und mit den Sachkonten abgestimmt?	☐	☐	☐	
2a. Ist der ausgewiesene Bilanzwert durch				
a) die Sachkonten,	☐	☐	☐	
b) die Anlagenkartei und	☐	☐	☐	
c) (ggf. bei mittelgroßen und großen Kapital- und KapCo-Gesellschaften) den Anlagenspiegel im Anhang nachgewiesen?	☐	☐	☐	
3. Ist sichergestellt, dass die auf die Abgänge entfallenden kumulierten Anschaffungskosten und aufgelaufenen Wertberichtigungen ausgebucht wurden?	☐	☐	☐	
4. Wurden die Abgänge bis zum Zeitpunkt des körperlichen Abgangs noch zeitanteilig abgeschrieben?	☐	☐	☐	
5. Erfolgte die Bewertung zu Anschaffungs-/ Herstellungskosten?	☐	☐	☐	
5a. Wurden ggf. Anschaffungsnebenkosten und nachträgliche Anschaffungs- oder Herstellungskosten angesetzt?	☐	☐	☐	
5b. Wurden bei der Bewertung zu Anschaffungskosten berücksichtigt:				
• Anschaffungsnebenkosten sowie ggf.	☐	☐	☐	
• Anschaffungskostenminderungen, soweit sie dem Vermögensgegenstand *einzeln* zugeordnet werden können?	☐	☐	☐	
5c. Im Falle der Aktivierung von Eigenleistungen: Wurden die angesetzten Herstellungskosten der Prüfung unterzogen?	☐	☐	☐	

	n/a	Ja	Nein	Bemerkungen
6. Wurden geleistete Anzahlungen in Fremdwährung zum Devisenkassamittelkurs am Abschlussstichtag umgerechnet, und zwar bei einer Restlaufzeit von einem Jahr oder weniger ohne Berücksichtigung des Anschaffungswertprinzips (§ 253 Abs. 1 Satz 1 HGB) und des Realisationsprinzips (§ 252 Abs. 1 Nr. 4 HGB)?	☐	☐	☐	
7. Wurden bei geleisteten Anzahlungen Bewertungseinheiten zum Ausgleich gegenläufiger Wertänderungen oder Zahlungsströme aus dem Eintritt vergleichbarer Risiken mit Finanzinstrumenten zusammengefasst?	☐	☐	☐	
Wenn **ja**: Wurden der Ansatz von Verbindlichkeits- und Drohverlustrückstellungen (§ 249 Abs. 1 HGB), die Grundsätze der Einzelbewertung, das Vorsichtsprinzip, das Imparitätsprinzip und das Realisationsprinzip (§§ 252 Abs. 1 Nr. 3 und 4, 253 Abs. 1 Satz 1 HGB) sowie die Grundsätze zur Währungsumrechnung (§ 256a HGB) in dem Umfang und für den Zeitraum nicht angewendet, in dem die gegenläufigen Wertänderungen oder Zahlungsströme sich ausgleichen?	☐	☐	☐	
8. Ist die Abschreibungsmethode zulässig?	☐	☐	☐	
9. Sind die Abschreibungsgrundlagen (insbesondere Bemessungsgrundlage, Nutzungsdauer) zutreffend angesetzt?	☐	☐	☐	
10. Bei abnutzbaren beweglichen Gegenständen:				
• Wurde bei Zugängen die Möglichkeit einer anderen, als der linearen Abschreibung beachtet, sofern der Wertverzehr das gestattet?	☐	☐	☐	
• Wurde der evtl. erforderliche Übergang von der degressiven auf die lineare AfA beachtet, sofern der Wertverzehr das gestattet?	☐	☐	☐	
11. Wurden die Vermögensgegenstände linear abgeschrieben?	☐	☐	☐	
12. Wurde bei Abgängen die zeitanteilige Abschreibung beachtet?	☐	☐	☐	
13. Ist eine Abschreibung nach der Leistung				
• gewünscht?	☐	☐	☐	
• möglich?	☐	☐	☐	
• beachtet?	☐	☐	☐	
14. Sind ggf. außerplanmäßige Abschreibungen aufgrund von Mehrschichtbetrieb angesetzt?	☐	☐	☐	
15. Wurden außerplanmäßige Abschreibungen wegen wirtschaftlicher Wertminderung durchgeführt?	☐	☐	☐	
16. Lagen insoweit im Hinblick auf die steuerrechtliche Anerkennung dauerhafte Wertminderungen vor?	☐	☐	☐	
17. Ist bei Grundbesitz eine Abschreibung auf den niedrigeren beizulegenden Wert/wegen Umbaus aufgrund der Entfernung von Gebäudeteilen notwendig?	☐	☐	☐	
18. Wurde bei Abschreibungen auf Schrottwerte alternativ ein Abgang in Erwägung gezogen?	☐	☐	☐	

	n/a	Ja	Nein	Bemerkungen
19. Wurde in der Steuerbilanz die Möglichkeit beachtet				
• der Bildung eines Sammelpostens für Wirtschaftsgüter mit AK/HK > € 150,– / < € 1.000,–(ohne Vorsteuer) mit einer Abschreibung über 5 Jahre	☐	☐	☐	
• des Ansatzes eines Investitionsabzugsbetrages zur Förderung kleiner und mittlerer Betriebe, § 7 g EStG,	☐	☐	☐	
• der Sonder-AfA für private Krankenhäuser, § 7 f EStG	☐	☐	☐	
• der erhöhten Absetzungen bei Gebäuden in Sanierungsgebieten und städtebaulichen Entwicklungsbereichen, § 7 h EStG	☐	☐	☐	
• der erhöhten Absetzungen bei Baudenkmalen, § 7 i EStG	☐	☐	☐	
• der erhöhten Absetzung von Herstellungskosten und Sonderbehandlung von Erhaltungsaufwand für bestimmte Anlagen und Einrichtungen bei Gebäuden, § 82 a EStDV	☐	☐	☐	
• der erhöhten Absetzung von Herstellungskosten für bestimmte Baumaßnahmen, § 82 g EStDV	☐	☐	☐	
• der erhöhten Absetzung von Herstellungskosten bei Baudenkmalen, § 82 i EStDV	☐	☐	☐	
• einer AfA-Minderung durch Übertragung einer Rücklage nach § 6 b EStG	☐	☐	☐	
• einer AfA-Minderung durch Übertragung einer Rücklage nach § 7 g EStG	☐	☐	☐	
20. Wurden die Abschreibungen rechnerisch richtig ermittelt?	☐	☐	☐	
21. Wurde die laufende Abschreibung des Geschäftsjahres mit dem in der GuV verbuchten Betrag abgestimmt?	☐	☐	☐	
22. Wurde das Wertaufholungsgebot beachtet?	☐	☐	☐	
23. Sind die Zuschreibungen rechnerisch richtig ermittelt worden?	☐	☐	☐	
24. Wurden die Zuschreibungen des Geschäftsjahres mit dem in der GuV-Rechnung verbuchten Betrag abgestimmt?	☐	☐	☐	
25. Wurde das Saldierungsverbot von Zuschreibungsertrag und Abschreibungsaufwand beachtet?	☐	☐	☐	
26. Sind die Angaben zu den Abschreibungen (s. Ziff. 40) und Zuschreibungen ordnungsgemäß im (ggf. vorgeschriebenen) Anlagespiegel angegeben worden?	☐	☐	☐	
27. Wurden die Grundsätze der Ansatz- und Bewertungsstetigkeit beachtet?	☐	☐	☐	
28. Wurde der Betrag evtl. aktivierter Eigenleistungen mit dem in der GuV verbuchten Betrag abgestimmt?	☐	☐	☐	
29. Wurden die Erträge und Verluste aus Anlagenabgängen sowie die Abschreibungen und die Erträge aus Zuschreibungen korrespondierend in der GuV-Rechnung ausgewiesen?	☐	☐	☐	

	n/a	Ja	Nein	Bemerkungen

III. Ausweis (Kontenzuordnung/Verständlichkeit)

Bei sämtlichen Unternehmen:

30. Liegen die Voraussetzungen des Anlagenvermögens (dem Geschäftsbetrieb auf Dauer zu dienen, kein Entschluss zur Veräußerung) vor? ☐ ☐ ☐

31. Sind alle notwendigen Umbuchungen von den geleisteten Anzahlungen auf die entsprechenden Sachkonten durchgeführt worden? ☐ ☐ ☐

32. Sind die Umbuchungen berechtigt? ☐ ☐ ☐

33. Sind nur solche Investitionen als Umbuchungen ausgewiesen, die bereits im Vortrag der geleisteten Anzahlungen enthalten waren? ☐ ☐ ☐

Bei Kapital- und KapCo-Gesellschaften (unabhängig von der Größenordnung):

34. Sind Erträge aus Zuschreibungen und aus dem Abgang ausgewiesen unter den sonstigen betrieblichen Erträgen? ☐ ☐ ☐

35. Sind Aufwendungen aus dem Abgang ausgewiesen unter den sonstigen betrieblichen Aufwendungen? ☐ ☐ ☐

36. Wurden die Abschreibungen als Abschreibungen aus Sachanlagen ausgewiesen? ☐ ☐ ☐

37. Wurden evtl. Erträge oder Aufwendungen aus der Währungsumrechnung gesondert unter dem Posten „sonstige betriebliche Erträge/Aufwendungen" ausgewiesen ☐ ☐ ☐

Mittelgroße und große Kapital- und KapCo-Gesellschaften (zusätzlich):

38. Wird ein Anlagenspiegel im Anhang ausgewiesen (§ 284 Abs. 3 HGB)? ☐ ☐ ☐

39. Wurden dabei

a) die Abschreibungen in ihrer gesamten Höhe zu Beginn und Ende des Geschäftsjahres, ☐ ☐ ☐

b) die im Laufe des Geschäftsjahres vorgenommenen Abschreibungen und Zuschreibungen, ☐ ☐ ☐

c) Änderungen in den Abschreibungen in ihrer gesamten Höhe im Zusammenhang mit Zu- und Abgängen sowie Umbuchungen im Laufe des Geschäftsjahres, ☐ ☐ ☐

d) Angaben zum Umfang der ggf. in die Herstellungskosten einbezogenen Fremdkapitalzinsen erfasst? ☐ ☐ ☐

40. Wurden bei Umbuchungen die historischen Anschaffungskosten sowie die kumulierten Ab- und Zuschreibungen ebenfalls mit umgebucht? ☐ ☐ ☐

41. Wurden Bewegungen in das Umlaufvermögen oder vom Umlaufvermögen als Abgänge oder Zugänge ausgewiesen? ☐ ☐ ☐

	n/a	Ja	Nein	Bemerkungen
42. Wurden die im Anlagenspiegel oder im Anhang ange-gebenen Beträge der im Berichtsjahr angefallenen Abschreibungen und Zuschreibungen mit den korrespondierenden GuV-Posten abgestimmt?	☐	☐	☐	

	Referenz	4
Mandant	Erstellt von / am	
Auftrag	Durchgesehen von / am	
Prüffeld / Betreff	**Finanzanlagen** – Anteile an verbundenen Unternehmen – Beteiligungen – Wertpapiere des Anlagevermögens – Ausleihungen an verbundene Unternehmen – Ausleihungen an Unternehmen mit denen ein Beteiligungs- verhältnis besteht – Sonstige Ausleihungen	Qualitätssicherung durch / am	

Erstellungsmaßnahmen

	n/a	Ja	Nein	Bemerkungen
I. Benötigte Unterlagen erhalten?				
• Konten	☐	☐	☐	
• Bestandsverzeichnis bzw. Anlagenkartei	☐	☐	☐	
• Anlagenspiegel (mittelgroße und große Kapital- und KapCo-Gesell-schaften)	☐	☐	☐	
• Belege über Zu- und Abgänge sowie Gewinn- und Zins-zahlungen	☐	☐	☐	
• Bestandsnachweise (Depotauszüge, Aufnahmeprotokolle, Registerauszüge)	☐	☐	☐	
• Bewertungsunterlagen (Jahresabschlüsse, Börsenkurse, Unternehmensbewertungen, Marktpreise)	☐	☐	☐	
• Gesellschafterliste	☐	☐	☐	
• Gesamtengagement je verbundenes Unternehmen/ Beteiligung (Forderungen, Verbindlichkeiten, Haftungs-verhältnisse, Sicherheiten, etc.)	☐	☐	☐	
II. Nachweis/Ansatz (Vollständigkeit, Periodenabgrenzung, betragsmäßig richtige Erfassung, wirtschaftliches Eigentum) und **Bewertung/Zuordnung**				
1. Sind verbundene Unternehmen/Beteiligungen (§ 271 HGB)/Wertpapiere des Anlagevermögens vorhanden?	☐	☐	☐	
2. Wird für die Finanzanlagen eine Anlagenkartei geführt, die bei mittelgroßen und großen Kapital- und KapCo-Gesellschaften die für die Erstellung eines Anlagen-spiegels erforderlichen Daten enthält?	☐	☐	☐	
3. Wurde die Anlagenkartei/-buchführung korrekt fortgeführt und mit den Sachkonten abgestimmt?	☐	☐	☐	
4. Ist der ausgewiesene Bilanzwert durch				
• die Sachkonten,	☐	☐	☐	
• die Anlagenkartei und	☐	☐	☐	
• (ggf. bei mittelgroßen und großen Kapital- und KapCo-Gesellschaften) den Anlagespiegel im Anhang nachgewiesen?	☐	☐	☐	

	n/a	Ja	Nein	Bemerkungen
5. Ist sichergestellt, dass die auf evtl. Abgänge entfallenden aufgelaufenen Abschreibungen ausgebucht wurden?	☐	☐	☐	
6. Erfolgte die Bewertung zu Anschaffungskosten?	☐	☐	☐	
7. Wurden bei der Bewertung von Zugängen auch Anschaffungsnebenkosten sowie Anschaffungskosten-minderungen, soweit sie dem Vermögensgegenstand *einzeln* zugeordnet werden können, berücksichtigt?	☐	☐	☐	
8. Wurden Fremdwährungsposten zum Devisenkassa-mittelkurs am Abschlussstichtag umgerechnet, und zwar bei einer Restlaufzeit von einem Jahr oder weniger ohne Berücksichtigung des Anschaffungs-wertprinzips (§ 253 Abs. 1 Satz 1 HGB) und des Realisationsprinzips (§ 252 Abs. 1 Nr. 4 HGB)?	☐	☐	☐	
9. Wurden Bewertungseinheiten zum Ausgleich gegenläufiger Wertänderungen oder Zahlungsströme aus dem Eintritt vergleichbarer Risiken mit Finanz-instrumenten zusammengefasst?	☐	☐	☐	
Wenn **ja**: Wurden der Ansatz von Verbindlichkeits- und Drohverlustrückstellungen (§ 249 Abs. 1 HGB), die Grundsätze der Einzelbewertung, das Vorsichtsprinzip, das Imparitätsprinzip und das Realisationsprinzip (§§ 252 Abs. 1 Nr. 3 und 4, 253 Abs. 1 Satz 1 HGB) sowie die Grundsätze zur Währungsumrechnung (§ 256 a HGB) in dem Umfang und für den Zeitraum nicht angewendet, in dem die gegenläufigen Wertänderungen oder Zahlungsströme sich ausgleichen?	☐	☐	☐	
10. Sind außerplanmäßige/steuerliche Abschreibungen notwendig/möglich/gewünscht?	☐	☐	☐	
11. Haben Sie beachtet, dass Wertminderungen von vorübergehender Dauer zur außerplanmäßigen Abschreibung führen können (§ 253 Abs. 3 Satz 4 HGB)?	☐	☐	☐	
12. Sind Zuschreibungen möglich/gewünscht?	☐	☐	☐	
13. Sind Zeitwert bzw. Anschaffungskosten bei Zuschreibungen nicht überschritten worden?	☐	☐	☐	
14. Sind Zeitwert bzw. die Anschaffungskosten, die bei der Zuschreibung nicht überschritten werden dürfen, beachtet worden?	☐	☐	☐	
15. Sind die Zuschreibungen rechnerisch richtig ermittelt worden?	☐	☐	☐	
16. Wurde das Saldierungsverbot von Zuschreibungsertrag und Abschreibungsaufwand beachtet?	☐	☐	☐	
17. Wurden die Abschreibungen und die Zuschreibungen des Geschäftsjahres mit dem in der GuV verbuchten Betrag abgestimmt?	☐	☐	☐	
18. Sind die Angaben zu den Abschreibungen (s. Ziff. 31) und Zuschreibungen ordnungsgemäß im (ggf. vorgeschriebenen) Anlagespiegel angegeben worden?	☐	☐	☐	

	n/a	Ja	Nein	Bemerkungen
19. Wurde für Anteile an einem herrschenden oder mit Mehrheit beteiligten Unternehmen eine Rücklage in der Höhe gebildet, der dem auf der Aktivseite angesetzten Betrag entspricht?	☐	☐	☐	
20. Wurden die Grundsätze der Ansatz- und Bewertungsstetigkeit beachtet?	☐	☐	☐	

III. Ausweis (Kontenzuordnung/Verständlichkeit)

Bei sämtlichen Unternehmen:

	n/a	Ja	Nein	Bemerkungen
21. Wurde beim Ausweis zutreffend zwischen der Bilanzierung von				
a) Anteilen an verbundenen Unternehmen,	☐	☐	☐	
b) Beteiligungen,	☐	☐	☐	
c) Wertpapieren des Anlagevermögens,	☐	☐	☐	
d) Ausleihungen an verbundene Unternehmen,	☐	☐		
e) Ausleihungen an Unternehmen, mit denen ein Beteiligungsverhältnis besteht,	☐	☐	☐	
f) Ausleihungen an Gesellschafter	☐	☐	☐	
g) sonstige Ausleihungen	☐	☐	☐	
abgegrenzt?				
22. Liegen die Voraussetzungen des Anlagevermögens vor?	☐	☐	☐	
23. Wurde für Anteile an einem herrschenden oder mit Mehrheit beteiligten Unternehmen eine Rücklage in der Höhe gebildet, der dem auf der Aktivseite angesetzten Betrag entspricht?	☐	☐	☐	

Bei Kapital- und KapCo-Gesellschaften (unabhängig von der Größenordnung):

	n/a	Ja	Nein	Bemerkungen
24. Wurden bei KapCo-Gesellschaften für Anteile an ihren Komplementärgesellschaften in Höhe des aktivierten Betrages nach dem Posten „Eigenkapital" ein Sonderposten unter der Bezeichnung „Ausgleichsposten für aktivierte eigene Anteile" gebildet (§ 264 c Abs. 4 Satz 2 HGB)?	☐	☐	☐	
25. Wurde entsprechend verfahren, soweit die Anteile an der Komplementärgesellschaft von einer im Mehrheitsbesitz stehenden Tochtergesellschafter der KapCo-Gesellschaft gehalten werden?	☐	☐	☐	
26. Sind Erträge aus Zuschreibungen sowie aus dem Abgang ausgewiesen unter den sonstigen betrieblichen Erträgen?	☐	☐	☐	
27. Sind Aufwendungen aus dem Abgang ausgewiesen unter den sonstigen betrieblichen Aufwendungen?	☐	☐	☐	
28. Sind				
a) die laufenden Erträge als Erträge aus Beteiligungen (ggf. mit davon Vermerk für verbundene Unternehmen),	☐	☐	☐	
b) die Zinserträge als Erträge aus anderen Wertpapieren und Ausleihungen des Finanzlagevermögens (ggf. mit Davon-Vermerk für verbundene Unternehmen),	☐	☐	☐	

	n/a	Ja	Nein	Bemerkungen
c) die Abschreibungen als Abschreibungen auf Finanzanlagen	☐	☐	☐	
d) evtl. Erträge oder Aufwendungen aus der Währungsumrechnung gesondert unter dem Posten „sonstige betriebliche Erträge/Aufwendungen" ausgewiesen?	☐	☐	☐	

Mittelgroße und große Kapital- und KapCo-Gesellschaften (zusätzlich):

	n/a	Ja	Nein	Bemerkungen
29. Wird ein Anlagenspiegel im Anhang ausgewiesen (§ 284 Abs. 3 HGB)?	☐	☐	☐	
30. Wurden dabei				
a) die Abschreibungen in ihrer gesamten Höhe zu Beginn und Ende des Geschäftsjahres,	☐	☐	☐	
b) die im Laufe des Geschäftsjahres vorgenommenen Abschreibungen und Zuschreibungen,	☐	☐	☐	
c) Änderungen in den Abschreibungen in ihrer gesamten Höhe im Zusammenhang mit Zu- und Abgängen sowie Umbuchungen im Laufe des Geschäftsjahres angegeben?	☐	☐	☐	
31. Wurden bei Umbuchungen die historischen Anschaffungskosten sowie die kumulierten Ab- und Zuschreibungen ebenfalls mit umgebucht?	☐	☐	☐	
32. Wurden Bewegungen in das Umlaufvermögen oder vom Umlaufvermögen als Abgänge oder Zugänge ausgewiesen?	☐	☐	☐	
33. Wurden die im Anhang angegebenen Beträge der im Berichtsjahr angefallenen Abschreibungen und Zuschreibungen mit den korrespondierenden GuV-Posten abgestimmt?	☐	☐	☐	

	Referenz	**5**
Mandant	Erstellt von / am	
Auftrag	Durchgesehen von / am	
Prüffeld / Betreff **Vorräte** – Roh-, Hilfs- und Betriebsstoffe (RHB) – Unfertige Erzeugnisse, unfertige Leistungen (HF) – Fertige Erzeugnisse (FF) und Waren – Geleistete Anzahlungen	Qualitätssicherung durch / am	

Erstellungsmaßnahmen

	n/a	Ja	Nein	Bemerkungen
I. Benötigte Unterlagen erhalten?				
• Konten	☐	☐	☐	
• für Roh-, Hilfs- und Betriebsstoffe, unfertige Erzeugnisse und Leistungen sowie Waren:				
▪ Inventar	☐	☐	☐	
▪ Zusammenstellung der Vorräte Dritter	☐	☐	☐	
▪ Bestätigung der bei Dritten gelagerten Vorräte	☐	☐	☐	
▪ Zusammenstellung der Unterwegsware	☐	☐	☐	
▪ Zusammenstellung der abwertungsbedürftigen Vorräte	☐	☐	☐	
▪ Nachweis der Inventurdifferenzen	☐	☐	☐	
▪ Zusammenstellung der sicherungsübereigneten Bestände und der mit Eigentumsvorbehalt	☐	☐	☐	
• für geleistete Anzahlungen:				
▪ Konten	☐	☐	☐	
▪ Saldenliste	☐	☐	☐	
▪ Verträge	☐	☐	☐	
▪ Schriftwechsel	☐	☐	☐	
II. Nachweis/Ansatz (Vollständigkeit, Periodenabgrenzung, betragsmäßig richtige Erfassung, wirtschaftliches Eigentum) und **Bewertung/Zuordnung**				
1. Liegt eine Inventur vor?	☐	☐	☐	
2. Wurden evtl. Inventurdifferenzen geklärt?	☐	☐	☐	
3. Ist der ausgewiesene Bilanzwert durch				
• die Sachkonten,	☐	☐	☐	
• die Inventur	☐	☐	☐	
• bei geleisteten Anzahlungen durch Saldenlisten	☐	☐	☐	
nachgewiesen?				
4. Wurden die Bilanzierungs- und Bewertungsmethoden hinreichend dokumentiert?	☐	☐	☐	
5. Erfolgte die Bewertung zu Anschaffungs- bzw. zu Herstellungskosten?	☐	☐	☐	

	n/a	Ja	Nein	Bemerkungen
6. Wurden bei der Bewertung zu Anschaffungskosten berücksichtigt:				
• Anschaffungsnebenkosten	☐	☐	☐	
• Anschaffungskostenminderungen, soweit sie den Vermögensgegenständen *einzeln* zugeordnet (anderenfalls Umsatzerlöse) werden können, insbesondere				
▪ Skonti, Boni, Rabatte,	☐	☐	☐	
▪ zurückgewährte Entgelte	☐	☐	☐	
7. Wurden entsprechend der handels- und steuerrechtlichen Aktivierungspflicht angemessene Teile der Materialgemeinkosten, der Fertigungsgemeinkosten und der Abschreibungen in die Herstellungskosten einbezogen?	☐	☐	☐	
8. Wurde von dem handels- und steuerrechtlichen Wahlrecht zur Einbeziehung von allgemeinen Verwaltungskosten und Aufwendungen für soziale Einrichtungen und Leistungen sowie von bestimmten Zinsen für Fremdmittel zur Finanzierung der Herstellung im Rahmen der gesetzlichen Möglichkeiten Gebrauch gemacht?	☐	☐	☐	
9. Wurde das Aktivierungsverbot für Vertriebs- und Forschungskosten beachtet?	☐	☐	☐	
10. Wurden Bewertungsabschläge bei den Vorräten beachtet (Niederstwertprinzip), insbesondere				
• Verderb, Lagerschäden,	☐	☐	☐	
• Ungängigkeit, Überalterung, Trend	☐	☐	☐	
• Preisverfall	☐	☐	☐	
• gesunkene Wiederbeschaffungspreise	☐	☐	☐	
• Verlustaufträge?	☐	☐	☐	
11. Genügen die vorgenommenen Bewertungs- abschläge den steuerlichen Anforderungen an die Dauerhaftigkeit (ggf. Abweichung von Handels- und Steuerbilanz)?	☐	☐	☐	
12. Wurden geleistete Anzahlungen in Fremdwährung zum Devisenkassamittelkurs am Abschlussstichtag umgerechnet, und zwar bei einer Restlaufzeit von einem Jahr oder weniger ohne Berücksichtigung des Anschaffungswertprinzips (§ 253 Abs. 1 Satz 1 HGB) und des Realisationsprinzips (§ 252 Abs. 1 Nr. 4 HGB)?	☐	☐	☐	
13. Wurden bei geleisteten Anzahlungen Bewertungs- einheiten zum Ausgleich gegenläufiger Wertänderungen oder Zahlungsströme aus dem Eintritt vergleichbarer Risiken mit Finanzinstrumenten zusammengefasst?	☐	☐	☐	

	n/a	Ja	Nein	Bemerkungen
Wenn **ja**: Wurden der Ansatz von Verbindlichkeits- und Drohverlustrückstellungen (§ 249 Abs. 1 HGB), die Grundsätze der Einzelbewertung, das Vorsichts-prinzip, das Imparitätsprinzip und das Realisations-prinzip (§§ 252 Abs. 1 Nr. 3 und 4, 253 Abs. 1 Satz 1 HGB) sowie die Grundsätze zur Währungsum-rechnung (§ 256 a HGB) in dem Umfang und für den Zeitraum nicht angewendet, in dem die gegenläufigen Wertänderungen oder Zahlungsströme sich ausgleichen?	☐	☐	☐	
14. Wurde das Wertaufholungsgebot beachtet?	☐	☐	☐	
15. Ist eine Gruppenbewertung oder ein Festwertansatz möglich/gewünscht?	☐	☐	☐	
16. Wurden die Grundsätze der Bewertungs- und Ansatzstetigkeit beachtet?	☐	☐	☐	
17. Stimmt die handelsrechtliche Bewertung mit der steuerrechtlichen Bewertung überein?	☐	☐	☐	

III. Insbesondere zu Ausweis
(Kontenzuordnung/Verständlichkeit)

Bei sämtlichen Unternehmen:

	n/a	Ja	Nein	Bemerkungen
18. Wurden die Gegenbuchungen zutreffend erfasst und zwar				
• bei Anwendung des Gesamtkostenverfahrens:				
a) (RHB) unter den Aufwendungen für Roh-, Hilfs- und Betriebsstoffe bzw. die Abschreibungen, soweit sie die übliche Größenordnung über-schreiten, unter dem hierfür vorgesehenen gesonderten Posten	☐	☐	☐	
b) (HF) der Unterschiedsbetrag zwischen den Beständen am Abschlussstichtag und am vorher-gehenden Abschlussstichtag unter den Bestands-veränderungen bzw. die Abschreibungen, soweit sie die übliche Größenordnung überschreiten, unter dem hierfür vorgesehenen gesonderten Posten	☐	☐	☐	
• bei Anwendung des Umsatzkostenverfahrens:				
c) unter dem Herstellungsaufwand der zur Herstellung der Umsatzerlöse erbrachten Leistungen	☐	☐	☐	
19. Wurden die üblichen außerordentlichen Abschreibungen ausgewiesen				
a) bei Anwendung des Gesamtkostenverfahrens unter den Aufwendungen für Roh-, Hilfs- und Betriebsstoffe bzw. den Bestandsveränderungen?	☐	☐	☐	
b) bei Anwendung des Umsatzkostenverfahrens unter den Herstellungskosten der zur Erzielung der Umsatzerlöse erbrachten Leistungen?	☐	☐	☐	

	n/a	Ja	Nein	Bemerkungen

*Bei Kapital- und KapCo-Gesellschaften
(unabhängig von der Größenordnung):*

20. Wurden evtl. Erträge oder Aufwendungen aus der
Währungsumrechnung gesondert unter dem Posten
„sonstige betriebliche Erträge/Aufwendungen"
ausgewiesen?   ☐   ☐   ☐

*Mittelgroße und große Kapital- und
KapCo-Gesellschaften (zusätzlich):*

21. Werden die RHB, die HF, die FF/Waren und die
geleisteten Anzahlungen getrennt ausgewiesen?   ☐   ☐   ☐

		Referenz	**6**
Mandant		Erstellt von / am	
Auftrag		Durchgesehen von / am	
Prüffeld / Betreff	**Forderungen und sonstige Vermögensgegenstände** – Forderungen aus Lieferungen und Leistungen – Forderungen gegenüber verbundenen Unternehmen – Forderungen gegenüber Unternehmen, mit denen ein Beteiligungsverhältnis besteht – Forderungen gegenüber Gesellschaftern – Sonstige Vermögensgegenstände	Qualitätssicherung durch / am	

Erstellungsmaßnahmen

	n/a	Ja	Nein	Bemerkungen

I. Benötigte Unterlagen erhalten?

- Sachkonto und Kontokorrent ☐ ☐ ☐
- Saldenliste ☐ ☐ ☐
- Aufgliederung der Forderungen nach
  - Alter (Entstehung) ☐ ☐ ☐
  - Fälligkeit ☐ ☐ ☐
  - Größenordnung ☐ ☐ ☐
  - In- und Ausland (mit Angabe der Beträge in ausländischer Währung) ☐ ☐ ☐
- Zusammenfassung von Einzelsalden zu Gesamt-engagements jedes Schuldners ☐ ☐ ☐
- Liste der
  - Gesellschafter ☐ ☐ ☐
  - verbundenen Unternehmen ☐ ☐ ☐
  - Unternehmen, mit denen ein Beteiligungsverhältnis besteht ☐ ☐ ☐
  - ggf. Liste nahe stehender Personen ☐ ☐ ☐
- Liste der zum Erstellungszeitpunkt noch offenen Forderungen unter Angabe der Fälligkeit und der eventuell über Delkredere-Versicherungen abgesicherten Forderungen ☐ ☐ ☐
- Liste der zweifelhaften Forderungen unter
  - Angabe eventuell über Delkredere-Versicherungen abgesicherten Forderungen ☐ ☐ ☐
  - Angabe der Posten, die voraussichtlich ein Jahr nach dem Abschlussstichtag nicht beglichen sein werden ☐ ☐ ☐
- bei Wechseln:
  - Konten ☐ ☐ ☐
  - Bestandsaufnahmeprotokolle ☐ ☐ ☐
  - Wechselkopierbuch ☐ ☐ ☐

	n/a	Ja	Nein	Bemerkungen
• bei Darlehen:				
▪ Übersicht über die Entwicklung von Darlehens- forderungen (Stand am Anfang des Jahres, Zugänge, Tilgungen, Stand am Abschlussstichtag, Zinssätze und -beträge, Kündigungsfristen und -termine, Sicherheiten)	☐	☐	☐	
• für Steuererstattungen:				
▪ Steueranmeldungen und Veranlagungen	☐	☐	☐	

II. Nachweis/Ansatz
(Vollständigkeit, Periodenabgrenzung, betragsmäßig richtige Erfassung, wirtschaftliches Eigentum)
und **Bewertung/Zuordnung**

	n/a	Ja	Nein	
1. Sind die Salden durch				
• Saldenlisten,	☐	☐	☐	
• ggf. ein Wechselkopierbuch	☐	☐	☐	
nachgewiesen?				
2. Wurden die in der Bilanz ausgewiesenen Forderungen abgestimmt mit				
• dem Nachweis,	☐	☐	☐	
• den Sachkonten sowie	☐	☐	☐	
• den Personenkonten?	☐	☐	☐	
2a. Wurde berücksichtigt, dass Forderungen aus				
– Verkäufen von Umlaufvermögen (Verkäufe von nicht mehr benötigten RHB oder Schrottverkäufe),	☐	☐	☐	
– Umlagen für Management-Leistungen (z.B. Konzernumlagen, Verrechnung von Entwicklungsleistungen, IT- oder Rechnungswesen- Leistungen, Belastungen für Expatriates)	☐	☐	☐	
– aus (auch nicht betriebstypischen) Dienstleistungen, wie beispielsweise der Vermietung von Werks- wohnungen oder Kantinenerlöse,	☐	☐	☐	
– Haftungsvergütungen für die Übernahme der persönlichen Haftung,	☐	☐	☐	
– Boni	☐	☐	☐	
– empfangene Aufwandszuschüsse (z.B. Werbekostenzuschuss, Listungsgebühren)	☐	☐	☐	
unter den Forderungen aus Lieferungen und Leistungen und nicht unter den sonstigen Vermögens- gegenständen gezeigt werden?				
3. Wurden evtl. vereinbarte Verzinsungen vorge- nommen?	☐	☐	☐	
4. Wurde bei der Bewertung evtl. vorhandener Besitz- wechsel zusätzlich auf die Abgrenzung von Gebühren geachtet?	☐	☐	☐	
5. Wurden mittel- und langfristig unverzinsliche oder nur gering verzinsliche Forderungen aufgrund eines normalisierten Zinssatzes auf den Barwert abgezinst?	☐	☐	☐	

	n/a	Ja	Nein	Bemerkungen
6. Wurden Einzelwertberichtigungen vorgenommen für				
• ein Ausfallrisiko im Einzelfall,	☐	☐	☐	
• ein Fremdwährungsrisiko?	☐	☐	☐	
7. Wurden Fremdwährungsrisiken abgesichert durch				
• Kreditversicherungen,	☐	☐	☐	
• Kurssicherungsklauseln,	☐	☐	☐	
• Ausfuhrgarantien,	☐	☐	☐	
• Ausfuhrbürgschaften?	☐	☐	☐	
8. Wurde bei der Bewertung der Debitoren jeweils das Gesamtengagement des betreffenden Schuldners (Warenforderung, Darlehensforderung, Bürgschaften und erhaltene Sicherheiten) berücksichtigt?	☐	☐	☐	
9. Wurden Fremdwährungsposten zum Devisenkassamittelkurs am Abschlussstichtag umgerechnet, und zwar bei einer Restlaufzeit von einem Jahr oder weniger ohne Berücksichtigung des Anschaffungswertprinzips (§ 253 Abs. 1 Satz 1 HGB) und des Realisationsprinzips (§ 252 Abs. 1 Nr. 4 HGB)?	☐	☐	☐	
10. Wurden Bewertungseinheiten zum Ausgleich gegenläufiger Wertänderungen oder Zahlungsströme aus dem Eintritt vergleichbarer Risiken mit Finanzinstrumenten zusammengefasst?	☐	☐	☐	
Wenn **ja**: Wurden der Ansatz von Verbindlichkeits- und Drohverlustrückstellungen (§ 249 Abs. 1 HGB), die Grundsätze der Einzelbewertung, das Vorsichtsprinzip, das Imparitätsprinzip und das Realisationsprinzip (§§ 252 Abs. 1 Nr. 3 und 4, 253 Abs. 1 Satz 1 HGB) sowie die Grundsätze zur Währungsumrechnung (§ 256 a HGB) in dem Umfang und für den Zeitraum nicht angewendet, in dem die gegenläufigen Wertänderungen oder Zahlungsströme sich ausgleichen?	☐	☐	☐	
11. Wurde zusätzlich zu den Einzelwertberichtigungen eine aktivisch abzusetzende Pauschalwertberichtigung zur Berücksichtigung des allgemeinen Ausfallrisikos sowie zur Berücksichtigung von Skontoaufwendungen und Zinsverlusten gebildet?	☐	☐	☐	
12. Genügen die vorgenommenen Bewertungsabschläge (Teilwertabschreibungen) den steuerlichen Anforderungen an die Dauerhaftigkeit (ggf. Abweichung von Handels- und Steuerbilanz)?	☐	☐	☐	
13. Wurde das Wertaufholungsgebot beachtet?	☐	☐	☐	
14. Wurden die Forderungen gegenüber Gesellschaftern separat ausgewiesen (§ 42 Abs. 3 GmbHG)?	☐	☐	☐	
15. Wurden die Fristigkeiten beachtet (§ 268 Abs. 4 HGB)?	☐	☐	☐	
16. Wurden die Grundsätze der Ansatz- und Bewertungsstetigkeit beachtet?	☐	☐	☐	
17. Stimmen die Abschreibungen und Wertberichtigungen sowie evtl. Zinsaufwendungen mit den GuV-Konten überein?	☐	☐	☐	

	n/a	Ja	Nein	Bemerkungen

III. Ausweis
(Kontenzuordnung/Verständlichkeit)

Bei sämtlichen Unternehmen:

18. Wurde der Ausweis mit den Werten der Saldenliste abgestimmt?	☐	☐	☐	
19. Ist sichergestellt, dass unzulässige Saldierungen unterblieben sind?	☐	☐	☐	
20. Wurden wesentliche kreditorische Debitoren in den zugehörigen Passivposten umgegliedert?	☐	☐	☐	
21. Wurden die Gegenbuchungen zutreffend erfasst?	☐	☐	☐	

Bei Kapital- und KapCo-Gesellschaften (unabhängig von der Größenordnung):

22. Wurden Forderungen an Gesellschafter gesondert ausgewiesen, bei den jeweiligen Posten vermerkt oder im Anhang angegeben?	☐	☐	☐	
23. Wurden eingeforderte, aber noch nicht gezahlte Einlagen gesondert ausgewiesen	☐	☐	☐	
24. Wurden evtl. Erträge oder Aufwendungen aus der Währungsumrechnung gesondert unter dem Posten „sonstige betriebliche Erträge/Aufwendungen" ausgewiesen?	☐	☐	☐	

Mittelgroße und große Kapital- und KapCo-Gesellschaften (zusätzlich):

25. Wurden die Forderungen aus Lieferungen und Leistungen, die Forderungen gegenüber verbundenen Unternehmen, die Forderungen gegenüber Unternehmen, mit denen ein Beteiligungsverhältnis besteht, die sonstigen Vermögensgegenständen sowie die Wertpapiere und die flüssigen Mittel getrennt voneinander ausgewiesen?	☐	☐	☐	
26. Wurden wesentliche kreditorische Debitoren in die „sonstigen Verbindlichkeiten" umgegliedert?	☐	☐	☐	
27. Wurde im Zusammenhang mit der Prüfung des zutreffenden Ausweises der Gegenbuchung auf die Beachtung des Vermerks „davon aus verbundenen Unternehmen" bei folgenden GuV-Posten geachtet:				
a) Erträge aus Beteiligungen,	☐	☐	☐	
b) Erträge aus Wertpapieren, Ausleihungen und sonstigen Finanzanlagen,	☐	☐	☐	
c) sonstige Zinsen und ähnliche Erträge,	☐	☐	☐	
d) Zinsen und ähnliche Aufwendungen?.	☐	☐	☐	

	Referenz	**7**
Mandant	Erstellt von / am	
Auftrag	Durchgesehen von / am	
Prüffeld / Betreff	**Wertpapiere des Umlaufvermögens** – Anteile an verbundenen Unternehmen – Sonstige Wertpapiere	Qualitätssicherung durch / am	

Erstellungsmaßnahmen

	n/a	Ja	Nein	Bemerkungen
I. Benötigte Unterlagen erhalten?				
• Konten	☐	☐	☐	
• Bestandsverzeichnis	☐	☐	☐	
• Bestandsnachweise (Depotauszüge, Aufnahmeprotokolle, Registerauszüge)	☐	☐	☐	
• Bewertungsunterlagen (Jahresabschlüsse, Börsenkurse, Unternehmensbewertungen, Marktpreise)	☐	☐	☐	
• Gesellschafterliste	☐	☐	☐	
• Gesamtengagement im jeweiligen Einzelfall (Forderungen, Verbindlichkeiten, Haftungsverhältnisse, Sicherheiten, etc.)	☐	☐	☐	
• Belege über Zu- und Abgänge sowie Gewinn- und Zinszahlungen	☐	☐	☐	

II. Nachweis/Ansatz
(Vollständigkeit, Periodenabgrenzung, betragsmäßig richtige Erfassung, wirtschaftliches Eigentum)
und **Bewertung/Zuordnung**

	n/a	Ja	Nein	Bemerkungen
1. Sind die Salden durch ein Wertpapieraufnahme-protokoll, Depotbestätigung, etc. nachgewiesen?	☐	☐	☐	
2. Wurden die in der Bilanz ausgewiesenen Forderungen mit dem Nachweis abgestimmt?	☐	☐	☐	
2a. Erfolgte die Bewertung zu den in den Vertrags-unterlagen und Abrechnungen ausgewiesenen Anschaffungskosten?	☐	☐	☐	
2b. Wurden Anschaffungskostenminderungen bei der Bewertung berücksichtigt, soweit sie den Vermögensgegenständen *einzeln* zugeordnet (anderenfalls Umsatzerlöse) werden können?	☐	☐	☐	
3. Wurde für Anteile an einem herrschenden oder mit Mehrheit beteiligten Unternehmen eine Rücklage in der Höhe gebildet, der dem auf der Aktivseite angesetzten Betrag entspricht?	☐	☐	☐	
4. Wurden Fremdwährungsposten zum Devisen-kassamittelkurs am Abschlussstichtag umgerechnet, und zwar bei einer Restlaufzeit von einem Jahr oder weniger ohne Berücksichtigung des Anschaffungs-wertprinzips (§ 253 Abs. 1 Satz 1 HGB) und des Realisationsprinzips (§ 252 Abs. 1 Nr. 4 HGB)?	☐	☐	☐	

	n/a	Ja	Nein	Bemerkungen
5. Wurden Bewertungseinheiten zum Ausgleich gegenläufiger Wertänderungen oder Zahlungsströme aus dem Eintritt vergleichbarer Risiken mit Finanzinstrumenten zusammengefasst?	☐	☐	☐	
Wenn **ja**: Wurden der Ansatz von Verbindlichkeits- und Drohverlustrückstellungen (§ 249 Abs. 1 HGB), die Grundsätze der Einzelbewertung, das Vorsichtsprinzip, das Imparitätsprinzip und das Realisationsprinzip (§§ 252 Abs. 1 Nr. 3 und 4, 253 Abs. 1 Satz 1 HGB) sowie die Grundsätze zur Währungsumrechnung (§ 256a HGB) in dem Umfang und für den Zeitraum nicht angewendet, in dem die gegenläufigen Wertänderungen oder Zahlungsströme sich ausgleichen?	☐	☐	☐	
6. Genügen evtl. vorgenommene Teilwertabschreibungen den steuerlichen Anforderungen?	☐	☐	☐	
7. Erfolgt im Falle einer außerplanmäßigen Abschreibung eine dementsprechende Bilanzierung im Bereich anderer Bilanzposten und zwar				
• bei der gesonderten Aktivierung von Dividendenansprüchen?	☐	☐	☐	
• bei der Passivierung der noch nicht geleisteten Einlage als Resteinzahlungsverpflichtung?	☐	☐	☐	
• bei der Passivierung einer Verbindlichkeit oder Rückstellung für evtl. mögliche ungewisse Ausgleichs- oder Haftungsverbindlichkeiten bei voll abgeschriebenen Anteilswerten?	☐	☐	☐	
8. Sind Zeitwert bzw. Anschaffungswert bei der Zuschreibung nicht überschritten worden?	☐	☐	☐	
9. Wurde das Saldierungsverbot von Zuschreibungsertrag und Abschreibungsaufwand beachtet?	☐	☐	☐	
10. Sind die Zuschreibungen rechnerisch richtig ermittelt worden?	☐	☐	☐	
11. Wurden die Abschreibungen und Zuschreibungen des Geschäftsjahres mit dem in der GuV verbuchten Betrag abgestimmt?	☐	☐	☐	
12. Wurden die Erträge aus den Wertpapieren vollständig verbucht?	☐	☐	☐	
13. Wurden die Zinserträge zutreffend abgegrenzt?	☐	☐	☐	
14. Ist der ausgewiesene Bilanzwert durch die Sachkonten nachgewiesen?	☐	☐	☐	
15. Wurden die Grundsätze der Ansatz- und Bewertungsstetigkeit beachtet?	☐	☐	☐	

III. Ausweis (Kontenzuordnung/Verständlichkeit)

Bei sämtlichen Unternehmen:

	n/a	Ja	Nein	Bemerkungen
16. Liegen die Voraussetzungen des Umlaufvermögens vor?	☐	☐	☐	

	n/a	Ja	Nein	Bemerkungen

Bei Kapital- und KapCo-Gesellschaften
(unabhängig von der Größenordnung):

17. Wurden

    a) die Bruttoerträge aus den Wertpapieren unter dem Posten „sonstige Zinsen und ähnliche Erträge" unter Beachtung des Vermerks „davon aus verbundenen Unternehmen" und   ☐   ☐   ☐

    b) evtl. anfallende anrechnungsfähige Körperschaftsteuer oder Kapitalertragsteuer in der GuV-Rechnung separat unter dem Posten „Steuern vom Einkommen und vom Ertrag"   ☐   ☐   ☐

    c) evtl. Erträge oder Aufwendungen aus der Währungsumrechnung gesondert unter dem Posten „sonstige betriebliche Erträge/Aufwendungen"   ☐   ☐   ☐

    ausgewiesen?

18. Wurde beim Ausweis zutreffend zwischen der Bilanzierung von

    a) Anteilen an verbundenen Unternehmen,   ☐   ☐   ☐

    b) eigenen Anteilen,   ☐   ☐   ☐

    c) sonstigen Wertpapieren des Anlagevermögens   ☐   ☐   ☐

    abgegrenzt?

	Referenz	8
Mandant	Erstellt von / am	
Auftrag	Durchgesehen von / am	
Prüffeld / Betreff **Kassenbestand, Bundesbankguthaben, Guthaben bei Kreditinstituten und Schecks**	Qualitätssicherung durch / am	

Erstellungsmaßnahmen

	n/a	Ja	Nein	Bemerkungen

I. Benötigte Unterlagen erhalten?

- Konten ☐ ☐ ☐

- Aufstellung über die vorhandenen Haupt- und
Nebenkassen nebst Namensangabe der Kassierer ☐ ☐ ☐

- Kassenaufnahmeprotokolle ☐ ☐ ☐

- Aufnahmeprotokoll der am Abschlussstichtag
vorhandenen

  - Briefmarken ☐ ☐ ☐
  - Wechselsteuermarken ☐ ☐ ☐
  - sonstige Wertmarken (z.B. Freistempler, etc.) ☐ ☐ ☐

II. Nachweis/Ansatz
(Vollständigkeit, Periodenabgrenzung, betragsmäßig
richtige Erfassung, wirtschaftliches Eigentum)
und **Bewertung/Zuordnung**

1. Wurden die in der Bilanz ausgewiesenen Posten
mit

   - den Bankkonten ☐ ☐ ☐
   - ggf. Bankbestätigungen ☐ ☐ ☐

   abgestimmt?

2. Wurden die vereinbarten Zinsen und Gebühren
erfasst? ☐ ☐ ☐

3. Wurde der Geldtransit erfasst? ☐ ☐ ☐

4. Wurden Schecks erfasst? ☐ ☐ ☐

5. Wurden Fremdwährungsposten zum Devisenkassamittelkurs am Abschlussstichtag umgerechnet,
und zwar bei einer Restlaufzeit von einem Jahr oder
weniger ohne Berücksichtigung des Anschaffungswertprinzips (§ 253 Abs. 1 Satz 1 HGB) und des
Realisationsprinzips (§ 252 Abs. 1 Nr. 4 HGB)? ☐ ☐ ☐

6. Wurden Bewertungseinheiten zum Ausgleich
gegenläufiger Wertänderungen oder Zahlungsströme
aus dem Eintritt vergleichbarer Risiken mit
Finanzinstrumenten zusammengefasst? ☐ ☐ ☐

	n/a	Ja	Nein	Bemerkungen
Wenn **ja**: Wurden der Ansatz von Verbindlichkeits- und Drohverlustrückstellungen (§ 249 Abs. 1 HGB), die Grundsätze der Einzelbewertung, das Vorsichtsprinzip, das Imparitätsprinzip und das Realisationsprinzip (§§ 252 Abs. 1 Nr. 3 und 4, 253 Abs. 1 Satz 1 HGB) sowie die Grundsätze zur Währungsumrechnung (§ 256 a HGB) in dem Umfang und für den Zeitraum nicht angewendet, in dem die gegenläufigen Wertänderungen oder Zahlungsströme sich ausgleichen?	☐	☐	☐	
7. Wurden die Grundsätze der Ansatz- und Bewertungsstetigkeit beachtet?	☐	☐	☐	

III. Ausweis (Kontenzuordnung/Verständlichkeit)

Bei sämtlichen Unternehmen:

	n/a	Ja	Nein	Bemerkungen
8. Wurde darauf geachtet, dass außer dem Kassenbestand auch ausländische Sorten sowie die Bestände an Brief- und Gerichtskosten, Wechselsteuern und anderen Marken sowie nicht verbrauchte Frankotypwerte als Kassenbestand ausgewiesen werden?	☐	☐	☐	
9. Wurde der Ausweis der Bankguthaben mit den Werten der Kontoauszüge/Bankbestätigungen abgestimmt?	☐	☐	☐	
10. Ist sichergestellt, dass unzulässige Saldierungen mit Bankverbindlichkeiten unterblieben sind?	☐	☐	☐	
11. Wurden die Gegenbuchungen zutreffend unter Zinsaufwendungen bzw. Zinserträgen erfasst?	☐	☐	☐	

Bei Kapital- und KapCo-Gesellschaften
(unabhängig von der Größenordnung):

	n/a	Ja	Nein	Bemerkungen
12. Wurden evtl. Erträge oder Aufwendungen aus der Währungsumrechnung gesondert unter dem Posten „sonstige betriebliche Erträge/Aufwendungen" ausgewiesen?	☐	☐	☐	

	Referenz	9
Mandant	Erstellt von / am	
Auftrag	Durchgesehen von / am	
Prüffeld / Betreff	**Rechnungsabgrenzungsposten** – Disagio – Sonstige aktive Rechnungsabgrenzungsposten – Sonstige passive Rechnungsabgrenzungsposten	Qualitätssicherung durch / am	

Erstellungsmaßnahmen

	n/a	Ja	Nein	Bemerkungen
I. Benötigte Unterlagen erhalten?				
• Konten	☐	☐	☐	
• Aufstellung über die Abgrenzungsposten mit Angabe der Gesamtbeträge und der Zeiträume, für die Zahlungen geleistet wurden	☐	☐	☐	
• (ggf.) Verträge	☐	☐	☐	

II. Nachweis/Ansatz
(Vollständigkeit, Periodenabgrenzung, betragsmäßig richtige Erfassung, wirtschaftliches Eigentum)
und **Bewertung/Zuordnung**

	n/a	Ja	Nein	
1. Sind die aktiven Rechnungsabgrenzungsposten, getrennt nach				
• Disagio,	☐	☐	☐	
• sonstige Rechnungsabgrenzungsposten	☐	☐	☐	
• und die passiven Rechnungsabgrenzungsposten durch Einzelaufstellungen nachgewiesen?	☐	☐	☐	
2. Ist die Auflösungsmethode für die Rechnungsabgrenzungsposten (sofern mehrjährig) festgelegt?	☐	☐	☐	
3. Liegen Einzelaufstellungen für die abzugrenzenden Posten vor, die die Berechnungsmethode sowie mehrere Angaben über die abzugrenzenden Zeiträume enthalten?	☐	☐	☐	
4. Wurden ausschließlich erfasst: • Aktive Abgrenzungsposten: Ausgaben vor dem Abschlussstichtag, soweit sie Aufwand für eine bestimmte Zeit nach diesem Tag darstellen oder	☐	☐	☐	
• Passive Abgrenzungsposten: Einnahmen vor dem Abschlussstichtag, soweit sie Ertrag für eine bestimmte Zeit nach diesem Tag darstellen?	☐	☐	☐	
5. Wurden Fremdwährungsposten zum Devisenkassamittelkurs am Abschlussstichtag umgerechnet, und zwar bei einer Restlaufzeit von einem Jahr oder weniger ohne Berücksichtigung des Anschaffungswertprinzips (§ 253 Abs. 1 Satz 1 HGB) und des Realisationsprinzips (§ 252 Abs. 1 Nr. 4 HGB)?	☐	☐	☐	

	n/a	Ja	Nein	Bemerkungen
6. Wurden die Grundsätze der Ansatz- und Bewertungsstetigkeit beachtet?	☐	☐	☐	

III. Ausweis (Kontenzuordnung/Verständlichkeit)

Bei sämtlichen Unternehmen:

7. Wurde das Saldierungsverbot für aktive und passive Rechnungsabgrenzung beachtet?	☐	☐	☐	
8. Bei Disagio: Wurde beachtet, dass mehrere Unterschiedsbeträge aus verschiedenen Verbindlichkeiten zu einem Posten zusammengefasst werden können?	☐	☐	☐	
9. Wurde sichergestellt, dass antizipative aktive Rechnungsabgrenzungsposten unter den sonstigen Vermögensgegenständen und antizipative passive Abgrenzungsposten unter den sonstigen Verbindlichkeiten oder Rückstellungen ausgewiesen wurden?	☐	☐	☐	
10. Wurde der abgegrenzte Aufwand bzw. Ertrag in der GuV-Rechnung unter dem für den jeweiligen Aufwand bzw. Ertrag vorgesehenen Posten ausgewiesen?	☐	☐	☐	

Mittelgroße und große Kapital- und KapCo-Gesellschaften:

11. Wurde darauf geachtet, dass ein eventuell abzugrenzendes Disagio gesondert unter den Rechnungsabgrenzungsposten oder im Anhang auszuweisen ist?	☐	☐	☐	

	Referenz	**10**
Mandant	Erstellt von / am	
Auftrag	Durchgesehen von / am	
Prüffeld / Betreff **Latente Steuern**	Qualitätssicherung durch / am	

Erstellungsmaßnahmen

	n/a	Ja	Nein	Bemerkungen
I. Benötigte Unterlagen erhalten?				
• Konten	☐	☐	☐	
• Handelsbilanz	☐	☐	☐	
• Steuerbilanz	☐	☐	☐	

II. Nachweis/Ansatz
(Vollständigkeit, Periodenabgrenzung, betragsmäßig richtige Erfassung, wirtschaftliches Eigentum) und **Bewertung/Zuordnung**

	n/a	Ja	Nein	
1. Haben Sie einen vertikal nach der Handelsbilanz gegliederten Differenzenspiegel erstellt, für den folgende horizontale Gliederung empfehlenswert ist:				
• Ansatz Handelsbilanz/Abschlussstichtag	☐	☐	☐	
• Ansatz Steuerbilanz/Abschlussstichtag	☐	☐	☐	
• bei KapCo-Gesellschaften: Gesamthandsteuerbilanz/Abschlussstichtag	☐	☐	☐	
• bei KapCo-Gesellschaften: Ergänzungsbilanzen/Abschlussstichtag	☐	☐	☐	
• bei Personenhandelsgesellschaften: Abgrenzungsrelevante Steuerbilanz/Abschluss-stichtag (Summe Gesamthandsbilanz und Ergänzungsbilanzen)	☐	☐	☐	
• Differenz Abschlussstichtag				
▪ davon permanente Differenzen	☐	☐	☐	
▪ steuerlicher Verlustvortrag	☐	☐	☐	
▪ Verlustvortrag nicht abzugsfähige Zinsen (Zinsschranke)	☐	☐	☐	
• Steuerabgrenzung				
▪ Soll	☐	☐	☐	
▪ Haben	☐	☐	☐	
• Handelsbilanz nach Steuerabgrenzung	☐	☐	☐	
• Verprobung	☐	☐	☐	
• Ggf.: Überleitungsrechnung	☐	☐	☐	
2. Wurde der Differenzenspiegel mit dem Vermögensposten lt. Handelsbilanz und lt. Steuerbilanz abgestimmt?	☐	☐	☐	

	n/a	Ja	Nein	Bemerkungen
3. Ist der Differenzenspiegel vollständig?	☐	☐	☐	
4. Wurde der bei der Abgrenzung anzuwendende Steuersatz bei Kapitalgesellschaften für die Gewerbeertrag- und Körperschaftsteuer, bei KapCo-Gesellschaften für die Gewerbeertragsteuer zutreffend ermittelt?	☐	☐	☐	
5. Wurde berücksichtigt, dass bei der Ermittlung der latenten Steuern eine Abzinsung nicht zulässig ist?	☐	☐	☐	
6. Wurde berücksichtigt, dass steuerliche Verlustvorträge oder Vorträge von nicht abzugsfähigen Zinsen (Zinsschranke) bei der Berechnung aktiver latenter Steuern nur in Höhe der innerhalb der nächsten 5 Jahre zu erwartenden Verrechnung berücksichtigt werden können?	☐	☐	☐	
7. Wurde berücksichtigt, dass Bilanzierende, die weder Kapital- noch KapCo-Gesellschaften sind, sowie kleine Kapital- und KapCo-Gesellschaften von den Regelungen zu latenten Steuern befreit sind?	☐	☐	☐	
8. Wurde berücksichtigt, dass eine Passivierungspflicht für einen Überhang passiver latenter Steuern besteht und ein Aktivierungswahlrecht für einen Überhang aktiver latenter Steuern?	☐	☐	☐	
9. Wurde die Ausschüttungssperre für denjenigen Betrag beachtet, um den die aktiven latenten Steuern die passiven latenten Steuern übersteigen?	☐	☐	☐	
10. Wurden die Grundsätze der Bilanzierungs- und Bewertungsstetigkeit beachtet?	☐	☐	☐	

III. Ausweis (Kontenzuordnung/Verständlichkeit)

Bei Kapital- und KapCo-Gesellschaften (unabhängig von der Größenordnung):

	n/a	Ja	Nein	
11. Wurde beachtet, dass aktive und passive latente Steuern auch unsaldiert ausgewiesen werden können?	☐	☐	☐	
12. Wurde der Aufwand oder der Ertrag aus der Veränderung bilanzierter latenter Steuern in der GuV gesondert unter dem Posten „Steuern vom Einkommen und vom Ertrag" ausgewiesen?	☐	☐	☐	

	Referenz	**11**

Mandant		Erstellt von / am	

Auftrag		Durchgesehen von / am	

Prüffeld / Betreff	**Eigenkapital** – **Eigene Anteile** – **Gezeichnetes Kapital/Kapitalanteile** – **Kapitalrücklagen/Rücklagen** – **Gewinnrücklagen** – **Nicht durch Eigenkapital gedeckter Fehlbetrag/nicht durch Vermögenseinlagen gedeckter Verlustanteil persönlich haftender Gesellschafter/Kommanditist** – **Gewinn-/Verlustvortrag** – **Jahresüberschuss/-fehlbetrag** – **Bilanzgewinn/-verlust**	Qualitätssicherung durch / am	

Erstellungsmaßnahmen

	n/a	Ja	Nein	Bemerkungen
I. Benötigte Unterlagen erhalten?				
• Konten	☐	☐	☐	
• (ggf.) Eigenkapitalspiegel	☐	☐	☐	
• Gesellschaftsvertrag/Satzung mit sämtlichen späteren Änderungen/Treuhandverträge	☐	☐	☐	
• Protokolle über Gesellschafterversammlungen	☐	☐	☐	
• Protokolle über Aufsichtsrats- und Beiratssitzungen	☐	☐	☐	
• Pflichtveröffentlichungen	☐	☐	☐	
• Handelsregisterauszüge und Veränderungsmitteilungen zum Prüfungszeitpunkt	☐	☐	☐	
• Einzahlungsunterlagen und Unterlagen über die Übernahme von Gesellschaftsanteilen	☐	☐	☐	
• Bei Kapitalgesellschaften:				
▪ Gesellschafterliste (§ 40 GmbHG)/Aktienbuch (§ 67 AktG)	☐	☐	☐	
▪ Verzeichnis der eigenen Anteile/Aktien	☐	☐	☐	
▪ Feststellungsbescheid über das steuerliche Einlagekonto gem. § 27 Abs. 2 KStG sowie das Körperschaftsteuerguthaben nach § 32 Abs. 2 KStG	☐	☐	☐	
II. Nachweis/Ansatz (Vollständigkeit, Periodenabgrenzung, betragsmäßig richtige Erfassung, wirtschaftliches Eigentum) und **Bewertung/Zuordnung**				
1. Sind die Bewegungen im Eigenkapital (ggf. Eigenkapitalspiegel, wie z.B. Einlagen/Entnahmen/ Ausschüttungen) ordnungsgemäß erfasst und nach möglichen steuerlichen Folgen für die Inhaber/ Gesellschafter aufgeteilt?	☐	☐	☐	
2. Ist die Rücklagen-/Jahresergebnisverwendung bekannt und berücksichtigt (§ 268 Abs. 1 HGB)?	☐	☐	☐	

	n/a	Ja	Nein	Bemerkungen
3. Wurden Sonderrücklagen gebildet bzw. angepasst (eigene Anteile, vertragliche, gesetzliche)?	☐	☐	☐	
4. Wurde bei Kapitalgesellschaften das Nominalkapital				
• mit der Satzung,	☐	☐	☐	
• mit dem Handelsregisterauszug	☐	☐	☐	
abgestimmt?				
5. Bei eigenen Anteilen/Aktien				
a) Erfolgte die Bewertung des vom gezeichneten Kapital abgezogenen Betrages zum Nennwert?	☐	☐	☐	
b) Wurde der Unterschiedsbetrag zwischen Anschaffungskosten und Nennbetrag mit den frei verfügbaren Rücklagen verrechnet?	☐	☐	☐	
c) Wurden die Anschaffungsnebenkosten als Aufwand des Geschäftsjahres verbucht?	☐	☐	☐	
d) Ist bei der Prüfung der Anschaffungskosten darauf geachtet,				
• dass die anteiligen Gegenleistungen für Gewinnansprüche keine Anschaffungskosten darstellen?	☐	☐	☐	
• dass der Kaufpreis im Falle einer längeren Stundung abzuzinsen ist?	☐	☐	☐	
• dass im Fall der Vereinbarung einer Kaufpreis-Leibrente oder bei einem Kaufpreis in Abhängig-keit von der zukünftigen Ertragslage der Barwert der wahrscheinlichen zukünftigen Zahlungen als Anschaffungskosten anzusetzen ist?	☐	☐	☐	
• dass der Anschaffungspreis angemessen ist?	☐	☐	☐	
• dass beim Erwerb gegen Zahlung in Fremdwährung die Umrechnung zutreffend erfolgte?	☐	☐	☐	
6. Wurden die Grundsätze der Ansatz- und Bewertungsstetigkeit beachtet?	☐	☐	☐	

III. Ausweis (Kontenzuordnung/Verständlichkeit)

Bei Kapitalgesellschaften (unabhängig von der Größenordnung):

	n/a	Ja	Nein	Bemerkungen
7. Wurde der ungeschmälerte Nennbetrag laut Eintragung im Handelsregister als gezeichnetes Kapital ausgewiesen (ohne kapitalersetzende Gesellschafterdarlehen und ohne angeforderte Nachschüsse)?	☐	☐	☐	
8. Wurden bei Aktiengesellschaften die Angaben nach § 152 Abs. 1 AktG vorgenommen?	☐	☐	☐	
9. Wurde danach differenziert, ob die Bilanz				
a) vor Verwendung des Jahresergebnisses,	☐	☐	☐	
b) nach der Berücksichtigung der vollständigen Verwendung des Jahresergebnisses oder	☐	☐	☐	
c) unter teilweiser Berücksichtigung der Ergebnis-verwendung	☐	☐	☐	
aufgestellt wurde?				

	n/a	Ja	Nein	Bemerkungen
10. Bei Aufstellung vor Verwendung des Jahresergebnisses: Wurde darauf geachtet, dass der Gewinn- oder Verlustvortrag gesondert im Eigenkapital ausgewiesen wird?	☐	☐	☐	
11. Bei Aufstellung der Bilanzen nach der vollständigen Verwendung des Jahresergebnisses: Wurde darauf geachtet, dass der Posten Gewinnvortrag/Verlustvortrag in der Bilanz nicht ausgewiesen wird?	☐	☐	☐	
12. Bei Aufstellung der Bilanz unter teilweiser Berücksichtigung der Ergebnisverwendung: Wurde darauf geachtet, dass der Posten Gewinnvortrag/Verlustvortrag in der Bilanz nicht ausgewiesen wird, sondern dass stattdessen der Bilanzgewinn oder der Bilanzverlust ausgewiesen wird?	☐	☐	☐	
13. Wurde darauf geachtet, dass Dividendenverbindlichkeiten gegenüber Gesellschaftern gesondert ausgewiesen, bei einem Ausweis unter anderen Posten vermerkt oder im Anhang gesondert angegeben wurden (§ 42 Abs. 3 GmbHG)?	☐	☐	☐	
14. Bei Verbrauch des gesamten bilanziellen Eigenkapitals durch Verluste: Wurde bei Kapitalgesellschaften darauf geachtet, dass das Eigenkapital entweder auf der Passivseite in einer Vorspalte ausgewiesen, nicht aber in die Addition einbezogen wird oder dass der Negativsaldo auf der Aktivseite als letzter Posten unter dem Posten „nicht durch Eigenkapital gedeckter Fehlbetrag" ausgewiesen wird?	☐	☐	☐	
15. Ist sichergestellt, dass				
a) ausstehende Einlagen auf das gezeichnete Kapital,	☐	☐	☐	
b) eingeforderte Nachschüsse bei Gesellschaften mit beschränkter Haftung,	☐	☐	☐	
c) eingeforderte, aber noch ausstehende Einlagen auf das gezeichnete Kapital sowie Einzahlungsverpflichtungen persönlich haftender Gesellschafter	☐	☐	☐	
jeweils gesondert ausgewiesen wurden?				
16. Bei eigenen Anteilen/Aktien:				
a) Wurden die eigenen Anteile mit ihrem Nennbetrag offen vom gezeichneten Kapital abgesetzt und der Unterschiedsbetrag zwischen Anschaffungskosten und Nennbetrag mit den Rücklagen verrechnet?	☐	☐	☐	
b) Wurden Wiederveräußerungen von eigenen Anteilen wie eine Kapitalerhöhung bilanziert?	☐	☐	☐	
c) Wurden die ausstehenden Posten in Höhe des nicht eingeforderten Teils passivisch offen vom gezeichneten Kapital abgesetzt?	☐	☐	☐	
d) Sind bestehende Einforderungen gesondert unter den Forderungen und sonstigen Vermögensgegenständen ausgewiesen?	☐	☐	☐	

	n/a	Ja	Nein	Bemerkungen
17. Sind die besonderen Angaben zur Einforderung auch bei einer Fehlanzeige erfolgt?	☐	☐	☐	
18. Wurden unter dem Kapital Rücklagen für eigene Anteile in Höhe des erstmals zu aktivierenden Betrages gebildet?	☐	☐	☐	
19. Wurde beachtet, dass eine Saldierung der eigenen Anteile mit der Rücklage für die eigenen Anteile nicht möglich ist (§ 246 Abs. 2 HGB)?	☐	☐	☐	
20. Erfolgte der Ausweis einer Kapitalrücklage gesondert unter dem Posten „Kapitalrücklage"?	☐	☐	☐	
21. Erfolgte ein getrennter Ausweis der Kapitalrücklage nach den einzelnen Verwendungszwecken des § 272 Abs. 2 HGB?	☐	☐	☐	
22. Wurde bei Aktiengesellschaften darauf geachtet, dass der Betrag, der während des Geschäftsjahres in die Kapitalrücklage eingestellt wurde und der Betrag, der für das Geschäftsjahr entnommen wurde, gesondert anzugeben sind (§ 152 Abs. 2 AktG)?	☐	☐	☐	
23. Wurde die Auflösung der Kapitalrücklage im Rahmen der Ergebnisverwendung ausgewiesen?	☐	☐	☐	
24. Erfolgte der Ausweis einer Gewinnrücklage gesondert unter dem Posten „Gewinnrücklage"?	☐	☐	☐	
25. Erfolge eine Zuführung zur Gewinnrücklage bzw. eine Auflösung im Rahmen der Ergebnisverwendung?	☐	☐	☐	
26. Wurden bei Aktiengesellschaften in der Bilanz oder im Anhang gesondert angegeben (§ 152 Abs. 3 AktG):				
a) die Beträge, die die Hauptversammlung aus dem Bilanzgewinn des Vorjahres in die Gewinnrücklage eingestellt hat?	☐	☐	☐	
b) die Beträge, die aus dem Jahresüberschuss des Geschäftsjahres in die Gewinnrücklage eingestellt wurden?	☐	☐	☐	
c) die Beträge, die für das Geschäftsjahr aus der Gewinnrücklage entnommen wurden?	☐	☐	☐	

Bei mittelgroßen und großen Kapitalgesellschaften:

	n/a	Ja	Nein	
27. Wurde der gesonderte Ausweis der				
a) gesetzlichen Rücklagen,	☐	☐	☐	
b) Rücklagen für eigene Anteile/Aktien,	☐	☐	☐	
c) satzungsmäßigen Rücklagen,	☐	☐	☐	
d) sonstigen Gewinnrücklagen	☐	☐	☐	
beachtet?				

Bei Personenhandelsgesellschaften und ggf. Einzelunternehmen:

	n/a	Ja	Nein	
28. Wurden die Kapitalanteile der persönlich haftenden Gesellschafter (ggf. zusammengefasst) und die Kapitalanteile der Kommanditisten (ebenso ggf. zusammengefasst) gesondert ausgewiesen?	☐	☐	☐	
29. Wurde der auf den Kapitalanteil eines persönlich haftenden Gesellschafters für das Geschäftsjahr entfallende Verlust von dem Kapitalanteil abgeschrieben?	☐	☐	☐	

	n/a	Ja	Nein	Bemerkungen
30. Falls der Verlust den Kapitalanteil übersteigt, ist er auf der Aktivseite ausgewiesen als				
a) „Einzahlungsverpflichtungen persönlich haftender Gesellschafter" unter den Forderungen, soweit eine Zahlungsverpflichtung besteht oder	☐	☐	☐	
b) „nicht durch Vermögenseinlagen gedeckter Verlustanteil persönlich haftender Gesellschafter" am Schluss der Aktivseite?	☐	☐	☐	
31. Wurden auf Kommanditisten entfallende Verlustanteile entsprechend und gesondert von den Posten der persönlich haftenden Gesellschafter ausgewiesen?	☐	☐	☐	
32. Wurde bei Kommanditisten entsprechend verfahren, wenn ein Kommanditist Gewinnanteile entnommen hat, während sein Kapitalanteil durch Verlust oder durch Entnahmen unter den Betrag der geleisteten Einlage herabgemindert wurde?	☐	☐	☐	
32a. Wurde eine evtl. Differenz zwischen den im Handelsregister eingetragenen Hafteinlagen der Kommanditisten und den tatsächlich geleisteten Einlagen unter Berücksichtigung der durch Entnahmen wieder auflebenden Haftung im Anhang angegeben?	☐	☐	☐	
33. Wurde bei Verbrauch des gesamten bilanziellen Eigenkapitals				
a) ein nicht durch Vermögenseinlagen gedeckter Verlustanteil persönlich haftender Gesellschafter,	☐	☐	☐	
b) ein nicht durch Vermögenseinlagen gedeckter Verlustanteil beschränkt haftender Gesellschafter	☐	☐	☐	
gesondert und getrennt voneinander ausgewiesen?				
Wurde entsprechendes beachtet, wenn Kommanditisten bei durch Verlusten oder Entnahmen geminderten Kapitalanteilen Gewinne entnehmen?	☐	☐	☐	
34. Bestehen bei Verlusten Einzahlungsverpflichtungen?	☐	☐	☐	
Wenn **ja**: Sind Forderungen eingestellt?	☐	☐	☐	
35. Wurden nur solche Beträge ausgewiesen, die aufgrund einer gesellschaftsrechtlichen Vereinbarung gebildet worden sind (§ 264 c Abs. 2 HGB)?	☐	☐	☐	
36. Wurden die Kapitalkonten entsprechend den gesellschaftsvertraglichen Regelungen getrennt nach Festkapitalkonten und sonstigen Kapitalkonten ausgewiesen?	☐	☐	☐	
37. Wurde stattdessen unter Zusammenfassung des Ausweises sämtlicher Kapitalanteile Einlagen oder Entnahmen des Kapitals unter der Bezeichnung „Einlagen und gezeichnetes Kapital" ausgewiesen?	☐	☐	☐	
38. Wurde der nominelle Betrag der Pflichteinlage eines Kommanditisten (vorbehaltlich einer abweichenden Regelung im Gesellschaftsvertrag) ausgewiesen?	☐	☐	☐	
39. Wurden nicht eingeforderte ausstehende Pflichteinlagen auf der Passivseite offen von den Kapitalanteilen abgesetzt und eingeforderte analog § 272 Abs. 1 S. 3 HGB unter den Forderungen gesondert ausgewiesen und entsprechend bezeichnet?	☐	☐	☐	

	n/a	Ja	Nein	Bemerkungen
39a. Ist bei Personengesellschaften sichergestellt, das Eigenkapital als solches nur ausgewiesen werden kann, wenn die bereitgestellten Mittel als Verlustdeckungspotential zur Verfügung stehen, d.h.				
a) wenn künftige Verluste mit diesen Mitteln bis zur vollen Höhe auch mit Wirkung gegenüber den Gesellschaftsgläubigern zu verrechnen sind und	☐	☐	☐	
b) wenn im Fall der Insolvenz der Gesellschaft eine Insolvenzforderung nicht geltend gemacht werden kann oder	☐	☐	☐	
c) wenn bei einer Liquidation der Gesellschaft Ansprüche erst nach Befriedigung aller Gesellschaftsgläubiger mit dem sonstigen Eigenkapital auszugleichen sind?	☐	☐	☐	
40. Erfolgte der Ausweis eines negativen Kapitals entsprechend der für KapCo-Gesellschaften vorgeschriebenen Form?	☐	☐	☐	
41. Wurde die Zusammenfassung von Kapitalanteilen der Komplementäre und der Kommanditisten wegen der unterschiedlichen haftungsrechtlichen Bedeutung (zumindest in einer Vorspalte) getrennt voneinander ausgewiesen?	☐	☐	☐	
42. Wurde beachtet, dass der Ausweis von gesellschaftsvertraglich geschuldeten Zuzahlungen zum Eigenkapital vorbehaltlich abweichender vertraglicher Regelungen auf den Kapitalkonten der Gesellschafter bzw. als gesamthänderisch gebundene Rücklage ausgewiesen wird?	☐	☐	☐	

Bei KapCo-Gesellschaften und wahlweise sonstigen Unternehmen:

	n/a	Ja	Nein	Bemerkungen
43. Wurde die Möglichkeit beachtet, Gewinnrücklagen unter dem Posten „II. Rücklagen" wahlweise als gesonderte Unterposten auszuweisen, sofern gesellschaftsvertraglich die Einstellung von Gewinnen in die Rücklage vorgesehen ist?	☐	☐	☐	

	Referenz	**12**
Mandant	Erstellt von / am	
Auftrag	Durchgesehen von / am	
Prüffeld / Betreff **Sonderposten mit Rücklageanteil**	Qualitätssicherung durch / am	

Erstellungsmaßnahmen

	n/a	Ja	Nein	Bemerkungen

I. Benötigte Unterlagen erhalten?

- Konten ☐ ☐ ☐
- Steuerbilanz ☐ ☐ ☐
- Liste der passivierten unversteuerten Rücklagen mit den jeweiligen Beträgen und unter Angabe der Gesetzestexte und Vorschriften, die zugrunde lagen ☐ ☐ ☐
- Liste der steuerlichen Sonderabschreibungen und erhöhten Absetzungen mit den jeweiligen Beträgen und unter Angabe der Gesetzesvorschriften, die zugrunde lagen ☐ ☐ ☐
- Sonderpostenspiegel (Entwicklung aller Sonderposten im Geschäftsjahr, getrennt nach Anlage- und Umlaufvermögen) ☐ ☐ ☐
- Berechnungsunterlagen
  - für die Auflösung der Sonderposten ☐ ☐ ☐
  - für die Entwicklung der Wertberichtigung ☐ ☐ ☐
  - für die Entwicklung unterlassener Zuschreibungen ☐ ☐ ☐

II. Nachweis/Ansatz
(Vollständigkeit, Periodenabgrenzung, betragsmäßig richtige Erfassung, wirtschaftliches Eigentum) und **Bewertung/Zuordnung**

1. Wurde berücksichtigt, dass ab 1.1.2010 Sonderposten nicht mehr neu gebildet werden können? ☐ ☐ ☐

2. Wurden, soweit in Vorjahren Sonderposten mit Rücklageanteil gebildet wurden, die zugrunde liegenden rechtlichen Vorschriften daraufhin überprüft, ob Sonderposten aufgelöst werden müssen? ☐ ☐ ☐

3. Sind die gebotenen Auflösungen erfolgt? ☐ ☐ ☐

4. Ist der ausgewiesene Bilanzwert durch die Sachkonten nachgewiesen? ☐ ☐ ☐

5. Wurden die Sonderposten unbeschadet steuerlicher Vorschriften insoweit aufgelöst, als Vermögensgegenstände, für die sie gebildet wurden, aus dem Vermögen ausgeschieden sind oder die Sonderabschreibungen durch handelsrechtliche Abschreibungen ersetzt wurden? ☐ ☐ ☐

	n/a	Ja	Nein	Bemerkungen
6. Wurden die Grundsätze der Ansatz- und Bewertungs- stetigkeit beachtet?	☐	☐	☐	

III. Ausweis (Kontenzuordnung/Verständlichkeit)

Bei Kapital- und KapCo-Gesellschaften (unabhängig von der Größenordnung):

	n/a	Ja	Nein	Bemerkungen
7. Wurden die Auflösung von Sonderposten unter dem Posten „sonstige betriebliche Erträge" erfasst?	☐	☐	☐	

	Referenz	**13**
Mandant	Erstellt von / am	
Auftrag	Durchgesehen von / am	
Prüffeld / Betreff	**Rückstellungen** – **Rückstellungen für Pensionen u. ä. Verpflichtungen** – **Steuerrückstellungen** – **Sonstige Rückstellungen**	Qualitätssicherung durch / am	

Erstellungsmaßnahmen

	n/a	Ja	Nein	Bemerkungen
I. Benötigte Unterlagen erhalten?				
• Konten	☐	☐	☐	
• Rückstellungsspiegel	☐	☐	☐	
• Berechnungsunterlagen für die einzelnen Rückstellungen	☐	☐	☐	
• für Pensionsrückstellungen:				
▪ Vereinbarungen über Pensionszusagen (Einzelzusagen, Betriebsvereinbarungen, tarifliche Versorgungsregelungen)	☐	☐	☐	
▪ Gehaltsunterlagen	☐	☐	☐	
▪ versicherungsmathematische Gutachten	☐	☐	☐	
• für Steuerrückstellungen:				
▪ Berechnungsbogen für Körperschaft- und Gewerbesteuer	☐	☐	☐	
▪ Steuererklärungen	☐	☐	☐	
▪ Steuerbilanzen	☐	☐	☐	
▪ Steuerbescheide einschließlich Vorauszahlungsbescheide	☐	☐	☐	
▪ Berichte über steuerliche Außenprüfungen	☐	☐	☐	
▪ Nachweise über gezahlte Steuern	☐	☐	☐	
▪ Ergebnisabführungsverträge	☐	☐	☐	
▪ Zusammenstellung über gewerbesteuerliche Hinzurechnungen und Kürzungen	☐	☐	☐	
II. Nachweis/Ansatz (Vollständigkeit, Periodenabgrenzung, betragsmäßig richtige Erfassung, wirtschaftliches Eigentum) und **Bewertung/Zuordnung**				
1. Wurden Rückstellungen für Pensionen und ähnliche Verpflichtungen korrekt gebildet und berechnet?	☐	☐	☐	
2. Wurden insbesondere Pensionsverpflichtungen für Neuzusagen ab 1987 vollständig passiviert?	☐	☐	☐	
3. Wurden bei der Berechnung der Pensionsrückstellungen die erwarteten Lohn- und Gehaltssteigerungen berücksichtigt?	☐	☐	☐	

	n/a	Ja	Nein	Bemerkungen
4. Wurde der erhöhte Zuführungsbetrag aus der Umstellung der Bewertung zum 1.1.2010				
a) in vollem Umfang sofort zugeführt?	☐	☐	☐	
b) zu 1/15, d. h. spätestens bis zum 31.12.2024 angesammelt?	☐	☐	☐	
c) über einen kürzeren Zeitraum als 15 Jahre verteilt?	☐	☐	☐	
4a. Wurden die bis zum Zeitpunkt der erstmaligen Anwendung des BilRUG noch nicht verrechneten Unterschiedsbeträge aus dem Übergang auf das BilMoG, insbesondere für Pensionsrückstellungen (1/15 Regelung, Art. 67 Abs. 1Satz 1 EGHGB) als „Aufwendungen" nach Art. 67 Abs. 1 und 2 EGHGB unter den sonstigen betrieblichen Aufwendungen gesondert angegeben, Art. 75 Abs. 5 EGHGB?	☐	☐	☐	
4b. Wurden für Abschlussstichtage nach dem 31.12.2014 freiwillig und nach dem 31.12.2015 verpflichtend der durchschnittliche Marktzinssatz der vergangenen 10 Jahre angesetzt?	☐	☐	☐	
4c. Wurde im Fall von Ziff. 4 die Ausschüttungssperre des § 253 Abs. 6 Satz 2 beachtet??	☐	☐	☐	
5. Erfolgte eine Saldierung mit Planvermögen?	☐	☐	☐	
Wenn **ja**:				
a) Haben Sie überprüft, dass nur solche Vermögensgegenstände im Planvermögen erfasst wurden, die dem Zugriff aller übrigen Gläubiger entzogen sind und ausschließlich der Erfüllung von Schulden aus Altersversorgungsverpflichtungen dienen?	☐	☐	☐	
b) Wurde das Planvermögen zum Zeitwert am Stichtag bewertet?	☐	☐	☐	
c) Wurde im Falle eines aktiven Unterschiedsbetrages aus der Vermögensverrechnung die Ausschüttungssperre beachtet?	☐	☐	☐	
6. Wurde der erhöhte Zuführungsbetrag aus der Umstellung der Bewertung zum 1.1.2010				
a) in vollem Umfang sofort zugeführt?	☐	☐	☐	
b) zu 1/15, d. h. spätestens bis zum 31.12.2024 angesammelt?	☐	☐	☐	
c) über einen kürzeren Zeitraum als 15 Jahre verteilt?	☐	☐	☐	
6a. Wurde ein evtl. Passivierungswahlrecht für Altzusagen (vor dem 1.1.1987) berücksichtigt?	☐	☐	☐	
7. Wurde das steuerliche Nachholverbot bei Pensionsrückstellungen bei Alt- und Neuzusagen berücksichtigt?	☐	☐	☐	
8. Wurden Steuerrückstellungen für				
• Körperschaftsteuer	☐	☐	☐	
• Gewerbesteuer	☐	☐	☐	
• Umsatzsteuer	☐	☐	☐	
• sonstige Steuern	☐	☐	☐	
korrekt berechnet und gebildet?				

	n/a	Ja	Nein	Bemerkungen
9. Wurde das Nachzahlungsrisiko aus laufenden Betriebsprüfungen bei der Berechnung von Steuerrückstellungen beachtet?	☐	☐	☐	
10. Wurden ggf. auf die Steuernachzahlungen anfallende Zinsen gem. § 233 a AO berücksichtigt?	☐	☐	☐	
11. Wurden Rückstellungen für ungewisse Verbindlichkeiten in dem erforderlichen Umfang gebildet?	☐	☐	☐	
12. Wurden Rückstellungen für drohende Verluste aus schwebenden Geschäften in erforderlichem Umfang gebildet?	☐	☐	☐	
13. Wurden insbesondere passivierungspflichtige Rückstellungen gebildet für				
• Abbruchverpflichtungen,	☐	☐	☐	
• Abfindungen an langjährige Mitarbeiter,	☐	☐	☐	
• Abraumbeseitigung, die innerhalb eines Jahres nachgeholt wird,	☐	☐	☐	
• Abrechnungskosten,	☐	☐	☐	
• Altersteilzeit,	☐	☐	☐	
• Altlastensanierung,	☐	☐	☐	
• Anpassungsverpflichtungen (BImSchG),	☐	☐	☐	
• Anschaffungs- und Herstellungskosten (Beachtung des Verbots für die Steuerbilanz),	☐	☐	☐	
• Archivierung, Aufbewahrung von Geschäftsunterlagen,	☐	☐	☐	
• Aufsichtsratsvergütung,	☐	☐	☐	
• Ausbildungskosten,	☐	☐	☐	
• Ausgleichsansprüche der Handelsvertreter,	☐	☐	☐	
• ausstehende Rechnungen,	☐	☐	☐	
• Beihilfe	☐	☐	☐	
• Berufsgenossenschaftsbeiträge,	☐	☐	☐	
• Betriebsprüfungsrisiko,	☐	☐	☐	
• Bonus- und Rabattverpflichtungen,	☐	☐	☐	
• Buchführungsarbeiten,	☐	☐	☐	
• Bürgschaftsübernahmeverpflichtungen, soweit Rückgriffsrechte nicht werthaltig,	☐	☐	☐	
• Deputate,	☐	☐	☐	
• Drohverlustrückstellungen aus schwebenden Geschäften (in Steuerbilanz nicht zulässig)				
▪ Risiken aus Lieferungs- und Leistungsverpflichtungen	☐	☐	☐	
▪ Termingeschäfte (Waren, Devisen)	☐	☐	☐	
▪ Risiken aus Dauerschuldverhältnissen	☐	☐	☐	
• Entsorgung von Verpackungen, Geräten, Materialien,	☐	☐	☐	
• Garantieverpflichtungen (Gewährleistungen),	☐	☐	☐	
• Geschäftsverlegungsrisiken,	☐	☐	☐	

	n/a	Ja	Nein	Bemerkungen
• Gewinnbeteiligungszusagen, Gratifikationen, Tantiemen,	☐	☐	☐	
• Haftpflichtverbindlichkeiten, insbesondere Produkthaftpflichtrisiken,	☐	☐	☐	
• Hauptversammlung,	☐	☐	☐	
• Heimfallverpflichtungen,	☐	☐	☐	
• Instandhaltung, unterlassene, die innerhalb von 3 Monaten nachgeholt wird,	☐	☐	☐	
• Jahresabschlusskosten				
▪ Interne (Personalkosten, Sachkosten, AfA)	☐	☐	☐	
▪ Externe (Berater)	☐	☐	☐	
• Jubiläumsaufwendungen (Neubildung/Auflösung); (Beachtung einschränkender steuerlicher Vorschriften),	☐	☐	☐	
• Konzernhaftung,	☐	☐	☐	
• Kündigungsschutz,	☐	☐	☐	
• Kulanzleistungen,	☐	☐	☐	
• Lizenzgebühren,	☐	☐	☐	
• Lohnfortzahlung,	☐	☐	☐	
• Mutterschutz,	☐	☐	☐	
• Nachbetreuungsleistungen,	☐	☐	☐	
• noch zu erbringende Leistungen,	☐	☐	☐	
• Offenlegung,	☐	☐	☐	
• Pachterneuerungsverpflichtungen,	☐	☐	☐	
• Patent- und Markenzeichenverletzungen,	☐	☐	☐	
• Pensionssicherungsverein, Beiträge,	☐	☐	☐	
• Provisions- und Ausgleichsansprüche Handelsvertreter,	☐	☐	☐	
• Prozess- und Strafverteidigungskosten,	☐	☐	☐	
• Prüfungskosten,	☐	☐	☐	
• Rekultivierungskosten,	☐	☐	☐	
• Rücknahmeverpflichtungen wegen Ausübung eines Rückgabe- oder Kündigungsrechts,	☐	☐	☐	
• Schadensersatzverpflichtungen,	☐	☐	☐	
• Schwerbehindertenabgabe,	☐	☐	☐	
• Sicherheitsinspektion,	☐	☐	☐	
• Sozialpläne,	☐	☐	☐	
• Substanzerhaltung,	☐	☐	☐	
• Tantiemen, Gratifikationen, Erfolgsbeteiligungen,	☐	☐	☐	
• Überstundenabgeltung,	☐	☐	☐	
• Umwelthaftung,	☐	☐	☐	
• Urlaubsverpflichtungen,	☐	☐	☐	
• Vorruhestandsleistungen	☐	☐	☐	
• Verdienstsicherung, Wechselobligo,	☐	☐	☐	
• Verlustübernahme,	☐	☐	☐	

	n/a	Ja	Nein	Bemerkungen
• Weihnachtsgeld (Besonderheiten bei abweichendem Wirtschaftsjahr),	☐	☐	☐	
• Wiederherstellungsverpflichtungen bei Mietverhältnissen?	☐	☐	☐	
14. Wurde das Passivierungsverbot für Aufwandsrückstellungen (mit Ausnahme der Instandhaltungsrückstellungen bis 3 Monate) beachtet?	☐	☐	☐	
15. Wurden bei der Bewertung der Rückstellungen die künftigen Preis- und Kostenverhältnisse im Zeitpunkt der Erfüllung der Verpflichtung berücksichtigt?	☐	☐	☐	
16. Wurden Rückstellungen mit einer Restlaufzeit von mehr als einem Jahr mit dem ihrer Restlaufzeit entsprechenden durchschnittlichen Marktzinssatz der vergangenen 7 Geschäftsjahre abgezinst?	☐	☐	☐	
16a. Wurden die Besonderheiten der einzelnen Rückstellungsarten bei der Bewertung hinreichend beachtet?	☐	☐	☐	
a) Rückstellungen für ungewisse Verbindlichkeiten				
aa) Wurden Verteilungsrückstellungen, deren wirtschaftliche Verursachung sich über nachfolgende Geschäftsjahre erstreckt, verursachungsgerecht aufwandswirksam verteilt (vgl. IDW RS HFA 34)?	☐	☐	☐	
ab) Wurden Sach- und Dienstleistungsverpflichtungen in der Handelsbilanz zu Vollkosten zurückgestellt?	☐	☐	☐	
ac) Wurden noch nicht aktivierbare unbestrittene und werthaltige Ersatz- oder Rückgriffsansprüche gegen Dritte bei der Bewertung der Rückstellung insoweit rückstellungsmindernd berücksichtigt, als sie in rechtlich verbindlicher Weise der Entstehung oder der Erfüllung der Verpflichtung nachfolgen?	☐	☐	☐	
ad) Sind weitere Kompensationen mit unrealisierten Ertragschancen unterblieben?	☐	☐	☐	
ae) Wurden Ersatz- oder Rückgriffsansprüche gegen Dritte, die am Abschlussstichtag bereits entstanden sind, separat als Vermögensgegenstände ausgewiesen?	☐	☐	☐	
b) Gewährleistungsrückstellungen				
ba) Wurden die voraussichtlich anfallenden Aufwendungen nachvollzogen?	☐	☐	☐	
c) Drohverlustrückstellungen				
ca) Absatzgeschäfte				
caa) Erfolgte die Bewertung nach der Formel: Veräußerungserlös (abzüglich Erlösschmälerungen) abzüglich aktivierter Anschaffungs- oder Herstellungskosten abzüglich noch anfallender Aufwendungen (verlustfreie Bewertung)?	☐	☐	☐	
cab) Wurden die Veräußerungserlöse durch Einsichtnahme in unabhängige Aufzeichnungen (Auftragsverzeichnisse, Vertragssammlungen, etc.) angesetzt?	☐	☐	☐	

	n/a	Ja	Nein	Bemerkungen
cad) Wurden die noch anfallenden Aufwendungen mit den Nachkalkulationen abgestimmt?	☐	☐	☐	
cae) Falls Nachkalkulationen vorliegen: Kann die Abstimmung mit auftragsbegleitenden Zwischenkalkulationen oder – falls auch diese nicht vorhanden – mit Vorkalkulationen vorgenommen werden?	☐	☐	☐	
caf) Falls Kalkulationen generell nicht vorliegen: Ist die Schätzung angemessen?	☐	☐	☐	
cag) Wurde die Fertigungsstundenzahl und der angesetzte Materialverbrauch nach Einsicht in Leistungsverzeichnisse, Stücklisten oder Unterlagenvergleiche oder vergleichbare Aufträge angesetzt?	☐	☐	☐	
cb) Wurden bei der Bemessung von Sach- und Dienstleistungsverpflichtungen oder von Verlustrückstellungen (handelsrechtlich) Vollkosten (ohne die kalkulatorischen Kosten und den Unternehmergewinn) angesetzt?	☐	☐	☐	
cc) Haben Sie sich ein Urteil über die Wahrscheinlichkeit möglicher künftiger Aufwendungen anhand statistischer Angaben der Vergangenheit bilden können?	☐	☐	☐	
cd) Wurden eventuelle Kompensationssachverhalte (z. B. Verrechnung von Konventionalstrafen von Unterlieferanten, soweit nicht gesondert bilanziert; Lieferung auf Ziel in Fremdwährung und Abschluss eines entsprechenden Devisentermingeschäfts zur Deckung, etc.) berücksichtigt nach				
cda) zutreffender wertmäßiger Ermittlung?	☐	☐	☐	
cdb) Übereinstimmung mit dem Grundsatz der Einzelbewertung (die Durchbrechung des Grundsatzes der Einzelbewertung kann nur in Ausnahmefällen, z. B. Einkaufs- und Verkaufsgeschäfte, die einander eindeutig zugeordnet werden können; verschiedene Einzelaufträge, die technisch und wirtschaftlich eine Einheit bilden; etc.)?	☐	☐	☐	
ce) Schwebende Beschaffungsgeschäfte				
cea) Wurden für die einzelnen zu beschaffenden Gegenstände die in Betracht kommenden Bewertungsgrundsätze, die für den Fall einer Lieferung vor dem Abschlussstichtag anzuwenden wären (Anlagevermögen: § 253 Abs. 2 Satz 3 HGB; Umlaufvermögen: § 253 Abs. 3 Satz 1 und 2 HGB, jedoch ohne Anwendung der Bewertungswahlrechte gem. § 253 Abs. 3 Satz 3 und Abs. 4 HGB), eingehalten?	☐	☐	☐	

	n/a	Ja	Nein	Bemerkungen
cf) Wurden eventuelle Kompensationssachverhalte geprüft auf ihre				
cfa) zutreffende wertmäßige Ermittlung?	☐	☐	☐	
cfb) Übereinstimmung mit dem Grundsatz der Einzelbewertung?	☐	☐	☐	
cg) Dauerschuldverhältnisse				
cga) Wurden die in Betracht kommenden Verlustkomponenten nachvollzogen, z. B.				
– durch Berechnung der noch ausstehenden Gegenleistung, sofern die Leistung nicht mehr in Anspruch genommen wird (i. w. bei Leasingverträgen, Miet- und Pachtverträgen)?	☐	☐	☐	
– durch Ermittlung der noch anfallenden Aufwendungen, falls der Umsatz bereits realisiert, sämtliche Leistungen aber noch nicht erbracht sind?	☐	☐	☐	
– durch Vergleich der vertraglich geschuldeten Leistung mit den am Abschlussstichtag gültigen Marktkonditionen (i.w. bei Darlehensverträgen)?	☐	☐	☐	
– durch wertmäßigen Vergleich von Leistung und Gegenleistung?	☐	☐	☐	
ch) Wurden eventuelle Kompensationsverhalte (z. B. Anspruch aus Untermietverhältnissen, sofern der gemietete oder geleaste Gegenstand durch das Unternehmen nicht mehr genutzt wird) überprüft auf				
cha) rechnerische Richtigkeit?	☐	☐	☐	
chb) Übereinstimmung mit dem Grundsatz der Einzelbewertung?	☐	☐	☐	
d) Instandhaltungsrückstellungen: Entspricht der zurückgestellte Betrag bei den Rückstellungen für unterlassene Instandhaltung den effektiven Aufwendungen innerhalb der Nachholfrist (1–3 Monate) des Folgejahres?	☐	☐	☐	
17. Wurden die zu bildenden Rückstellungen in einem Rückstellungsspiegel in ihrer Entwicklung dargestellt?	☐	☐	☐	
18. Wurde der Rückstellungsspiegel rechnerisch horizontal und vertikal überprüft?	☐	☐	☐	
19. Wurde der Rückstellungsspiegel mit dem verbuchten Rückstellungsbetrag abgestimmt?	☐	☐	☐	
20. Wurden die Grundsätze der Ansatz- und Bewertungsstetigkeit beachtet?	☐	☐	☐	
21. Wurden die Zuführungs- und Inanspruchnahmebeträge mit dem in der Gewinn- und Verlustrechnung ausgewiesenen Aufwand und die Auflösungsbeträge mit dem in der Gewinn- und Verlustrechnung ausgewiesenen Ertrag abgestimmt?	☐	☐	☐	

	n/a	Ja	Nein	Bemerkungen

III. Ausweis (Kontenzuordnung/Verständlichkeit)

Bei sämtlichen Unternehmen:

22. Wurde das Saldierungsverbot von Auflösungen und Zuführungen beachtet? □ □ □

23. Wurden die Gegenbuchungen zutreffend erfasst und zwar

   a) die Inanspruchnahme der Rückstellungen unter den „sonstigen betrieblichen Erträgen", soweit diese nicht als Gegenposten zu den Mehraufwendungen zu buchen sind? □ □ □

   b) die Erträge aus der Auflösung von Rückstellungen unter dem Posten „sonstige betriebliche Erträge"? □ □ □

   c) die Zuführung zu den Rückstellungen unter der jeweils in Betracht kommenden Aufwandsart? □ □ □

Bei Kapital- und KapCo-Gesellschaften (unabhängig von der Größenordnung):

24. Wurden die Erträge aus der Abzinsung als „Zinsen und ähnliche Erträge" sowie i. Ü. die Zinsen als Zinsen und ähnliche Aufwendungen jeweils gesondert ausgewiesen? □ □ □

25. Werden die Pensionsrückstellungen getrennt von den Steuerrückstellungen und den sonstigen Rückstellungen ausgewiesen? □ □ □

26. Wurde bei Saldierung von Pensionsrückstellungen mit Planvermögen ein die Schulden übersteigender Zeitwert gesondert als „aktiver Unterschiedsbetrag aus der Vermögensverrechnung" ausgewiesen? □ □ □

27. Steuerrückstellungen:

   Soweit Saldierungen von Steuererträgen mit Steueraufwendungen in größerem Umfang zulässigerweise vorgenommen wurden, ist die periodengerechte Darstellung in der GuV oder im Anhang sichergestellt? □ □ □

28. Steuerrückstellungen:

   Wurden bei Organschaftsverhältnissen die weiterbelasteten Steuern bei der Untergesellschaft als Steueraufwand offen ausgewiesen? □ □ □

Mittelgroße und große Kapital- und KapCo-Gesellschaften (zusätzlich):

29. Steuerrückstellungen:

   Wurden im Anhang oder in der GuV die Belastung des ordentlichen und außerordentlichen Ergebnisses durch die Steuern vom Einkommen und vom Ertrag angegeben (§ 285 Nr. 6 HGB)? □ □ □

30. Wurden eventuell bestehende Berichtspflichten im Lagebericht (Risikobericht) beachtet? □ □ □

		Referenz	**14**
Mandant		Erstellt von / am	
Auftrag		Durchgesehen von / am	
Prüffeld / Betreff	**Verbindlichkeiten** – Anleihen – Verbindlichkeiten gegenüber Kreditinstituten – Erhaltenen Anzahlungen auf Bestellungen – Verbindlichkeiten aus Lieferungen und Leistungen – Verbindlichkeiten aus der Annahme gezogener Wechsel und der Ausstellung eigener Wechsel – Verbindlichkeiten gegenüber verbundenen Unternehmen und Unternehmen, mit denen ein Beteiligungsverhältnis besteht – Verbindlichkeiten gegenüber Gesellschaftern – Sonstige Verbindlichkeiten	Qualitätssicherung durch / am	

Erstellungsmaßnahmen

	n/a	Ja	Nein	Bemerkungen
I. Benötigte Unterlagen erhalten?				
• Sachkonto und Kontokorrent	☐	☐	☐	
• Saldenliste	☐	☐	☐	
• Aufgliederung der Verbindlichkeiten nach				
▪ Alter (Entstehung)	☐	☐	☐	
▪ Fälligkeit	☐	☐	☐	
▪ Größenordnung	☐	☐	☐	
▪ In- und Ausland (mit Angabe der Beträge in ausländischer Währung)	☐	☐	☐	
• Zusammenfassung von Einzelsalden zu Gesamtengagements jedes Gläubigers	☐	☐	☐	
• Liste der				
▪ Gesellschafter	☐	☐	☐	
▪ verbundenen Unternehmen	☐	☐	☐	
▪ Unternehmen, mit denen ein Beteiligungsverhältnis besteht	☐	☐	☐	
▪ ggf. Liste nahe stehender Personen	☐	☐	☐	
• Liste der zum Erstellungszeitpunkt noch offenen Verbindlichkeiten unter Angabe der Fälligkeit	☐	☐	☐	
• Übersicht über die Entwicklung von evtl. Darlehensverbindlichkeiten (Stand am Anfang des Jahres, Zugänge, Tilgungen, Stand am Abschlussstichtag, Zinssätze und -beträge, Kündigungsfristen und -termine; Sicherheiten)	☐	☐	☐	
• Unterlagen über Sicherheiten, z.B. Grundbuchauszüge, Versicherungsübereignungen, Bürgschaften)	☐	☐	☐	
• bei Anleihen				
▪ Bestandsverzeichnis	☐	☐	☐	
▪ Belege über Zu- und Abgänge sowie Zinszahlungen	☐	☐	☐	
• bei Wechselverbindlichkeiten				
▪ Wechselkopierbuch und/oder Aufstellung der Wechsel nach Empfänger, Ausstellung, Ausstellungsdatum und Fälligkeitsdatum	☐	☐	☐	
▪ Aufstellung der Berichtsjahre der bis zum Prüfungszeitpunkt fällig gewordenen entwerteten Abschnitte	☐	☐	☐	

	n/a	Ja	Nein	Bemerkungen

- bei sonstigen Verbindlichkeiten
  - Unterlagen der Personalabteilung
    (z.B. Lohn- und Gehaltsabrechnungen) □ □ □
  - Steueranmeldungen und -veranlagungen □ □ □
  - Steuerbescheide □ □ □
  - Bescheide zu Sozialversicherungsprüfungen □ □ □

II. Nachweis/Ansatz
(Vollständigkeit, Periodenabgrenzung, betragsmäßig
richtige Erfassung, wirtschaftliches Eigentum)
und **Bewertung/Zuordnung**

1. Sind die Salden durch eine Saldenliste nachgewiesen? □ □ □

2. Wurden die in der Bilanz ausgewiesenen Verbindlichkeiten mit
   - der Saldenliste zum Stichtag □ □ □
   - den Sachkonten □ □ □
   - den Personenkonten □ □ □
   abgestimmt?

3. Wurde ermittelt, welche Verbindlichkeiten verzinst sind
   und welche nicht? □ □ □

4. Wurden die Restlaufzeiten von Verbindlichkeiten im
   Hinblick auf die steuerlich gebotene Abzinsung
   beachtet (Abweichung zur Handelsbilanz)? □ □ □

5. Wurde das Abzinsungsgebot (steuerlich: 5,5 %)
   beachtet (ggf. abweichende Handelsbilanz,
   § 253 Abs. 1 Satz 2 HGB)? □ □ □

6. Wurden Fremdwährungsposten zum Devisenkassamittelkurs am Abschlussstichtag umgerechnet, und
   zwar bei einer Restlaufzeit von einem Jahr oder
   weniger ohne Berücksichtigung des Anschaffungswertprinzips (§ 253 Abs. 1 Satz 1 HGB) und des
   Realisationsprinzips (§ 252 Abs. 1 Nr. 4 HGB)? □ □ □

7. Wurden Bewertungseinheiten zum Ausgleich gegenläufiger Wertänderungen oder Zahlungsströme aus
   dem Eintritt vergleichbarer Risiken mit Finanzinstrumenten zusammengefasst? □ □ □

   Wenn **ja**:
   Wurden der Ansatz von Verbindlichkeits- und
   Drohverlustrückstellungen (§ 249 Abs. 1 HGB, die
   Grundsätze der Einzelbewertung, das Vorsichts-
   prinzip, das Imparitätsprinzip und das Realisations-
   prinzip (§§ 252 Abs. 1 Nr. 3 und 4, 253 Abs. 1 Satz 1
   HGB) sowie die Grundsätze zur Währungsum-
   rechnung (§ 256 a HGB) in dem Umfang für den
   Zeitraum nicht angewendet, in dem die gegenläufigen
   Wertänderungen oder Zahlungsströme sich
   ausgleichen? □ □ □

8. Wurden Verjährungen und Schulderlasse berücksichtigt? □ □ □

9. Wurden der Geldtransit/Schecks erfasst? □ □ □

10. Wurden unter den sonstigen Verbindlichkeiten evtl.
    bestehende Umsatzsteuerverbindlichkeiten verprobt? □ □ □

	n/a	Ja	Nein	Bemerkungen
11. Wurden die Verbindlichkeiten gegenüber Gesellschaftern (§ 42 Abs. 3 GmbHG, § 264 c HGB), gegenüber verbundenen Unternehmen und Unternehmen, mit denen ein Beteiligungsverhältnis besteht, separat ausgewiesen oder durch eine Anhangangabe erfasst?	☐	☐	☐	
12. Sind unter den sonstigen Verbindlichkeiten die Davon-Vermerke für Verbindlichkeiten aus Steuern/ im Rahmen der sozialen Sicherheit beachtet?	☐	☐	☐	
13. Wurden die Fristigkeiten und Sicherheiten genannt (§ 268 Abs. 5 HGB)?	☐	☐	☐	
14. Wurden die Grundsätze der Ansatz- und Bewertungsstetigkeit beachtet?	☐	☐	☐	

III. Ausweis (Kontenzuordnung/Verständlichkeit)

Bei sämtlichen Unternehmen:

	n/a	Ja	Nein	Bemerkungen
15. Wurde der Ausweis mit den Werten der Kontoauszüge/Bankbestätigungen abgestimmt?	☐	☐	☐	
16. Ist sichergestellt, dass unzulässige Saldierungen unterblieben sind?	☐	☐	☐	
17. Wurde der Zinsaufwand in der GuV zutreffend ausgewiesen?	☐	☐	☐	
18. Wurden insbesondere				
a) die Gegenbuchungen bei Abzinsungen zutreffend unter Zinsaufwendungen erfasst?	☐	☐	☐	
b) evtl. Erträge oder Aufwendungen aus der Währungsumrechnung gesondert unter dem Posten „sonstige betriebliche Erträge/Aufwendungen" ausgewiesen?	☐	☐	☐	
19. Wurden keine unrealisierten Kursgewinne ausgewiesen?	☐	☐	☐	
20. Wurden evtl. debitorische Kreditoren in die sonstigen Vermögensgegenstände umgegliedert?	☐	☐	☐	
21. Wurde bei Wechselverbindlichkeiten				
a) der Ausweis mit den Werten des Wechselkopierbuchs oder einer entsprechenden Aufstellung abgestimmt?	☐	☐	☐	
b) auch Umkehrwechsel (bei denen die Gesellschaft anstelle des Lieferanten den Wechsel bei ihrer Hausbank zum Diskont gibt) als Schuldwechsel ausgewiesen werden?	☐	☐	☐	
c) der Ausgleichsanspruch gegen den Auftraggeber unter den sonstigen Vermögensgegenständen aktiviert?	☐	☐	☐	
d) die ursprünglichen Verbindlichkeiten entsprechend ausgebucht?	☐	☐	☐	
e) der Wechseldiskont abgegrenzt?	☐	☐	☐	
f) die fälligen Diskontbeträge auf Wechsel in der GuV unter dem Posten „Zinsen und ähnliche Aufwendungen" erfasst?	☐	☐	☐	

	n/a	Ja	Nein	Bemerkungen
g) das Verbot der Saldierung von Diskonterträgen mit Diskontaufwendungen beachtet?	☐	☐	☐	
22. Wurden evtl. ausgewiesene realisierte Kursgewinne entweder als Verbindlichkeiten oder als Rückstellungen bilanziert?	☐	☐	☐	

Mittelgroße und große Kapital- und KapCo-Gesellschaften (zusätzlich):

	n/a	Ja	Nein	Bemerkungen
23. Wurden unter den Verbindlichkeiten jeweils getrennt ausgewiesen				
a) Anleihen	☐	☐	☐	
b) Verbindlichkeiten gegenüber Kreditinstituten	☐	☐	☐	
c) erhaltenen Anzahlungen auf Bestellungen,	☐	☐	☐	
d) Verbindlichkeiten aus Lieferungen und Leistungen,	☐	☐	☐	
e) Verbindlichkeiten aus der Annahme gezogener Wechsel und der Ausstellung eigener Wechsel,	☐	☐	☐	
f) Verbindlichkeiten gegenüber verbundenen Unternehmen,	☐	☐	☐	
g) Verbindlichkeiten gegenüber Unternehmen, mit denen ein Beteiligungsverhältnis besteht,	☐	☐	☐	
h) Verbindlichkeiten gegenüber Gesellschaftern (alternative Anhangangabe),	☐	☐	☐	
i) sonstige Verbindlichkeiten	☐	☐	☐	
24. Wurden die Vermerkpflichten für die Verbindlichkeiten im Anhang nach den in der Bilanz ausgewiesenen Verbindlichkeitsposten aufgegliedert, sofern die auf die einzelnen Posten entfallenden Teilbeträge nicht bereits aus der Bilanz ersichtlich sind?	☐	☐	☐	
25. Erfolgte, sofern kein gesonderter Posten in der Bilanz ausgewiesen wurde, eine Angabe der Verbindlichkeiten gegenüber Gesellschaftern im Anhang?	☐	☐	☐	

	Referenz	**15**
Mandant	Erstellt von / am	
Auftrag	Durchgesehen von / am	
Prüffeld / Betreff **Eventualverbindlichkeiten**	Qualitätssicherung durch / am	

Erstellungsmaßnahmen

	n/a	Ja	Nein	Bemerkungen

I. Benötigte Unterlagen erhalten?

- Zusammenstellung über Art und Höhe der Eventualverbindlichkeiten, gegliedert nach:
  - Verbindlichkeiten aus der Begebung und Übertragung von Wechseln ☐ ☐ ☐
  - Verbindlichkeiten aus Bürgschaften, Wechseln und Scheckbürgschaften ☐ ☐ ☐
  - Verbindlichkeiten aus Gewährleistungsverträgen ☐ ☐ ☐
  - Haftungsverhältnis aus der Bestellung von Sicherheiten für fremde Verbindlichkeiten ☐ ☐ ☐
- Liste der den Eventualverbindlichkeiten gegenüberstehenden Rückgriffsforderungen ☐ ☐ ☐
- vertragliche Unterlagen (Bürgschaftsurkunden, besondere Lieferkontrakte, Gewährleistungsverträge, Sicherungsübereignungen, Sicherungsabtretungen, Patronatserklärungen) sowie zugehörige Korrespondenz ☐ ☐ ☐
- Grundbuchauszüge ☐ ☐ ☐
- Wechselkopierbuch ☐ ☐ ☐
- Liste der
  - Gesellschafter ☐ ☐ ☐
  - verbundenen Unternehmen ☐ ☐ ☐
  - Unternehmen, mit denen ein Beteiligungsverhältnis besteht ☐ ☐ ☐
  - ggf. Liste nahe stehender Personen ☐ ☐ ☐

II. Nachweis/Ansatz
(Vollständigkeit, Periodenabgrenzung, betragsmäßig richtige Erfassung, wirtschaftliches Eigentum) und **Bewertung/Zuordnung**

1. Sind die Salden durch eine Saldenliste nachgewiesen? ☐ ☐ ☐
2. Wurde der Ausweis der Eventualverbindlichkeiten mit den Werten lt. Unterlagen bzw. Nebenbuchhaltung abgestimmt? ☐ ☐ ☐
3. Ist sichergestellt, dass unzulässige Saldierungen mit Rückgriffsrechten beim Ausweis der Eventualverbindlichkeiten unterblieben sind? ☐ ☐ ☐
4. Wurden Fremdwährungsposten zum Devisenkassamittelkurs am Abschlussstichtag umgerechnet, und zwar bei einer Restlaufzeit von einem Jahr oder weniger ohne Berücksichtigung des Anschaffungswertprinzips (§ 253 Abs. 1 Satz 1 HGB) und des Realisationsprinzips (§ 252 Abs. 1 Nr. 4 HGB)? ☐ ☐ ☐

	n/a	Ja	Nein	Bemerkungen
5. Wurden die Grundsätze der Ansatz- und Bewertungsstetigkeit beachtet?	☐	☐	☐	

III. Ausweis (Kontenzuordnung/Verständlichkeit)

Bei sämtlichen Unternehmen:

6. Wurden die

	n/a	Ja	Nein	
a) Verbindlichkeiten aus der Begebung und Übertragung von Wechseln	☐	☐	☐	
b) Verbindlichkeiten aus Bürgschaften	☐	☐	☐	
c) Wechsel- und Scheckbürgschaften	☐	☐	☐	
d) Verbindlichkeiten aus Gewährleistungsverträgen	☐	☐	☐	
e) sonstigen Haftungsverhältnisse aus der Bestellung von Sicherheiten für fremde Verbindlichkeiten	☐	☐	☐	

bei nicht anhangpflichtigen Gesellschaften in einem Betrag unter der Bilanz oder bei freiwilliger Anhangerstellung nach Ziff. 8 ff. im Anhang ausgewiesen?

	n/a	Ja	Nein	
7. Wurde darauf geachtet, dass zwei nebeneinander bestehende Haftungsverhältnisse nicht doppelt in den vermerkpflichtigen Betrag einbezogen wurden?	☐	☐	☐	

Bei Kapital- und KapCo-Gesellschaften (unabhängig von der Größenordnung):

8. Wurden im Anhang jeweils gesondert unter Angabe der gewährten Pfandrechte und sonstigen Sicherheiten angegeben, soweit es sich nicht um auf der Passivseite auszuweisende Posten handelt:

	n/a	Ja	Nein	
a) die Verbindlichkeiten aus der Begebung und Übertragung von Wechseln,	☐	☐	☐	
b) die Verbindlichkeiten aus Bürgschaften,	☐	☐	☐	
c) die Wechsel und Scheckbürgschaften,	☐	☐	☐	
d) die Verbindlichkeiten aus Gewährleistungsverträgen	☐	☐	☐	
e) die sonstigen Haftungsverhältnisse aus der Bestellung von Sicherheiten für fremde Verbindlichkeiten?	☐	☐	☐	

9. Wurden dabei auch jeweils gesondert vermerkt:

	n/a	Ja	Nein	
a) Verpflichtungen gegenüber verbundenen Unternehmen,	☐	☐	☐	
b) Verpflichtungen gegenüber assoziierten Unternehmen (i.d.A. bei Beteiligungen mit mindestens 20 % der Gesellschafterstimmrechte)?	☐	☐	☐	

		Referenz	**16**
Mandant		Erstellt von / am	
Auftrag		Durchgesehen von / am	
Prüffeld / Betreff	**Gewinn- und Verlustrechnung**	Qualitätssicherung durch / am	

Erstellungsmaßnahmen

	n/a	Ja	Nein	Bemerkungen
I. Benötigte Unterlagen erhalten?				
• Konten	☐	☐	☐	
• Belege und sonstige Nachweise, soweit sie nicht bereits im Rahmen der Beurteilung von Bilanzposten vorgelegen haben	☐	☐	☐	
• Zu Personalaufwand:				
▪ Personalakten	☐	☐	☐	
▪ (ggf.) Betriebsvereinbarungen	☐	☐	☐	
▪ (ggf.) Tarifvertrag	☐	☐	☐	
▪ Lohnsteuerkarten	☐	☐	☐	
▪ Versicherungskarten	☐	☐	☐	
▪ Anwesenheitsnachweise (Stechkarten) bzw. Leistungsnachweise	☐	☐	☐	
▪ Resturlaubsübersichten	☐	☐	☐	
▪ (ggf.) Unterlagen über persönliche Einbehalte	☐	☐	☐	
▪ Auszahlungslisten bzw. sonstige Abstimmunterlagen zwischen Lohn- und Gehaltsbuchhaltung und Finanzbuchhaltung	☐	☐	☐	
II. Vollständigkeit, Periodenabgrenzung, betragsmäßig richtige Erfassung				
1. Wurde das				
• Gesamtkostenverfahren	☐	☐	☐	
• Umsatzkostenverfahren	☐	☐	☐	
der Gewinn- und Verlustrechnung zugrunde gelegt?				
2. Ist bei kleinen und mittelgroßen Kapital- und KapCo-Gesellschaften ein zusammenfassender Ausweis der GuV-Posten gem. § 275 Abs. 2 Nr. 1–5 HGB (Gesamtkostenverfahren) bzw. § 275 Abs. 3 Nr. 1–3 und 6 HGB (Umsatzkostenverfahren) unter der Bezeichnung „Rohergebnis" erwünscht (§ 276 HGB)?	☐	☐	☐	
3. Wurden unter den Umsatzerlösen alle, auch außerordentliche Erlöse aus dem Verkauf und der Vermietung oder Verpachtung von Produkten sowie aus der Erbringung von Dienstleistungen erfasst?	☐	☐	☐	

	n/a	Ja	Nein	Bemerkungen
4. Ist sichergestellt, dass				
– Verkäufe von Umlaufvermögen (neben Vorräten u.a. auch nicht mehr benötigte RHB-Stoffe oder Schrottverkäufe),	☐	☐	☐	
– Verkäufe von Umlaufvermögen (neben Vorräten u.a. auch nicht mehr benötigte RHB-Stoffe oder Schrottverkäufe),	☐	☐	☐	
– Umlagen für Managementleistungen (z.B. Konzernumlagen, Verrechnung von Entwicklungsleistungen, IT- oder Rechnungswesenleistungen, Belastungen für Expatriates),	☐	☐	☐	
– Erlöse aus (auch nicht betriebstypischen) Dienstleistungen, wie beispielsweise der Vermietung von Werkswohnungen oder Kantinenerlöse,	☐	☐	☐	
– Haftungsvergütungen für die Übernahme der persönlichen Haftung,	☐	☐	☐	
– Boni,	☐	☐	☐	
– empfangene Aufwandszuschüsse (z.B. Werbekostenzuschuss, Listungsgebühren),	☐	☐	☐	
als Umsatzerlöse gezeigt werden und auf ihre Vollständigkeit anhand der zugrunde liegenden rechtlichen Vorschriften überprüft wurden?				
5. Wurden alle sonstigen, direkt mit dem Umsatz verbundenen Steuern, für die der Unternehmer Steuerschuldner ist (insbesondere Verbrauchs- und Verkehrssteuern wie die Tabak-, Sekt-, Bier-, Kaffee- oder Mineralölsteuer) von den Umsatzerlösen abgezogen?	☐	☐	☐	
6. Wurden bei den Umsatzerlösen und den sonstigen betrieblichen Erträgen die umsatzsteuerpflichtigen Umsätze von den steuerbefreiten und den nicht steuerbaren Umsätzen getrennt erfasst?	☐	☐	☐	
7. Wurden die Ertragskonten umsatzsteuerlich verprobt?	☐	☐	☐	
8. Ist die Abgrenzung zu den unfertigen Erzeugnissen/ Waren und Leistungen durch Abstimmung des GuV-Ausweises mit den buchmäßigen Veränderungen der Bestände erfolgt?	☐	☐	☐	
9. Ist die Abgrenzung der Umsatzerlöse zu den erhaltenen Anzahlungen erfolgt?	☐	☐	☐	
10. Ist der Eigenverbrauch erfasst und umsatzsteuerlich verprobt?	☐	☐	☐	
11. Wurden interne Leistungsverrechnungen gesondert (außerhalb der GuV-Konten) erfasst?	☐	☐	☐	
12. Wurden im Bereich der sonstigen betrieblichen Erträge alle, auch außerordentlichen Erträge erfasst, die **nicht** aus dem Verkauf und der Vermietung oder Verpachtung von Produkten oder aus der Erbringung von Dienstleistungen resultieren?	☐	☐	☐	

	n/a	Ja	Nein	Bemerkungen
13. Wurden insbesondere				
• die Erträge aus dem Abgang von Gegenständen des Anlagevermögens mit der Anlagenbuchhaltung abgestimmt?	☐	☐	☐	
• die Erträge aus Zuschreibungen mit dem Anlagenspiegel abgestimmt?	☐	☐	☐	
• die Erträge aus dem Verkauf von Wertpapieren des Umlaufvermögens gesondert erfasst?	☐	☐	☐	
• die Erträge aus Wertaufholungen gesondert erfasst?	☐	☐	☐	
• die Erträge aus der Auflösung von Rückstellungen mit dem Rückstellungsspiegel abgestimmt?	☐	☐	☐	
• die Erträge aus der Auflösung von Sonderposten mit Rücklageanteil mit der Entwicklung des Sonderpostens abgestimmt?	☐	☐	☐	
• Erträge aus der Pauschalherabsetzung von Forderungen zutreffend ermittelt?	☐	☐	☐	
• Kursgewinne und Verluste aus Währungsumrechnungen zutreffend berechnet?	☐	☐	☐	
• Gewinne aus Schadensfällen richtig berechnet?	☐	☐	☐	
• Erträge aus privaten oder einmaligen öffentlichen Zuschüssen sowie Verschmelzungs- und Umwandlungsgewinne aufgrund der zugrundeliegenden rechtlichen Vorschriften auf ihre Vollständigkeit hin überprüft?	☐	☐	☐	
14. Wurden im Bereich der sonstigen betrieblichen Erträge die Erlöse aus Nebenumsätzen gesondert erfasst?	☐	☐	☐	
15. Wurden aperiodische Posten, soweit erforderlich, gesondert erfasst (ggf. Beachtung der Anhangangaben gem. § 285 Nr. 32 oder 31 HGB)?	☐	☐	☐	
16. Wurden die Aufwendungen mit den geltend gemachten Vorsteuern verprobt?	☐	☐	☐	
17. Wurde der Personalaufwand gem. Finanzbuchhaltung abgestimmt				
• mit dem Lohnverrechnungskonto,	☐	☐	☐	
• mit der Lohnbuchhaltung?	☐	☐	☐	
18. Wurde die pauschale Lohnversteuerung bei Aushilfs- und Zukunftssicherungsleistungen verprobt?	☐	☐	☐	
19. Wurden die nicht abzugsfähigen Betriebsausgaben, insbesondere				
• Geschenke über Euro 35,–	☐	☐	☐	
• 30 % Bewirtungsaufwendungen	☐	☐	☐	
• Geldbußen	☐	☐	☐	
• nicht abziehbare Schuldzinsen nach § 4 Abs. 4 a EStG	☐	☐	☐	
• 50 % Aufsichtsratvergütung	☐	☐	☐	

	n/a	Ja	Nein	Bemerkungen
• Zinsen nach § 233 AO auf evtl. Körperschaftsteuer	☐	☐	☐	
• Säumniszuschläge auf die Körperschaftsteuer	☐	☐	☐	
vollständig erfasst und bei der Steuerberechnung berücksichtigt?				
19a. Wurden die bis zum Zeitpunkt der erstmaligen Anwendung des BilRUG noch nicht verrechneten Unterschiedsbeträge aus dem Übergang auf das BilMoG, insbesondere für Pensionsrückstellungen (1/15 Regelung, Art. 67 Abs. 1Satz 1 EGHGB) als „Aufwendungen" nach Art. 67 Abs. 1 und 2 EGHGB unter den sonstigen betrieblichen Aufwendungen gesondert angegeben (Art. 75 Abs. 5 EGHGB)?	☐	☐	☐	
19b. Wurde bei erstmaliger Anwendung des durchschnittlichen Marktzinssatzes der vergangenen 10 Jahre der Entlastungseffekt im				
• Personalaufwand	☐	☐	☐	
• Zinsergebnis ausgewiesen?	☐	☐	☐	
20. Entsprechen die Formalanforderungen bei den Belegen, insbesondere bei Bewirtungen, Reisekosten, Geschenken den steuerlichen Anforderungen?	☐	☐	☐	
21. Wurde insbesondere bei Kapitalgesellschaften die Angemessenheit der Vergütungen an Gesellschafter/nahe Angehörige beachtet:				
• Gehälter?	☐	☐	☐	
• Mieten?	☐	☐	☐	
• Zinsen?	☐	☐	☐	
• sonstige Nutzungsüberlassungen?	☐	☐	☐	
22. Wurden bei Kapital- und KapCo-Gesellschaften unübliche Abschreibungen auf das Umlaufvermögen separat ausgewiesen (§ 275 Nr. 7 b HGB)?	☐	☐	☐	
23 Wurden die sonstigen betrieblichen Aufwendungen sinnvoll gegliedert:				
• Betriebskosten	☐	☐	☐	
• Verwaltungskosten	☐	☐	☐	
• Vertriebskosten	☐	☐	☐	
24. Wurden vom Unternehmen gewünschte gesonderte Ausweise auf Konten-/Erläuterungsebene beachtet:				
• Raumkosten	☐	☐	☐	
• Fahrzeugkosten	☐	☐	☐	
• Versicherungen und Beiträge	☐	☐	☐	
• Rechts- und Steuerberatungskosten/Prüfungskosten	☐	☐	☐	
• aperiodische Aufwendungen	☐	☐	☐	
• Verlust aus GWG-Abgang (Sofortabschreibung)	☐	☐	☐	
• Gründungskosten	☐	☐	☐	
• Spenden	☐	☐	☐	
• Kosten des Aufsichtsrates	☐	☐	☐	
• Zuschüsse zu Kantinen, Erholungs- und Sportanlagen	☐	☐	☐	
• Verluste aus Schadensfällen	☐	☐	☐	
• Zuführung zu Rückstellungen	☐	☐	☐	
• Einstellung in Sonderposten mit Rücklageanteil	☐	☐	☐	

	n/a	Ja	Nein	Bemerkungen
25. Ist der Steueraufwand mit den Steuerbescheiden und Steuerberechnungen abgestimmt?	☐	☐	☐	
26. Wurden Ergebnisabführungsverträge beachtet?	☐	☐	☐	
27. Wurden die Erträge und Aufwendungen sinnvoll, bei Kapital- und KapCo-Gesellschaften nach § 275 HGB gegliedert?	☐	☐	☐	
28. Wurden Davon-Vermerke bei verbundenen Unternehmen und Beteiligungen beachtet?	☐	☐	☐	
29. Wurden die ausgewiesenen Posten mit den Sachkonten abgestimmt?	☐	☐	☐	
30. Wurden die Grundsätze der Ansatzstetigkeit beachtet?	☐	☐	☐	

III. Ausweis (Kontenzuordnung, Verständlichkeit)

	n/a	Ja	Nein	Bemerkungen
31. Stimmen die ausgewiesene Beträge mit dem Gesamtbetrag der entsprechenden Erfolgskonten überein?	☐	☐	☐	
32. Sind die Vorjahreszahlen vergleichbar?	☐	☐	☐	
33. Wurden die Umsatzerlöse brutto nach Abzug von Erlösschmälerungen und zurückgewährten Entgelten ausgewiesen?	☐	☐	☐	
34. Ist sichergestellt, dass auch i.Ü. unzulässige Saldierungen unterblieben sind?	☐	☐	☐	
35. Wurde bei Kapital- und KapCo-Gesellschaften darauf geachtet, ob der Ausweis an anderer Stelle in Frage kommt?	☐	☐	☐	
36. Wurden bei Kapital- und KapCo-Gesellschaften die Gliederungsvorschriften beachtet?	☐	☐	☐	
37. Wurde bei kleinen und mittelgroßen Kapital- und KapCo-Gesellschaften darauf geachtet, dass eine Zusammenfassung der GuV-Posten gem. § 275 Abs. 2 Nr. 1–5 HGB (Gesamtkostenverfahren) bzw. § 275 Abs. 3 Nr. 1–3 und 6 HGB (Umsatzkostenverfahren) unter der Bezeichnung „Rohergebnis" möglich ist?	☐	☐	☐	
38. Ist sichergestellt, dass unter den Löhnen und Gehältern nicht solche Aufwendungen erfasst werden, die unter anderen Posten auszuweisen sind, z. B.				
a) Aufsichtsratsvergütungen,	☐	☐	☐	
b) Ausbildungs- und Fortbildungskosten,	☐	☐	☐	
c) Erstattung von Spesen,	☐	☐	☐	
d) Nettoprämien für eine Rückdeckungsversicherung,	☐	☐	☐	
e) Kosten für Fremdpersonal,	☐	☐	☐	
f) Lohn- und Gehaltserstattungen, etc?	☐	☐	☐	
39. Wurde darauf geachtet, dass der Betrag der außerplanmäßigen Abschreibungen auf das Anlagevermögen und das Umlaufvermögen in der GuV-Rechnung von Kapital- und KapCo-Gesellschaften gesondert auszuweisen oder im Anhang anzugeben ist (§ 277 Abs. 3 HGB)?	☐	☐	☐	

	n/a	Ja	Nein	Bemerkungen
40. Wurde bei Kapital- und KapCo-Gesellschaften bei den sonstigen betrieblichen Aufwendungen darauf geachtet, ob ein Ausweis an einer anderen Stelle in Frage kommt?	☐	☐	☐	
41. Wurde darauf geachtet, dass Beteiligungserträge und -aufwendungen brutto ausgewiesen werden?	☐	☐	☐	

42. Bei Kapital- und KapCo-Gesellschaften:

Wurde darauf geachtet, dass

a) bei Beteiligungserträgen und bei Erträgen aus anderen Wertpapieren und Ausleihungen des Finanzanlagevermögens

	n/a	Ja	Nein	
aa) eventuell einbehaltene Kapitalertragsteuer im Posten „Steuern vom Einkommen und vom Ertrag" gesondert gezeigt oder unter den sonstigen Vermögensgegenständen aktiviert werden?	☐	☐	☐	
ab) die Erträge aus verbundenen Unternehmen gesondert aufgeführt werden und zwar in Form eines Davon-Vermerks?	☐	☐	☐	
ac) die Buchgewinne aus der Veräußerung als Erträge aus dem Abgang von Gegenständen des Anlagevermögens unter den sonstigen betrieblichen Erträgen zu zeigen sind?	☐	☐	☐	

b) bei Gewinnen, die aufgrund einer Gewinngemein-schaft, eines Gewinnabführungs- oder eines Teilgewinnabführungsvertrages erhalten bzw. abgeführt wurden

	n/a	Ja	Nein	
ba) Erträge aus Beherrschungsverträgen unter dem Posten „Erträge aus Beteiligungen" auszuweisen sind?	☐	☐	☐	
bb) jedes Vertragsverhältnis im Hinblick auf den Ausweis gesondert zu beurteilen ist, so dass Saldierungen unterbleiben und ein gesonderter Ausweis der Aufwendungen aus Verlustüber-nahme, der Erträge aus Verlustübernahme und der aufgrund einer Gewinngemeinschaft, eines Gewinnabführungs- oder eines Teilgewinn-abführungsvertrages erhaltenen oder abge-führten Gewinne gewährleistet ist?	☐	☐	☐	

c) bei Aufwendungen aus Verlustübernahmen

	n/a	Ja	Nein	
ca) Zuweisungen zu Rückstellungen für die Über-nahme von zwar erkennbaren, aber noch nicht feststehenden Verlusten unter den sonstigen betrieblichen Aufwendungen zu zeigen sind und dass die endgültigen Verluste in solchen Fällen in voller Höhe unter den Aufwendungen aus Verlustübernahme ausgewiesen werden, ohne dass eine Saldierung mit der Inanspruchnahme der Rückstellungen erfolgt?	☐	☐	☐	

	n/a	Ja	Nein	Bemerkungen
cb) jedes Vertragsverhältnis im Hinblick auf den Ausweis gesondert zu beurteilen ist, so dass Saldierungen unterbleiben und ein jeweils gesonderter Ausweis, der aufgrund einer Gewinngemeinschaft, eines Gewinnabführungs- oder eines Teilgewinnabführungsvertrages erhaltenen bzw. abgeführten Gewinne sowie der Erträge und Aufwendungen aus Verlustübernahme gewährleistet ist?	☐	☐	☐	
43. Wurden die Zinserträge bzw. -aufwendungen brutto ausgewiesen?	☐	☐	☐	
44. Wurden die Zinserträge und Zinsaufwendungen zum Jahresende richtig abgegrenzt?	☐	☐	☐	
45. Bei Kapital- und KapCo-Gesellschaften:				
a) Wurde bei Zinserträgen eventuell einbehaltene Kapitalertragsteuer im Posten „Steuern vom Einkommen und vom Ertrag" gesondert ausgewiesen oder unter den sonstigen Vermögensgegenständen aktiviert?	☐	☐	☐	
b) Wurden Bankspesen unter den sonstigen Aufwendungen ausgewiesen?	☐	☐	☐	
c) Wurde bei Posten gegenüber verbundenen Unternehmen der „Davon"-Vermerk beachtet?	☐	☐	☐	
46. Wurden unter den Steuern nicht nur Aufwands- sondern auch Ertragsposten ausgewiesen?	☐	☐	☐	
47. Falls steuerliche Erträge ausgewiesen werden:				
Wurde die Postenbezeichnung geändert (erstattete Steuern vom Einkommen und vom Ertrag)?	☐	☐	☐	
48. Sind evtl. Erläuterungspflichten im Anhang beachtet?	☐	☐	☐	
49. Zusätzlich bei Anwendung des Umsatzkosten- verfahren				
a) Wurden im Anhang die Aufwendungen des Geschäftsjahres jeweils untergliedert nach den Vorschriften zum Gesamtkostenverfahren angegeben, und zwar				
aa) für den Materialaufwand,	☐	☐	☐	.
ab) für den Personalaufwand?	☐	☐	☐	
b) Wurden bei den Angaben zu den Bilanzierungs- und Bewertungsmethoden Ausführungen gemacht zur				
ba) Erfassung von Voll- oder Teilkosten im Herstellungsbereich?	☐	☐	☐	
bb) Einbeziehung von Verwaltungskosten, Zinsen und Steuern in dem Herstellungsbereich?	☐	☐	☐	

		Referenz	**PersG**
Mandant		Erstellt von / am	
Auftrag		Durchgesehen von / am	
Prüffeld / Betreff	**Anhang für Personengesellschaften (haftungsbeschränkt; z.B. GmbH & Co KG)**	Qualitätssicherung durch / am	

Angaben zur Gesellschaft und zur Aufstellung des Anhangs

BilRUG: [NEU] = neue Angabe, [RÄ] = redaktionelle Änderung, [MÄ] = materielle Änderung

Rechtsform:

☐ GmbH & Co KG

☐ AG und Co

☐ andere: _____

Größe:

☐ Klein (= K)

☐ Mittelgroß (= M)

☐ Groß (= G)

In der Spalte „Besteht Angabepflicht?" wird mit G, M, K angegeben, ob für **diese** Größenklasse überhaupt eine Angabepflicht besteht (ansonsten Befreiung).

Besteht **Angabepflicht**, dann ist dieses Feld anzukreuzen und in der nächsten Spalte zu prüfen (anzukreuzen), ob die Angabepflicht im Anhang auch konkret beachtet wurde.

☐ **Anhang als Entwurf**   Erstellt von _____ am _____

☐ **Anhang als endg. Fassung**   Erstellt von _____ am _____

Angabepflicht im Anhang (Vorschrift, Sachverhalt, Alternativausweis, Schutzklausel, andere Besonderheiten) G = Groß; M = Mittelgroß; K = Klein	Besteht Angabe-pflicht?		Angabepflicht beachtet? (nur wenn 1. Frage mit „Ja" beantwortet)		
	Ja	Nein	Ja	Nein	Bemerkungen
I. Allgemeine Angaben zum Jahresabschluss					
0. **Erstmalige Anwendung der Neu-Definition der Umsatzerlöse des § 277 Abs. 1 HGB (Art. 75 Abs. 2 S. 3 EGHGB)** [NEU] *Bei der erstmaligen Anwendung der in Satz 1 bezeichneten Vorschriften ist im Anhang [...] auf die fehlende Vergleichbarkeit der Umsatzerlöse hinzuweisen und unter nachrichtlicher Darstellung des Betrags der Umsatzerlöse des Vorjahres, der sich aus der Anwendung von § 277 Abs. 1 in der Fassung des Bilanzrichtlinie-Umsetzungsgesetzes ergeben haben würde, zu erläutern.* G M K	☐	☐	☐	☐	
1. **Angaben zur Identifikation der Gesellschaft (§ 264 Abs. 1a) HGB)** [NEU] *In dem Jahresabschluss sind die Firma, der Sitz, das Registergericht und die Nummer, unter der die Gesellschaft in das Handelsregister eingetragen ist, anzugeben. Befindet sich die Gesellschaft in Liquidation oder Abwicklung, ist auch diese Tatsache anzugeben.* Hinweis: – Alternativen: In der Überschrift des Jahres-abschlusses oder auf gesondertem Deckblatt zum Jahresabschluss oder an anderer herausgehobener Stelle (vgl. Begr. zum BilRUG) G M K	☐	☐	☐	☐	
2. **Allgemeines zum Anhang / Reihenfolge bestimmter Anhangangaben (§ 284 Abs. 1 S. 1 HGB)** [NEU] *In den Anhang sind diejenigen Angaben auf-zunehmen, die zu den einzelnen Posten der Bilanz oder der Gewinn- und Verlustrechnung vorge-schrieben sind; sie sind in der Reihenfolge der einzelnen Posten der Bilanz und der Gewinn- und Verlustrechnung darzustellen. Im Anhang sind auch die Angaben zu machen, die in Ausübung eines Wahlrechts nicht in die Bilanz oder in die Gewinn- und Verlustrechnung aufgenommen wurden.* Hinweis: – Die Anhangangaben sind neuerdings in der **Reihenfolge der Bilanz- / GuV-Posten** darzustellen; dabei kann es sinnvoll sein, die Angaben mit Nummern zu versehen („Notes") G M K	☐	☐	☐	☐	
3. **Zusatzangaben bzgl. Bild der VFE-Lage (§ 264 Abs. 2 S. 2 HGB)** *Führen besondere Umstände dazu, dass der Jahresabschluss ein den tatsächlichen Verhältnissen entsprechendes Bild im Sinne des Satzes 1 nicht vermittelt, so sind im Anhang zusätzliche Angaben zu machen.* Hinweis: – Gilt nicht für PublG G M K	☐	☐	☐	☐	

Angabepflicht im Anhang (Vorschrift, Sachverhalt, Alternativausweis, Schutzklausel, andere Besonderheiten) G = Groß; M = Mittelgroß; K = Klein	Besteht Angabe- pflicht?		Angabepflicht beachtet? (nur wenn 1. Frage mit „Ja" beantwortet)		
	Ja	Nein	Ja	Nein	Bemerkungen
4. **Darstellungsstetigkeit** **(§ 265 Abs. 1 S. 2 HGB)** *Die Form der Darstellung, insbesondere die Gliederung der aufeinanderfolgenden Bilanzen und Gewinn- und Verlustrechnungen, ist beizubehalten, soweit nicht in Ausnahmefällen wegen besonderer Umstände Abweichungen erforderlich sind. Die Abweichungen sind im Anhang anzugeben und zu begründen.* G M K	☐	☐	☐	☐	
5. **Vergleichbarkeit mit Vorjahresbeträgen** **(§ 265 Abs. 2 S. 2 HGB)** *In der Bilanz sowie in der Gewinn- und Verlust- rechnung ist zu jedem Posten der entsprechende Betrag des vorhergehenden Geschäftsjahrs anzugeben. Sind die Beträge nicht vergleichbar, so ist dies im Anhang anzugeben und zu erläutern.* G M K	☐	☐	☐	☐	
6. **Anpassung von Vorjahresbeträgen** **(§ 265 Abs. 2 S. 3 HGB)** *Wird der Vorjahresbetrag angepasst, so ist auch dies im Anhang anzugeben und zu erläutern.* G M K	☐	☐	☐	☐	
7. **Ergänzung der Gliederung bei mehreren Geschäftszweigen** **(§ 265 Abs. 4 S. 2 HGB)** *Sind mehrere Geschäftszweige vorhanden und bedingt dies die Gliederung des Jahresabschlusses nach verschiedenen Gliederungsvorschriften, so ist der Jahresabschluss nach der für einen Geschäftszweig vorgeschriebenen Gliederung aufzustellen und nach der für die anderen Geschäftszweige vorgeschriebenen Gliederung zu ergänzen. Die Ergänzung ist im Anhang anzugeben und zu begründen.* G M	☐	☐	☐	☐	
8. **Gesonderter Ausweis zusammengefasster Posten** **(§ 265 Abs. 7 Nr. 2 HGB)** *Die mit arabischen Zahlen versehenen Posten der Bilanz und der Gewinn- und Verlustrechnung können, wenn nicht besondere Formblätter vorgeschrieben sind, zusammengefasst ausgewiesen werden, wenn 1. ... 2. dadurch die Klarheit der Darstellung vergrößert wird; in diesem Falle müssen die zusammen- gefassten Posten jedoch im Anhang gesondert ausgewiesen werden.* G M K	☐	☐	☐	☐	

Angabepflicht im Anhang (Vorschrift, Sachverhalt, Alternativausweis, Schutzklausel, andere Besonderheiten) G = Groß; M = Mittelgroß; K = Klein	Besteht Angabepflicht?		Angabepflicht beachtet? (nur wenn 1. Frage mit „Ja" beantwortet)		
	Ja	Nein	Ja	Nein	Bemerkungen

II. Bilanzierungs- und Bewertungsmethoden

9. Bilanzierungs- und Bewertungsmethoden (§ 284 Abs. 2 Nr. 1 HGB)

Im Anhang müssen die auf die Posten der Bilanz und der Gewinn- und Verlustrechnung angewandten Bilanzierungs- und Bewertungsmethoden angegeben werden.

G
M
K

☐ ☐ ☐ ☐

Hinweise:

– Hierzu zählen jetzt auch Grundlagen der **Fremdwährungsumrechnung**

– Beispiel: Zu **Verbindlichkeitenrückstellungen** sind hier ausdrücklich folgende Angaben zu machen (vgl. IDW RS HFA 34, Tz. 51 f.):
  – die angewandten Schätzverfahren
  – bei einer Restlaufzeit von einem Jahr oder weniger die Ausübung des Abzinsungswahlrechts
  – die der Ermittlung des Aufzinsungsaufwands zugrunde gelegten Annahmen
  – bei einer Bewertung von Pauschalrückstellungen unter Anwendung der Gruppenbewertung von Schulden gem. § 240 Abs. 4 HGB die Bewertungsparameter
  – ob Erfolge aus Änderungen des Abzinsungszinssatzes oder Zinseffekte einer geänderten Schätzung der Restlaufzeit im operativen oder im Finanzergebnis ausgewiesen werden

10. Abweichungen von Bilanzierungs- und Bewertungsmethoden (§ 284 Abs. 2 Nr. 2 HGB)

[RÄ] Im Anhang müssen Abweichungen von Bilanzierungs- und Bewertungsmethoden angegeben und begründet werden; deren Einfluss auf die Vermögens-, Finanz- und Ertragslage ist gesondert darzustellen.

G
M
K

☐ ☐ ☐ ☐

11. Erhebliche Unterschiedsbeträge bei Bewertungsvereinfachungsmethoden (§ 284 Abs. 2 Nr. 3 HGB)

[RÄ] Im Anhang müssen bei Anwendung einer Bewertungsmethode nach § 240 Abs. 4, § 256 Satz 1 die Unterschiedsbeträge pauschal für die jeweilige Gruppe ausgewiesen werden, wenn die Bewertung im Vergleich zu einer Bewertung auf der Grundlage des letzten vor dem Abschlussstichtag bekannten Börsenkurses oder Marktpreises einen erheblichen Unterschied aufweist.

G
M

☐ ☐ ☐ ☐

Angabepflicht im Anhang (Vorschrift, Sachverhalt, Alternativausweis, Schutzklausel, andere Besonderheiten) G = Groß; M = Mittelgroß; K = Klein	Besteht Angabe-pflicht?		Angabepflicht beachtet? (nur wenn 1. Frage mit „Ja" beantwortet)		
	Ja	Nein	Ja	Nein	Bemerkungen
12. Fremdkapitalzinsen in Herstellungskosten (§ 284 Abs. 2 Nr. 4 HGB) [RÄ] *Im Anhang müssen Angaben über die Einbeziehung von Zinsen für Fremdkapital in die Herstellungskosten gemacht werden.* Hinweis: – Vgl. dazu auch die Angaben zu den Anlagegegenständen unten Nr. 18	☐ G M K	☐	☐	☐	
13. Bewertungseinheiten (Hedge-Accounting) (§ 285 Nr. 23 HGB) *Im Anhang sind anzugeben bei Anwendung des § 254,* *a) mit welchem Betrag jeweils Vermögens-gegenstände, Schulden, schwebende Geschäfte und mit hoher Wahrscheinlichkeit vorgesehene Transaktionen zur Absicherung welcher Risiken in welche Arten von Bewertungseinheiten einbezogen sind sowie die Höhe der mit Bewertungseinheiten abgesicherten Risiken,* *b) für die jeweils abgesicherten Risiken, warum in welchem Umfang und für welchen Zeitraum sich die gegenläufigen Wertänderungen oder Zahlungsströme künftig voraussichtlich ausgleichen einschließlich der Methode der Ermittlung,* *c) eine Erläuterung der mit hoher Wahrscheinlich-keit erwarteten Transaktionen, die in Bewertungseinheiten einbezogen wurden, soweit die Angaben nicht im Lagebericht gemacht werden.* Hinweise: – Alternativ: Lagebericht (Risikobericht) ☐ – Dies gilt auch für Rückstellungen, die in eine Bewertungseinheit einbezogen sind (vgl. IDW RS HFA 34, Tz. 54)	☐ G M K	☐	☐	☐	
III. Erläuterungen zur Bilanz					
14. Mitzugehörigkeit zu anderen Bilanzposten (§ 265 Abs. 3 S. 1 HGB) *Fällt ein Vermögensgegenstand oder eine Schuld unter mehrere Posten der Bilanz, so ist die Mitzugehörigkeit zu anderen Posten bei dem Posten, unter dem der Ausweis erfolgt ist, zu vermerken oder im Anhang anzugeben, wenn dies zur Aufstellung eines klaren und übersichtlichen Jahresabschlusses erforderlich ist.* Hinweis: – Alternativ: Bilanz ☐	☐ G M K	☐	☐	☐	

Angabepflicht im Anhang (Vorschrift, Sachverhalt, Alternativausweis, Schutzklausel, andere Besonderheiten) G = Groß; M = Mittelgroß; K = Klein	Besteht Angabe-pflicht?		Angabepflicht beachtet? (nur wenn 1. Frage mit „Ja" beantwortet)		
	Ja	Nein	Ja	Nein	Bemerkungen
15. Nicht geleistete Hafteinlage **(§ 264c Abs. 2 S. 9 HGB)** *Im Anhang ist der Betrag der im Handelsregister gemäß § 172 Abs. 1 eingetragenen Einlagen anzugeben, soweit diese nicht geleistet sind.* Hinweis: – Vgl. dazu im Einzelnen IDW RS HFA 7, Tz. 35 ff.	☐ G M	☐	☐	☐	
16. Anlagegitter/-spiegel **(§ 284 Abs. 3 S. 1 und 2 HGB)** *[RÄ] Im Anhang ist die Entwicklung der einzelnen Posten des Anlagevermögens in einer gesonderten Aufgliederung darzustellen. Dabei sind, ausgehend von den gesamten Anschaffungs- und Herstellungs-kosten, die Zugänge, Abgänge, Umbuchungen und Zuschreibungen des Geschäftsjahrs sowie die Abschreibungen gesondert aufzuführen.* Hinweis: – Bruttoanlagespiegel (Vorjahreszahlen nicht zwingend)	☐ G M	☐	☐	☐	
17. Abschreibungen des Geschäftsjahrs **(§ 284 Abs. 3 S. 3 HGB)** *[MÄ] Zu den Abschreibungen sind gesondert folgende Angaben zu machen:* *1. die Abschreibungen in ihrer gesamten Höhe zu Beginn und Ende des Geschäftsjahrs* *2. die im Laufe des Geschäftsjahrs vorgenomme-nen Abschreibungen* *3. Änderungen in den Abschreibungen in ihrer gesamten Höhe im Zusammenhang mit Zu- und Abgängen sowie Umbuchungen im Laufe des Geschäftsjahrs.*	☐ G M	☐	☐	☐	
18. Fremdkapitalzinsen in den Herstellungskosten von Anlagegegenständen **(§ 284 Abs. 3 S. 4 HGB)** *[NEU] Sind in die Herstellungskosten Zinsen für Fremdkapital einbezogen worden, ist für jeden Posten des Anlagevermögens anzugeben, welcher Betrag an Zinsen im Geschäftsjahr aktiviert worden ist.* Hinweis: – Die Angaben können auch postenweise außerhalb des Anlagegitters gemacht werden	☐ G M	☐	☐	☐	
19. Forschungs- und Entwicklungskosten **(§ 285 Nr. 22 HGB)** *Im Anhang sind anzugeben im Fall der Aktivierung nach § 248 Abs. 2 der Gesamtbetrag der For-schungs- und Entwicklungskosten des Geschäfts-jahres sowie der davon auf die selbst geschaffenen immateriellen Vermögensgegenstände des Anlagevermögens entfallende Betrag.*	☐ G M	☐	☐	☐	

Angabepflicht im Anhang (Vorschrift, Sachverhalt, Alternativausweis, Schutzklausel, andere Besonderheiten) G = Groß; M = Mittelgroß; K = Klein	Besteht Angabepflicht?		Angabepflicht beachtet? (nur wenn 1. Frage mit „Ja" beantwortet)		
	Ja	Nein	Ja	Nein	Bemerkungen
20. Abschreibungszeitraum des Geschäfts- oder Firmenwerts (§ 285 Nr. 13 HGB) [MÄ] *Im Anhang sind anzugeben jeweils eine Erläuterung des Zeitraums, über den ein entgeltlich erworbener Geschäfts- oder Firmenwert abgeschrieben wird.* Hinweise: – Zu berücksichtigen ist hier die neue Vorschrift des § 253 Abs. 3 Satz 3 und 4 HGB i.d.F. des BilRUG: *Kann in Ausnahmefällen die voraussichtliche Nutzungsdauer eines selbst geschaffenen immateriellen Vermögensgegenstands des Anlagevermögens nicht verlässlich geschätzt werden, sind planmäßige Abschreibungen auf die Herstellungskosten über einen Zeitraum von zehn Jahren vorzunehmen. Satz 3 findet auf einen entgeltlich erworbenen Geschäfts- oder Firmenwert entsprechende Anwendung.* – Die Nutzungsdauer von 15 Jahren gem. § 7 EStG sollte hier nicht herangezogen werden	☐ G M K	☐	☐	☐	
21. Anteile oder Anlageaktien an inländischen Investmentvermögen (§ 285 Nr. 26 HGB) [RÄ] *Im Anhang sind anzugeben zu Anteilen oder Anlageaktien an inländischen Investmentvermögen im Sinn des § 1 des Investmentgesetzes oder vergleichbaren ausländischen Investmentanteilen im Sinn des § 2 Abs. 9 des Investmentgesetzes von mehr als dem zehnten Teil, aufgegliedert nach Anlagezielen, deren Wert im Sinn des § 36 des Investmentgesetzes oder vergleichbarer ausländischer Vorschriften über die Ermittlung des Marktwertes, die Differenz zum Buchwert und die für das Geschäftsjahr erfolgte Ausschüttung sowie Beschränkungen in der Möglichkeit der täglichen Rückgabe; darüber hinaus die Gründe dafür, dass eine Abschreibung gemäß § 253 Abs. 3 Satz 6 unterblieben ist, einschließlich der Anhaltspunkte, die darauf hindeuten, dass die Wertminderung voraussichtlich nicht von Dauer ist; Nummer 18 ist insoweit nicht anzuwenden.* Hinweis: – Diese Finanzinstrumente sind nicht in die gemäß § 285 Nr. 18 HGB angabepflichtigen Finanzinstrumente einzubeziehen	☐ G M	☐	☐	☐	

Angabepflicht im Anhang (Vorschrift, Sachverhalt, Alternativausweis, Schutzklausel, andere Besonderheiten) G = Groß; M = Mittelgroß; K = Klein	Besteht Angabe- pflicht?		Angabepflicht beachtet? (nur wenn 1. Frage mit „Ja" beantwortet)		
	Ja	Nein	Ja	Nein	Bemerkungen
22. Ausleihungen an Gesellschafter (§ 264c Abs. 1 HGB) *Ausleihungen ... gegenüber Gesellschaftern sind in der Regel als solche jeweils gesondert auszu- weisen oder im Anhang anzugeben. Werden sie unter anderen Posten ausgewiesen, so muss diese Eigenschaft vermerkt werden.* Hinweis: – Alternativ: Bilanz ☐	☐ G M K				
23. Bestimmte Finanzinstrumente mit Ausweis über ihrem beizulegenden Wert (§ 285 Nr. 18 HGB) *[RÄ] Im Anhang sind anzugeben für zu den Finanzanlagen (§ 266 Abs. 2 A. III.) gehörende Finanzinstrumente, die über ihrem beizulegenden Zeitwert ausgewiesen werden, da insoweit eine außerplanmäßige Abschreibung gemäß § 253 Abs. 3 Satz 6 unterblieben ist:* *a) der Buchwert und der beizulegende Zeitwert der einzelnen Vermögensgegenstände oder angemessener Gruppierungen sowie* *b) die Gründe für das Unterlassen der Abschreibung gemäß § 253 Abs. 2 Satz 3 einschließlich der Anhaltspunkte, die darauf hindeuten, dass die Wertminderung voraussichtlich nicht von Dauer ist.*	☐ G M	☐	☐	☐	
24. Derivative Finanzinstrumente (§ 285 Nr. 19 HGB) *Im Anhang sind anzugeben für jede Kategorie nicht zum beizulegenden Zeitwert bilanzierter derivativer Finanzinstrumente* *a) deren Art und Umfang,* *b) deren beizulegender Zeitwert, soweit er sich nach § 255 Abs. 4 verlässlich ermitteln lässt, unter Angabe der angewandten Bewertungs- methode,* *c) deren Buchwert und der Bilanzposten, in welchem der Buchwert, soweit vorhanden, erfasst ist, sowie* *d) die Gründe dafür, warum der beizulegende Zeitwert nicht bestimmt werden kann.*	☐ G M	☐	☐	☐	

Angabepflicht im Anhang (Vorschrift, Sachverhalt, Alternativausweis, Schutzklausel, andere Besonderheiten) G = Groß; M = Mittelgroß; K = Klein	Besteht Angabe-pflicht?		Angabepflicht beachtet? (nur wenn 1. Frage mit „Ja" beantwortet)		
	Ja	Nein	Ja	Nein	Bemerkungen
25. Nur bei Kreditinstituten: **Finanzinstrumente i.S.v. § 340 e Abs. 3 S. 1 HGB (§ 285 Nr. 20 HGB)** *Im Anhang sind anzugeben für gemäß § 340 e Abs. 3 Satz 1 mit dem beizulegenden Zeitwert bewertete Finanzinstrumente* *a) die grundlegenden Annahmen, die der Bestimmung des beizulegenden Zeitwertes mit Hilfe allgemein anerkannter Bewertungs-methoden zugrunde gelegt wurden, sowie* *b) Umfang und Art jeder Kategorie derivativer Finanzinstrumente einschließlich der wesentlichen Bedingungen, welche die Höhe, den Zeitpunkt und die Sicherheit künftiger Zahlungsströme beeinflussen können.*	☐ G M K	☐	☐	☐	
26. Forderungen gegen Gesellschafter (§ 264c Abs. 1 HGB) *Forderungen ... gegenüber Gesellschaftern sind in der Regel als solche jeweils gesondert auszu-weisen oder im Anhang anzugeben. Werden sie unter anderen Posten ausgewiesen, so muss diese Eigenschaft vermerkt werden.* Hinweis: – Alternativ: Bilanz ☐	☐ G M K	☐	☐	☐	
27. Nach dem Abschlussstichtag entstehende (antizipative) sonstige Vermögensgegen-stände (§ 268 Abs. 4 S. 2 HGB) *Werden unter dem Posten „sonstige Vermögens-gegenstände" Beträge für Vermögensgegenstände ausgewiesen, die erst nach dem Abschlussstichtag rechtlich entstehen, so müssen Beträge, die einen größeren Umfang haben, im Anhang erläutert werden.*	☐ G M	☐	☐	☐	
28. Disagio (§ 268 Abs. 6 HGB) *Ein nach § 250 Abs. 3 in den Rechnungs-abgrenzungsposten auf der Aktivseite aufgenommener Unterschiedsbetrag ist in der Bilanz gesondert auszuweisen oder im Anhang anzugeben.* Hinweis: – Alternativ: Bilanz ☐	☐ G M	☐	☐	☐	

Angabepflicht im Anhang (Vorschrift, Sachverhalt, Alternativausweis, Schutzklausel, andere Besonderheiten) G = Groß; M = Mittelgroß; K = Klein	Besteht Angabe-pflicht?		Angabepflicht beachtet? (nur wenn 1. Frage mit „Ja" beantwortet)		
	Ja	Nein	Ja	Nein	Bemerkungen
29. **Genussscheine und ähnliche Rechte** **(§ 285 Nr. 15a) HGB)** [NEU] *Im Anhang sind Angaben zu machen über das Bestehen von Genussscheinen, Genuss-rechten, Wandelschuldverschreibungen, Options-scheinen, Optionen, Besserungsscheinen oder vergleichbaren Wertpapieren oder Rechten, unter Angabe der Anzahl und der Rechte, die sie verbriefen.* **G** **M**	☐	☐	☐	☐	
30. **Bilanzaufstellung nach Ergebnisverwendung** **(§ 268 Abs. 1 S. 3 HGB)** [MÄ] *Die Angabe kann auch im Anhang gemacht werden.* Hinweis: – Alternativ: Bilanz ☐ **G** **M** **K**	☐	☐	☐	☐	
31. **Ausschüttungsgesperrte Beträge** **(§ 285 Nr. 28 HGB)** *Im Anhang sind anzugeben der Gesamtbetrag der Beträge im Sinn des § 268 Abs. 8, aufgegliedert in Beträge aus der Aktivierung selbst geschaffener immaterieller Vermögensgegenstände des Anlagevermögens, Beträge aus der Aktivierung latenter Steuern und aus der Aktivierung von Vermögensgegenständen zum beizulegenden Zeitwert.* **G** **M**	☐	☐	☐	☐	
32. **Sonderposten mit Rücklageanteil bzw.** **steuerrechtliche Wertberichtigungen** **(§ 273 S. 2, 2. Halbs. HGB a.F.)** *Die Vorschriften, nach denen sie gebildet worden ist, sind in der Bilanz oder im Anhang anzugeben.* Hinweise: – Alternativ: Bilanz ☐ – Die Angabepflicht gilt nur noch für **Altfälle vor BilMoG** (Art. 67 Abs. 3 Satz 1 EGHGB) **G** **M** **K**	☐	☐	☐	☐	
33. **Berechnung der Rückstellungen für Pensionen** **und ähnliche Verpflichtungen** **(§ 285 Nr. 24 HGB)** *Im Anhang sind anzugeben zu den Rückstellungen für Pensionen und ähnliche Verpflichtungen das angewandte versicherungsmathematische Berechnungsverfahren sowie die grundlegenden Annahmen der Berechnung, wie Zinssatz, erwartete Lohn- und Gehaltssteigerungen und zugrunde gelegte Sterbetafeln.* Hinweis: – Zu Einzelheiten vgl. IDW RS HFA 30, Tz. 89ff. **G** **M**	☐	☐	☐	☐	

Angabepflicht im Anhang (Vorschrift, Sachverhalt, Alternativausweis, Schutzklausel, andere Besonderheiten) G = Groß; M = Mittelgroß; K = Klein	Besteht Angabe- pflicht?		Angabepflicht beachtet? (nur wenn 1. Frage mit „Ja" beantwortet)		
	Ja	Nein	Ja	Nein	Bemerkungen
34. Verrechnung von Pensionsrückstellungen mit Rückdeckungsvermögen (§ 285 Nr. 25 HGB) *Im Anhang sind anzugeben im Fall der Verrechnung von Vermögensgegenständen und Schulden nach § 246 Abs. 2 Satz 2 die Anschaffungskosten und der beizulegende Zeitwert der verrechneten Vermögensgegenstände, der Erfüllungsbetrag der verrechneten Schulden sowie die verrechneten Aufwendungen und Erträge; Nummer 20 Buchstabe a ist entsprechend anzuwenden.* Hinweis: – Da § 285 Nr. 20a) HGB entsprechend anzuwenden ist, sind außerdem die grundlegenden Annahmen, die der Bestimmung des beizulegenden Zeitwertes mit Hilfe allgemein anerkannter Bewertungsmethoden zugrunde gelegt wurden, anzugeben.	☐ G M K	☐	☐	☐	
35. Fehlbetrag zu Pensionsverpflichtungen (Art. 28 Abs. 2, 48 Abs. 6 EGHGB) *Bei Anwendung des Absatzes 1 müssen Kapital- gesellschaften die in der Bilanz nicht ausge- wiesenen Rückstellungen für laufende Pensionen, Anwartschaften auf Pensionen und ähnliche Verpflichtungen jeweils im Anhang ... in einem Betrag angeben.* Hinweise: – Gilt nicht für PublG – Zu Einzelheiten vgl. IDW RS HFA 30, Tz. 90 ff.	☐ G M K	☐	☐	☐	
36. Fehlbetrag zu Pensionsverpflichtungen nach BilMoG (Art. 67 Abs. 2 EGHGB) *Die in der Bilanz nicht ausgewiesenen Rückstellungen für laufende Pensionen, Anwartschaften auf Pensionen und ähnliche Verpflichtungen sind jeweils im Anhang ... anzugeben.* Hinweis: – Gilt nicht für PublG	☐ G M K	☐	☐	☐	
37. Betrag der Überdeckung aufgrund nicht aufgelöster Rückstellungen nach BilMoG (Art. 67 Abs. 1 S. 4 EGHGB) *Wird von dem Wahlrecht nach Satz 2 Gebrauch gemacht, ist der Betrag der Überdeckung jeweils im Anhang ... anzugeben.* Hinweis: – Gilt nicht für PublG	☐ G M K	☐	☐	☐	

Angabepflicht im Anhang (Vorschrift, Sachverhalt, Alternativausweis, Schutzklausel, andere Besonderheiten) G = Groß; M = Mittelgroß; K = Klein	Besteht Angabe-pflicht?		Angabepflicht beachtet? (nur wenn 1. Frage mit „Ja" beantwortet)		
	Ja	Nein	Ja	Nein	Bemerkungen
38. **Zu Altersversorgungsverpflichtungen Angabe des Unterschiedsbetrags nach § 253 Abs. 2 S. 1 HGB (§ 253 Abs. 2 S. 3 HGB)** **[Neu]** *Der Unterschiedsbetrag nach Satz 1 ist in jedem Geschäftsjahr im Anhang oder unter der Bilanz darzustellen* Hinweise: – Alternativ: Bilanz ☐ – Bei vorzeitiger Anwendung des Abzinsungs-satzes von 10 Jahren: Angaben zur Erläuterung der Ausübung der Anwendung des Wahlrechts des Art. 75 Abs. 7 Satz 1 EGHGB (Satz 4)	☐ G M K	☐	☐	☐	
39. **Sonstige Rückstellungen (§ 285 Nr. 12 HGB)** *Rückstellungen, die in der Bilanz unter dem Posten „sonstige Rückstellungen" nicht gesondert ausgewiesen werden, sind zu erläutern, wenn sie einen nicht unerheblichen Umfang haben.* Hinweise: – Alternativ: Bilanz ☐ – Die Angabepflicht kann z.B. auch in Form eines **Rückstellungsspiegels** erfolgen, in dem der Posten tabellarisch nach einzelnen Rückstellungsarten unter Angabe der Art und des Betrags der jeweiligen Rückstellung aufgegliedert wird (vgl. IDW RS HFA 34, Tz. 53)	☐ G M	☐	☐	☐	
40. **Verbindlichkeiten gegenüber Gesellschaftern (§ 264c Abs. 1 HGB)** *... Verbindlichkeiten gegenüber Gesellschaftern sind in der Regel als solche jeweils gesondert auszuweisen oder im Anhang anzugeben. Werden sie unter anderen Posten ausgewiesen, so muss diese Eigenschaft vermerkt werden.* Hinweis: – Alternativ: Bilanz ☐	☐ G M K	☐	☐	☐	
41. **Nach dem Abschlussstichtag entstehende (antizipative) Verbindlichkeiten (§ 268 Abs. 5 S. 3 HGB)** *Sind unter dem Posten „Verbindlichkeiten" Beträge für Verbindlichkeiten ausgewiesen, die erst nach dem Abschlussstichtag rechtlich entstehen, so müssen Beträge, die einen größeren Umfang haben, im Anhang erläutert werden.*	☐ G M	☐	☐	☐	

Angabepflicht im Anhang (Vorschrift, Sachverhalt, Alternativausweis, Schutzklausel, andere Besonderheiten) G = Groß; M = Mittelgroß; K = Klein	Besteht Angabe-pflicht?		Angabepflicht beachtet? (nur wenn 1. Frage mit „Ja" beantwortet)		
	Ja	Nein	Ja	Nein	Bemerkungen
42. Gesamtbetrag der Verbindlichkeiten nach Restlaufzeit (§ 285 Nr. 1a) HGB) *Im Anhang sind anzugeben zu den in der Bilanz ausgewiesenen Verbindlichkeiten der Gesamtbetrag der Verbindlichkeiten mit einer Restlaufzeit von mehr als fünf Jahren.*	☐ G M K	☐	☐	☐	
43. Gesamtbetrag der Verbindlichkeiten nach Sicherheiten (§ 285 Nr. 1 b) HGB) *Im Anhang sind anzugeben zu den in der Bilanz ausgewiesenen Verbindlichkeiten der Gesamtbetrag der Verbindlichkeiten, die durch Pfandrechte oder ähnliche Rechte gesichert sind, unter Angabe von Art und Form der Sicherheiten.*	☐ G M K	☐	☐	☐	
44. Aufgliederung der Verbindlichkeiten nach Restlaufzeit und nach Sicherheiten (§ 285 Nr. 2 HGB) *Im Anhang sind anzugeben die Aufgliederung der in Nummer 1 verlangten Angaben für jeden Posten der Verbindlichkeiten nach dem vorgeschriebenen Gliederungsschema.*	☐ G M	☐	☐	☐	
45. Latente Steuern (§ 285 Nr. 29 HGB) *Im Anhang sind anzugeben auf welchen Differenzen oder steuerlichen Verlustvorträgen die latenten Steuern beruhen und mit welchen Steuersätzen die Bewertung erfolgt ist.*	☐ G	☐	☐	☐	
46. Latente Steuern, quantitative Zusatzangaben (§ 285 Nr. 30 HGB) **[NEU]** *Im Anhang sind anzugeben, wenn latente Steuerschulden in der Bilanz angesetzt werden, die latenten Steuersalden am Ende des Geschäftsjahrs und die im Laufe des Geschäftsjahrs erfolgten Änderungen dieser Salden.* Hinweise: – Im Unterschied zu § 285 Nr. 29 HGB sind hier in jedem Fall **quantitative** Angaben erforderlich – Hier ist ein „**Spiegel** latenter Steuerschulden" möglich	☐ G M	☐	☐	☐	

Angabepflicht im Anhang (Vorschrift, Sachverhalt, Alternativausweis, Schutzklausel, andere Besonderheiten) G = Groß; M = Mittelgroß; K = Klein	Besteht Angabepflicht?		Angabepflicht beachtet? (nur wenn 1. Frage mit „Ja" beantwortet)		
	Ja	Nein	Ja	Nein	Bemerkungen
47. Haftungsverhältnisse (§ 268 Abs. 7 Nr. 1 und 2 HGB) [MÄ] *Für die in § 251 bezeichneten Haftungsverhältnisse sind* 1. *die Angaben zu nicht auf der Passivseite auszuweisenden Verbindlichkeiten oder Haftungsverhältnissen im Anhang zu machen,* 2. *dabei die Haftungsverhältnisse jeweils gesondert unter Angabe der gewährten Pfandrechte und sonstigen Sicherheiten anzugeben.* G M K	☐	☐	☐	☐	
48. Verpflichtungen betreffend die Altersversorgung sowie gegenüber verbundenen oder assoziierten Unternehmen (§ 268 Abs. 7 Nr. 3 HGB) [MÄ] *Jeweils gesondert zu vermerken sind Verpflichtungen betreffend die Altersversorgung und Verpflichtungen gegenüber verbundenen oder assoziierten Unternehmen.* G M K	☐	☐	☐	☐	
49. Eventualverbindlichkeiten und Haftungsverhältnisse (§ 285 Nr. 27 HGB) [RÄ] *Im Anhang sind anzugeben für nach § 268 Abs. 7 Halbsatz 1 im Anhang ausgewiesene Verbindlichkeiten und Haftungsverhältnisse die Gründe der Einschätzung des Risikos der Inanspruchnahme.* G M	☐	☐	☐	☐	
50. Sonstige finanzielle Verpflichtungen (§ 285 Nr. 3a), 1. Halbs. HGB) [RÄ] *Im Anhang sind anzugeben der Gesamtbetrag der sonstigen finanziellen Verpflichtungen, die nicht in der Bilanz enthalten sind und die nicht nach § 268 Absatz 7 oder Nummer 3 anzugeben sind, sofern diese Angabe für die Beurteilung der Finanzlage von Bedeutung ist.* G M K	☐	☐	☐	☐	
51. Sonstige finanzielle Verpflichtungen betreffend die Altersversorgung sowie gegenüber verbundenen oder assoziierten Unternehmen (§ 285 Nr. 3a) 2. Halbs. HGB) [MÄ] *Davon sind Verpflichtungen betreffend die Altersversorgung und Verpflichtungen gegenüber verbundenen oder assoziierten Unternehmen jeweils gesondert anzugeben.* G M K	☐	☐	☐	☐	

Angabepflicht im Anhang (Vorschrift, Sachverhalt, Alternativausweis, Schutzklausel, andere Besonderheiten) **G** = Groß; **M** = Mittelgroß; **K** = Klein	Besteht Angabe- pflicht?		Angabepflicht beachtet? (nur wenn 1. Frage mit „Ja" beantwortet)		
	Ja	Nein	Ja	Nein	Bemerkungen
52. **Art und Zweck sowie Risiken und Vorteile von schwebenden Geschäften** **(§ 285 Nr. 3 HGB)** [MÄ] *Im Anhang sind anzugeben Art und Zweck sowie Risiken, Vorteile und finanzielle Auswirkungen von nicht in der Bilanz enthaltenen Geschäften, soweit die Risiken und Vorteile wesentlich sind und die Offenlegung für die Beurteilung der Finanzlage des Unternehmens erforderlich ist.* ☐ G M	☐	☐	☐	☐	
IV. Erläuterungen zur GuV					
53. **Umsatzerlöse** **(§ 285 Nr. 4 HGB)** [MÄ] *Im Anhang sind anzugeben die Aufgliederung der Umsatzerlöse nach Tätigkeitsbereichen sowie nach geographisch bestimmten Märkten, soweit sich, unter Berücksichtigung der Organisation des Verkaufs, der Vermietung oder Verpachtung von Produkten und der Erbringung von Dienstleistungen der Kapitalgesellschaft die Tätigkeitsbereiche und geographisch bestimmten Märkte untereinander erheblich unterscheiden.* Hinweise: – ggf. Schutzklausel (§ 286 Abs. 2 HGB) ☐ – Die Anwendung der Ausnahmeregelung ist im Anhang anzugeben ☐ ☐ G	☐	☐	☐	☐	
54. **Erträge aus der Auflösung des Sonderpostens mit Rücklageanteil** **(§ 281 Abs. 2 S. 2 HGB a.F.)** *Erträge aus der Auflösung des Sonderpostens mit Rücklageanteil sind in dem Posten „sonstige betriebliche Erträge" ... der Gewinn- und Verlustrechnung gesondert auszuweisen oder im Anhang anzugeben.* Hinweise: – Alternativ: GuV ☐ – Die Angabepflicht gilt nur noch für **Altfälle vor BilMoG** (Art. 67 Abs. 3 Satz 1 EGHGB). ☐ G M K	☐	☐	☐	☐	
55. Nur bei Umsatzkostenverfahren: **Materialaufwand** **(§ 285 Nr. 8a) HGB)** *Im Anhang sind anzugeben bei Anwendung des Umsatzkostenverfahrens (§ 275 Abs. 3) der Materialaufwand des Geschäftsjahrs, gegliedert nach § 275 Abs. 2 Nr. 5.* ☐ G M	☐	☐	☐	☐	

Angabepflicht im Anhang (Vorschrift, Sachverhalt, Alternativausweis, Schutzklausel, andere Besonderheiten) G = Groß; M = Mittelgroß; K = Klein	Besteht Angabe- pflicht?		Angabepflicht beachtet? (nur wenn 1. Frage mit „Ja" beantwortet)		
	Ja	Nein	Ja	Nein	Bemerkungen
56. Nur bei Umsatzkostenverfahren: **Personalaufwand** **(§ 285 Nr. 8b) HGB)** *Im Anhang sind anzugeben bei Anwendung des Umsatzkostenverfahrens (§ 275 Abs. 3) der Personalaufwand des Geschäftsjahrs, gegliedert nach § 275 Abs. 2 Nr. 6.*	☐ G M	☐	☐	☐	
57. **Außerplanmäßige Abschreibungen auf das Anlagevermögen** **(§ 277 Abs. 3 S. 1 HGB)** [RÄ] *Außerplanmäßige Abschreibungen nach § 253 Abs. 3 Satz 5 und 6 sind jeweils gesondert auszuweisen oder im Anhang anzugeben.* Hinweis: – Alternativ: GuV ☐	☐ G M K	☐	☐	☐	
58. **Außergewöhnliche Erträge oder Aufwendungen** **(§ 285 Nr. 31 HGB)** [NEU] *Im Anhang sind anzugeben jeweils der Betrag und die Art der einzelnen Erträge und Auf- wendungen von außergewöhnlicher Größenordnung oder außergewöhnlicher Bedeutung, soweit die Beträge nicht von untergeordneter Bedeutung sind.* Hinweise: – Die Angabepflicht bezieht sich auf sämtliche GuV-Posten (z. B. ein großer Umsatz in den Umsatzerlösen) – Bei der Beurteilung, was unter „außergewöhnlich" zu verstehen ist, dürfte sowohl auf einen Vergleich im Zeitablauf, als auch einen Vergleich mit anderen Unternehmen der Branche abzustellen sein	☐ G M K	☐	☐	☐	
59. **Periodenfremde Erträge und Aufwendungen** **(§ 285 Nr. 32 HGB)** [RÄ] *Im Anhang zu machen ist eine Erläuterung der einzelnen Erträge und Aufwendungen hinsicht- lich ihres Betrags und ihrer Art, die einem anderen Geschäftsjahr zuzurechnen sind, soweit die Beträge nicht von untergeordneter Bedeutung sind.*	☐ G	☐	☐	☐	
V. Sonstige Angaben					
60. **Arbeitnehmerzahl** **(§ 285 Nr. 7 HGB)** *Im Anhang sind anzugeben die durchschnittliche Zahl der während des Geschäftsjahrs beschäftigten Arbeitnehmer getrennt nach Gruppen.* Hinweis: – Bei der kleinen Gesellschaft braucht die Trennung nach Gruppen nicht vorgenommen zu werden (§ 288 Abs. 1 Nr. 2 HGB)	☐ G M K	☐	☐	☐	

Angabepflicht im Anhang (Vorschrift, Sachverhalt, Alternativausweis, Schutzklausel, andere Besonderheiten) G = Groß; M = Mittelgroß; K = Klein	Besteht Angabe- pflicht?		Angabepflicht beachtet? (nur wenn 1. Frage mit „Ja" beantwortet)		
	Ja	Nein	Ja	Nein	Bemerkungen
61. Organmitglieder **(§ 285 Nr. 10 HGB)** *Im Anhang sind anzugeben alle Mitglieder des Geschäftsführungsorgans und eines Aufsichtsrats, auch wenn sie im Geschäftsjahr oder später ausgeschieden sind, mit dem Familiennamen und mindestens einem ausgeschriebenen Vornamen, einschließlich des ausgeübten Berufs ...* *Der Vorsitzende eines Aufsichtsrats, seine Stellvertreter und ein etwaiger Vorsitzender des Geschäftsführungsorgans sind als solche zu bezeichnen.*	☐ G M	☐	☐	☐	
62. Gesamtbezüge für aktive Organmitglieder **(§ 285 Nr. 9a) HGB)** *Im Anhang sind anzugeben für die Mitglieder des Geschäftsführungsorgans, eines Aufsichtsrats, eines Beirats oder einer ähnlichen Einrichtung jeweils für jede Personengruppe die für die Tätigkeit im Geschäftsjahr gewährten Gesamtbe-züge (Gehälter, Gewinnbeteiligungen, Bezugs-rechte und sonstige aktienbasierte Vergütungen, Aufwandsentschädigungen, Versicherungsentgelte, Provisionen und Nebenleistungen jeder Art).* *In die Gesamtbezüge sind auch Bezüge einzu-rechnen, die nicht ausgezahlt, sondern in Ansprüche anderer Art umgewandelt oder zur Erhöhung anderer Ansprüche verwendet werden.* *Außer den Bezügen für das Geschäftsjahr sind die weiteren Bezüge anzugeben, die im Geschäftsjahr gewährt, bisher aber in keinem Jahresabschluss angegeben worden sind.* *Bezugsrechte und sonstige aktienbasierte Ver-gütungen sind mit ihrer Anzahl und dem beizu-legenden Zeitwert ihrer Gewährung anzugeben; spätere Wertveränderungen, die auf einer Änderung der Ausübungsbedingungen beruhen, sind zu berücksichtigen.* Hinweise: – ggf. Schutzklausel, wenn Bezüge **eines** Organmitglieds feststellbar (§ 286 Abs. 4 HGB) ☐ – Personenhandelsgesellschaft i.S.d. § 264a Abs. 1 HGB (vgl. IDW RS HFA 7, Tz. 34): Es sind hier die Gesamtbezüge anzugeben, die den Geschäftsführern des persönlich haftenden Gesellschafters für die Geschäftsführung der PHG auf schuldrechtlicher Basis gewährt worden sind (Sachleistungen sind nicht angabepflichtig)	☐ G M	☐	☐	☐	

Angabepflicht im Anhang (Vorschrift, Sachverhalt, Alternativausweis, Schutzklausel, andere Besonderheiten) G = Groß; M = Mittelgroß; K = Klein	Besteht Angabepflicht?		Angabepflicht beachtet? (nur wenn 1. Frage mit „Ja" beantwortet)		
	Ja	Nein	Ja	Nein	Bemerkungen
63. **Gesamtbezüge von ehemaligen Organmitgliedern und ihren Hinterbliebenen (§ 285 Nr. 9b) S. 1 und 2 HGB)** G M *Im Anhang sind anzugeben die Gesamtbezüge (Abfindungen, Ruhegehälter, Hinterbliebenenbezüge und Leistungen verwandter Art) der früheren Mitglieder der bezeichneten Organe und ihrer Hinterbliebenen. Buchstabe a Satz 2 und 3 ist entsprechend anzuwenden.* Hinweis: – ggf. Schutzklausel, wenn Bezüge **eines** Organmitglieds feststellbar (§ 286 Abs. 4 HGB) ☐	☐	☐	☐	☐	
64. **Gebildete und nicht gebildete Pensionsrückstellungen (§ 285 Nr. 9b) S. 3 HGB)** G M *Ferner ist der Betrag der für diese Personengruppe gebildeten Rückstellungen für laufende Pensionen und Anwartschaften auf Pensionen und der Betrag der für diese Verpflichtungen nicht gebildeten Rückstellungen anzugeben.*	☐	☐	☐	☐	
65. **An Organmitglieder gewährte Vorschüsse und Kredite (§ 285 Nr. 9c) HGB)** G M K [RÄ] *Im Anhang sind anzugeben die gewährten Vorschüsse und Kredite unter Angabe der Zinssätze, der wesentlichen Bedingungen und der gegebenenfalls im Geschäftsjahr zurückgezahlten oder erlassenen Beträge.*	☐	☐	☐	☐	
66. **Zugunsten der Organmitglieder eingegangene Haftungsverhältnisse (§ 285 Nr. 9c) HGB)** G M K *Im Anhang sind anzugeben... die zugunsten dieser Personen eingegangenen Haftungsverhältnisse.*	☐	☐	☐	☐	
67. **Geschäfte zu nicht-marktüblichen Bedingungen mit nahe stehenden Unternehmen und Personen (§ 285 Nr. 21 HGB)** G M *Im Anhang sind anzugeben zumindest die nicht zu marktüblichen Bedingungen zustande gekommenen Geschäfte, soweit sie wesentlich sind, mit nahe stehenden Unternehmen und Personen, einschließlich Angaben zur Art der Beziehung, zum Wert der Geschäfte sowie weiterer Angaben, die für die Beurteilung der Finanzlage notwendig sind;*	☐	☐	☐	☐	

Angabepflicht im Anhang (Vorschrift, Sachverhalt, Alternativausweis, Schutzklausel, andere Besonderheiten) G = Groß; M = Mittelgroß; K = Klein	Besteht Angabe- pflicht?		Angabepflicht beachtet? (nur wenn 1. Frage mit „Ja" beantwortet)		
	Ja	Nein	Ja	Nein	Bemerkungen
ausgenommen sind Geschäfte mit und zwischen mittel- oder unmittelbar in 100-prozentigem Anteilsbesitz stehenden in einen Konzernabschluss einbezogenen Unternehmen; *Angaben über Geschäfte können nach Geschäftsarten zusammengefasst werden, sofern die getrennte Angabe für die Beurteilung der Auswirkungen auf die Finanzlage nicht notwendig ist.*					
68. Anteilsbesitz (§ 285 Nr. 11 HGB) **[MÄ]** *Im Anhang sind anzugeben Name und Sitz anderer Unternehmen, die Höhe des Anteils am Kapital, das Eigenkapital und das Ergebnis des letzten Geschäftsjahrs dieser Unternehmen, für das ein Jahresabschluss vorliegt, soweit es sich um Beteiligungen im Sinne des § 271 Absatz 1 handelt oder ein solcher Anteil von einer Person für Rechnung der Kapitalgesellschaft gehalten wird.* Hinweise: – Nach § 271 Abs. 1 HGB wird eine Beteiligung vermutet, wenn die Anteile an einem Unternehmen insg. 20 % des Nennkapitals oder falls ein Nennkapital nicht vorhanden ist, 20 % der Summe aller Kapitalanteile an diesem Unternehmen überschreiten. – ggf. Schutzklausel (§ 286 Abs. 3 HGB; vgl. unten Nr. 70) ☐	☐ G M	☐	☐	☐	
69. Zusatzangaben beschränkt haftender Kapitalgesellschaften (§ 285 Nr. 11a) HGB) *Im Anhang sind anzugeben Name, Sitz und Rechtsform der Unternehmen, deren unbeschränkt haftender Gesellschafter die Kapitalgesellschaft ist.*	☐ G M	☐	☐	☐	
70. Angabe der Anwendung der Schutzklausel bzgl. des Anteilsbesitzes zu § 285 Nr. 11 HGB (§ 286 Abs. 3 S. 4 HGB) *Im Übrigen ist die Anwendung der Ausnahmeregelung nach Satz 1 Nr. 2 im Anhang anzugeben.*	☐ G M	☐	☐	☐	
71. Persönlich haftende Gesellschafter (§ 285 Nr. 15 HGB) *Im Anhang sind anzugeben, soweit es sich um den Anhang des Jahresabschlusses einer Personenhandelsgesellschaft im Sinne des § 264a Abs. 1 handelt, Name und Sitz der Gesellschaften, die persönlich haftende Gesellschafter sind, sowie deren gezeichnetes Kapital.* Hinweis: – Gilt nicht für PublG	☐ G M	☐	☐	☐	

Angabepflicht im Anhang (Vorschrift, Sachverhalt, Alternativausweis, Schutzklausel, andere Besonderheiten) G = Groß; M = Mittelgroß; K = Klein	Besteht Angabe- pflicht?		Angabepflicht beachtet? (nur wenn 1. Frage mit „Ja" beantwortet)		
	Ja	Nein	Ja	Nein	Bemerkungen
72. Angaben zum Mutterunternehmen bzgl. größter Konsolidierungskreis (§ 285 Nr. 14 HGB) [RÄ] *Im Anhang sind anzugeben Name und Sitz des Mutterunternehmens der Kapitalgesellschaft, das den Konzernabschluss für den größten Kreis von Unternehmen aufstellt sowie der Ort, wo der von diesem Mutterunternehmen aufgestellte Konzernabschluss erhältlich ist.* Hinweis: – Gilt nicht für PublG	☐ G M	☐	☐	☐	
73. Angaben zum Mutterunternehmen bzgl. kleinster Konsolidierungskreis (§ 285 Nr. 14a) HGB) [NEU] *Im Anhang sind anzugeben Name und Sitz des Mutterunternehmens der Kapitalgesellschaft, das den Konzernabschluss für den kleinsten Kreis von Unternehmen aufstellt, sowie der Ort, wo der von diesem Mutterunternehmen aufgestellte Konzernabschluss erhältlich ist.* Hinweise: – Gilt nicht für PublG – Bei der kleinen Gesellschaft braucht der Ort, wo der vom Mutterunternehmen aufgestellte Konzernabschluss erhältlich ist, nicht angegeben zu werden (§ 288 Abs. 1 Nr. 3 HGB)	☐ G M K	☐	☐	☐	
74. Angaben zu befreiendem Konzernabschluss (§ 291 Abs. 2 Nr. 4 HGB) [RÄ] *Der Konzernabschluss und Konzernlagebericht eines Mutterunternehmens mit Sitz in einem Mitgliedstaat der Europäischen Union oder in einem anderen Vertragsstaat des Abkommens über den Europäischen Wirtschafts- raum haben befreiende Wirkung, wenn …* *der Anhang des Jahresabschlusses des zu befreienden Unternehmens folgende Angaben enthält:* *a) Name und Sitz des Mutterunternehmens, das den befreienden Konzernabschluss und Konzernlagebericht aufstellt,* *b) einen Hinweis auf die Befreiung von der Verpflichtung, einen Konzernabschluss und einen Konzernlagebericht aufzustellen, und* *c) eine Erläuterung der im befreienden Konzern- abschluss vom deutschen Recht abweichend angewandten Bilanzierungs-, Bewertungs- und Konsolidierungsmethoden.*	☐ G M K	☐	☐	☐	

Angabepflicht im Anhang (Vorschrift, Sachverhalt, Alternativausweis, Schutzklausel, andere Besonderheiten) G = Groß; M = Mittelgroß; K = Klein	Besteht Angabe-pflicht?		Angabepflicht beachtet? (nur wenn 1. Frage mit „Ja" beantwortet)		
	Ja	Nein	Ja	Nein	Bemerkungen
75. Honorar des Abschlussprüfers (§ 285 Nr. 17 HGB) *Im Anhang sind anzugeben das von dem Abschlussprüfer für das Geschäftsjahr berechnete Gesamthonorar, aufgeschlüsselt in das Honorar für* *a) die Abschlussprüfungsleistungen,* *b) andere Bestätigungsleistungen,* *c) Steuerberatungsleistungen,* *d) sonstige Leistungen,* *soweit die Angaben nicht in einem das Unternehmen einbeziehenden Konzernabschluss enthalten sind.* Hinweis: – Soweit mittelgroße Gesellschaften diese Angaben nicht machen, sind sie verpflichtet, diese der WP-Kammer auf deren schriftliche Anforderung zu übermitteln (§ 288 Abs. 2 Satz 2 HGB)	☐ G (M)	☐	☐	☐	
76. Besondere Vorgänge nach dem Schluss des Geschäftsjahrs (§ 285 Nr. 33 HGB) **[NEU]** *Im Anhang sind anzugeben Vorgänge von besonderer Bedeutung, die nach dem Schluss des Geschäftsjahrs eingetreten und weder in der Gewinn- und Verlustrechnung noch in der Bilanz berücksichtigt sind, unter Angabe ihrer Art und ihrer finanziellen Auswirkungen.* Hinweise: – Diese Angabe war vor BilRUG Teil des Lageberichts (Nachtragsbericht gem. § 289 Abs. 2 Nr. 1 HGB a.F.) – Eine Fehlanzeige (wie noch zum Lagebericht gem. DRS 20.114) ist hier nicht vorgesehen	☐ G M	☐	☐	☐	
77. Ergebnisverwendungsvorschlag bzw. -beschluss (§ 285 Nr. 34 HGB) **[NEU]** *Im Anhang ist anzugeben der Vorschlag für die Verwendung des Ergebnisses oder der Beschluss über seine Verwendung.* Hinweis: – Darzustellen sein dürfte, wie das Ergebnis verwendet werden soll (vgl. Begr. zum BilRUG)	☐ G M	☐	☐	☐	

		Referenz	**GmbH**
Mandant		Erstellt von / am	
Auftrag		Durchgesehen von / am	
Prüffeld / Betreff	**Anhang für Gesellschaften mit beschränkter Haftung**	Qualitätssicherung durch / am	

Angaben zur Gesellschaft und zur Aufstellung des Anhangs

BilRUG: **[NEU]** = neue Angabe, **[RÄ]** = redaktionelle Änderung, **[MÄ]** = materielle Änderung

Größe:

☐ Klein (= K)

☐ Mittelgroß (= M)

☐ Groß (= G)

In der Spalte „Besteht Angabepflicht?" wird mit G, M, K angegeben, ob für **diese** Größenklasse überhaupt eine Angabepflicht besteht (ansonsten Befreiung).

Besteht **Angabepflicht**, dann ist dieses Feld anzukreuzen und in der nächsten Spalte zu prüfen (anzukreuzen), ob die Angabepflicht im Anhang auch konkret beachtet wurde.

☐ **Anhang als Entwurf**   Erstellt von _____ am _____

☐ **Anhang als endg. Fassung**   Erstellt von _____ am _____

Angabepflicht im Anhang (Vorschrift, Sachverhalt, Alternativausweis, Schutzklausel, andere Besonderheiten) G = Groß; M = Mittelgroß; K = Klein	Besteht Angabepflicht?		Angabepflicht beachtet? (nur wenn 1. Frage mit „Ja" beantwortet)		
	Ja	Nein	Ja	Nein	Bemerkungen
I. Allgemeine Angaben zum Jahresabschluss					
0. **Erstmalige Anwendung der Neu-Definition der Umsatzerlöse des § 277 Abs. 1 HGB (Art. 75 Abs. 2 S. 3 EGHGB)** [NEU] *Bei der erstmaligen Anwendung der in Satz 1 bezeichneten Vorschriften ist im Anhang [...] auf die fehlende Vergleichbarkeit der Umsatzerlöse hinzuweisen und unter nachrichtlicher Darstellung des Betrags der Umsatzerlöse des Vorjahres, der sich aus der Anwendung von § 277 Abs. 1 in der Fassung des Bilanzrichtlinie-Umsetzungsgesetzes ergeben haben würde, zu erläutern.* G M K	☐	☐	☐	☐	
1. **Angaben zur Identifikation der Gesellschaft (§ 264 Abs. 1a) HGB)** [NEU] *In dem Jahresabschluss sind die Firma, der Sitz, das Registergericht und die Nummer, unter der die Gesellschaft in das Handelsregister eingetragen ist, anzugeben. Befindet sich die Gesellschaft in Liquidation oder Abwicklung, ist auch diese Tatsache anzugeben.* Hinweis: – Alternativen: In der Überschrift des Jahresabschlusses oder auf gesondertem Deckblatt zum Jahresabschluss oder an anderer herausgehobener Stelle (vgl. Begr. zum BilRUG) G M K	☐	☐	☐	☐	
2. **Allgemeines zum Anhang/Reihenfolge bestimmter Anhangangaben (§ 284 Abs. 1 S. 1 HGB)** [NEU] *In den Anhang sind diejenigen Angaben aufzunehmen, die zu den einzelnen Posten der Bilanz oder der Gewinn- und Verlustrechnung vorgeschrieben sind; sie sind in der Reihenfolge der einzelnen Posten der Bilanz und der Gewinn- und Verlustrechnung darzustellen. Im Anhang sind auch die Angaben zu machen, die in Ausübung eines Wahlrechts nicht in die Bilanz oder in die Gewinn- und Verlustrechnung aufgenommen wurden.* Hinweis: – Die Anhangangaben sind neuerdings in der **Reihenfolge der Bilanz-/GuV-Posten** darzustellen; dabei kann es sinnvoll sein, die Angaben mit Nummern zu versehen („Notes") G M K	☐	☐	☐	☐	

Angabepflicht im Anhang (Vorschrift, Sachverhalt, Alternativausweis, Schutzklausel, andere Besonderheiten) **G** = Groß; **M** = Mittelgroß; **K** = Klein	Besteht Angabe-pflicht?		Angabepflicht beachtet? (nur wenn 1. Frage mit „Ja" beantwortet)		
	Ja	Nein	Ja	Nein	Bemerkungen
3. **Zusatzangaben bzgl. Bild der VFE-Lage** **(§ 264 Abs. 2 S. 2 HGB)** *Führen besondere Umstände dazu, dass der Jahresabschluss ein den tatsächlichen Verhältnissen entsprechendes Bild im Sinne des Satzes 1 nicht vermittelt, so sind im Anhang zusätzliche Angaben zu machen.* **G** **M** **K**	☐	☐	☐	☐	
4. **Darstellungsstetigkeit** **(§ 265 Abs. 1 S. 2 HGB)** *Die Form der Darstellung, insbesondere die Gliederung der aufeinanderfolgenden Bilanzen und Gewinn- und Verlustrechnungen, ist beizubehalten, soweit nicht in Ausnahmefällen wegen besonderer Umstände Abweichungen erforderlich sind. Die Abweichungen sind im Anhang anzugeben und zu begründen.* **G** **M** **K**	☐	☐	☐	☐	
5. **Vergleichbarkeit mit Vorjahresbeträgen** **(§ 265 Abs. 2 S. 2 HGB)** *In der Bilanz sowie in der Gewinn- und Verlustrechnung ist zu jedem Posten der entsprechende Betrag des vorhergehenden Geschäftsjahrs anzugeben. Sind die Beträge nicht vergleichbar, so ist dies im Anhang anzugeben und zu erläutern.* **G** **M** **K**	☐	☐	☐	☐	
6. **Anpassung von Vorjahresbeträgen** **(§ 265 Abs. 2 S. 3 HGB)** *Wird der Vorjahresbetrag angepasst, so ist auch dies im Anhang anzugeben und zu erläutern.* **G** **M** **K**		☐	☐	☐	
7. **Ergänzung der Gliederung bei mehreren Geschäftszweigen** **(§ 265 Abs. 4 S. 2 HGB)** *Sind mehrere Geschäftszweige vorhanden und bedingt dies die Gliederung des Jahresabschlusses nach verschiedenen Gliederungsvorschriften, so ist der Jahresabschluss nach der für einen Geschäftszweig vorgeschriebenen Gliederung aufzustellen und nach der für die anderen Geschäftszweige vorgeschriebenen Gliederung zu ergänzen. Die Ergänzung ist im Anhang anzugeben und zu begründen.* **G** **M**	☐	☐	☐	☐	

Angabepflicht im Anhang (Vorschrift, Sachverhalt, Alternativausweis, Schutzklausel, andere Besonderheiten) G = Groß; M = Mittelgroß; K = Klein	Besteht Angabe-pflicht?		Angabepflicht beachtet? (nur wenn 1. Frage mit „Ja" beantwortet)		
	Ja	Nein	Ja	Nein	Bemerkungen
8. Gesonderter Ausweis zusammengefasster Posten (§ 265 Abs. 7 Nr. 2 HGB) G M K *Die mit arabischen Zahlen versehenen Posten der Bilanz und der Gewinn- und Verlustrechnung können, wenn nicht besondere Formblätter vorgeschrieben sind, zusammengefasst ausgewiesen werden, wenn* *1. ...* *2. dadurch die Klarheit der Darstellung vergrößert wird; in diesem Falle müssen die zusammengefassten Posten jedoch im Anhang gesondert ausgewiesen werden.*	☐	☐	☐	☐	
II. Bilanzierungs- und Bewertungsmethoden					
9. Bilanzierungs- und Bewertungsmethoden (§ 284 Abs. 2 Nr. 1 HGB) G M K *Im Anhang müssen die auf die Posten der Bilanz und der Gewinn- und Verlustrechnung ange-wandten Bilanzierungs- und Bewertungsmethoden angegeben werden.* Hinweise: – Hierzu zählen jetzt auch die Grundlagen der **Fremdwährungsumrechnung** – Beispiel: Zu **Verbindlichkeitenrückstellungen** sind hier ausdrücklich folgende Angaben zu machen (vgl. IDW RS HFA 34, Tz. 51 f.): – die angewandten Schätzverfahren – bei einer Restlaufzeit von einem Jahr oder weniger die Ausübung des Abzinsungswahl-rechts – die der Ermittlung des Aufzinsungsaufwands zugrunde gelegten Annahmen – bei einer Bewertung von Pauschalrück-stellungen unter Anwendung der Gruppenbe-wertung von Schulden gem. § 240 Abs. 4 HGB die Bewertungsparameter – ob Erfolge aus Änderungen des Abzinsungs-zinssatzes oder Zinseffekte einer geänderten Schätzung der Restlaufzeit im operativen oder im Finanzergebnis ausgewiesen werden	☐	☐	☐	☐	
10. Abweichungen von Bilanzierungs- und Bewertungsmethoden (§ 284 Abs. 2 Nr. 2 HGB) G M K **[RÄ]** *Im Anhang müssen Abweichungen von Bilanzierungs- und Bewertungsmethoden angegeben und begründet werden; deren Einfluss auf die Vermögens-, Finanz- und Ertragslage ist gesondert darzustellen.*	☐	☐	☐	☐	

Angabepflicht im Anhang (Vorschrift, Sachverhalt, Alternativausweis, Schutzklausel, andere Besonderheiten) G = Groß; M = Mittelgroß; K = Klein	Besteht Angabe-pflicht?		Angabepflicht beachtet? (nur wenn 1. Frage mit „Ja" beantwortet)		
	Ja	Nein	Ja	Nein	Bemerkungen
11. **Erhebliche Unterschiedsbeträge bei Bewertungsvereinfachungsmethoden (§ 284 Abs. 2 Nr. 3 HGB)** [RÄ] *Im Anhang müssen bei Anwendung einer Bewertungsmethode nach § 240 Abs. 4, § 256 Satz 1 die Unterschiedsbeträge pauschal für die jeweilige Gruppe ausgewiesen werden, wenn die Bewertung im Vergleich zu einer Bewertung auf der Grundlage des letzten vor dem Abschlussstichtag bekannten Börsenkurses oder Marktpreises einen erheblichen Unterschied aufweist.*	☐ G M	☐	☐	☐	
12. **Fremdkapitalzinsen in Herstellungskosten (§ 284 Abs. 2 Nr. 4 HGB)** [RÄ] *Im Anhang müssen Angaben über die Einbeziehung von Zinsen für Fremdkapital in die Herstellungskosten gemacht werden.* Hinweis: – Vgl. dazu auch die Angaben zu den Anlagegegenständen unten Nr. 17	☐ G M K	☐	☐	☐	
13. **Bewertungseinheiten (Hedge-Accounting) (§ 285 Nr. 23 HGB)** *Im Anhang sind anzugeben bei Anwendung des § 254,* a) mit welchem Betrag jeweils Vermögensgegen-stände, Schulden, schwebende Geschäfte und mit hoher Wahrscheinlichkeit vorgesehene Transaktionen zur Absicherung welcher Risiken in welche Arten von Bewertungseinheiten einbezogen sind sowie die Höhe der mit Bewertungseinheiten abgesicherten Risiken, b) für die jeweils abgesicherten Risiken, warum in welchem Umfang und für welchen Zeitraum sich die gegenläufigen Wertänderungen oder Zahlungsströme künftig voraussichtlich ausgleichen einschließlich der Methode der Ermittlung, c) eine Erläuterung der mit hoher Wahrscheinlichkeit erwarteten Transaktionen, die in Bewertungseinheiten einbezogen wurden, soweit die Angaben nicht im Lagebericht gemacht werden. Hinweise: – Alternativ: Lagebericht (Risikobericht) ☐ – Dies gilt auch für Rückstellungen, die in eine Bewertungseinheit einbezogen sind (vgl. IDW RS HFA 34, Tz. 54)	☐ G M K	☐	☐	☐	

Angabepflicht im Anhang (Vorschrift, Sachverhalt, Alternativausweis, Schutzklausel, andere Besonderheiten) G = Groß; M = Mittelgroß; K = Klein	Besteht Angabe- pflicht?		Angabepflicht beachtet? (nur wenn 1. Frage mit „Ja" beantwortet)		
	Ja	Nein	Ja	Nein	Bemerkungen

III. Erläuterungen zur Bilanz

14. Mitzugehörigkeit zu anderen Bilanzposten (§ 265 Abs. 3 S. 1 HGB)

Fällt ein Vermögensgegenstand oder eine Schuld unter mehrere Posten der Bilanz, so ist die Mitzugehörigkeit zu anderen Posten bei dem Posten, unter dem der Ausweis erfolgt ist, zu vermerken oder im Anhang anzugeben, wenn dies zur Aufstellung eines klaren und übersichtlichen Jahresabschlusses erforderlich ist.

Hinweis:
– Alternativ: Bilanz ☐

G M K

15. Anlagegitter / -spiegel (§ 284 Abs. 3 S. 1 und 2 HGB)

[RÄ] Im Anhang ist die Entwicklung der einzelnen Posten des Anlagevermögens in einer ge-sonderten Aufgliederung darzustellen. Dabei sind, ausgehend von den gesamten Anschaffungs- und Herstellungskosten, die Zugänge, Abgänge, Umbuchungen und Zuschreibungen des Geschäftsjahrs sowie die Abschreibungen gesondert aufzuführen.

Hinweis:
– Bruttoanlagespiegel (Vorjahreszahlen nicht zwingend)

G M

16. Abschreibungen des Geschäftsjahrs (§ 284 Abs. 3 S. 3 HGB)

[MÄ] Zu den Abschreibungen sind gesondert folgende Angaben zu machen:
1. die Abschreibungen in ihrer gesamten Höhe zu Beginn und Ende des Geschäftsjahrs
2. die im Laufe des Geschäftsjahrs vorgenomme-nen Abschreibungen
3. Änderungen in den Abschreibungen in ihrer gesamten Höhe im Zusammenhang mit Zu- und Abgängen sowie Umbuchungen im Laufe des Geschäftsjahrs.

G M

17. Fremdkapitalzinsen in den Herstellungskosten von Anlagegegenständen (§ 284 Abs. 3 S. 4 HGB)

[NEU] Sind in die Herstellungskosten Zinsen für Fremdkapital einbezogen worden, ist für jeden Posten des Anlagevermögens anzugeben, welcher Betrag an Zinsen im Geschäftsjahr aktiviert worden ist.

Hinweis:
– Die Angaben können auch postenweise außerhalb des Anlagegitters gemacht werden

G M

Angabepflicht im Anhang (Vorschrift, Sachverhalt, Alternativausweis, Schutzklausel, andere Besonderheiten) G = Groß; M = Mittelgroß; K = Klein	Besteht Angabe-pflicht?		Angabepflicht beachtet? (nur wenn 1. Frage mit „Ja" beantwortet)		
	Ja	Nein	Ja	Nein	Bemerkungen
18. **Forschungs- und Entwicklungskosten** **(§ 285 Nr. 22 HGB)** *Im Anhang sind anzugeben im Fall der Aktivierung nach § 248 Abs. 2 der Gesamtbetrag der Forschungs- und Entwicklungskosten des Geschäftsjahres sowie der davon auf die selbst geschaffenen immateriellen Vermögensgegenstände des Anlagevermögens entfallende Betrag.* G M	☐	☐	☐	☐	
19. **Abschreibungszeitraum des Geschäfts- oder** **Firmenwerts** **(§ 285 Nr. 13 HGB)** **[MÄ]** *Im Anhang sind anzugeben jeweils eine Erläuterung des Zeitraums, über den ein entgeltlich erworbener Geschäfts- oder Firmenwert abgeschrieben wird.* Hinweise: – Zu berücksichtigen ist hier die neue Vorschrift des § 253 Abs. 3 Satz 3 und 4 HGB i.d.F. des BilRUG: Kann in Ausnahmefällen die voraussichtliche Nutzungsdauer eines selbst geschaffenen immateriellen Vermögensgegenstands des Anlagevermögens nicht verlässlich geschätzt werden, sind planmäßige Abschreibungen auf die Herstellungskosten über einen Zeitraum von zehn Jahren vorzunehmen. Satz 3 findet auf einen entgeltlich erworbenen Geschäfts- oder Firmenwert entsprechende Anwendung. – Die Nutzungsdauer von 15 Jahren gem. § 7 EStG sollte hier nicht herangezogen werden G M K	☐	☐	☐	☐	
20. **Anteile oder Anlageaktien an inländischen** **Investmentvermögen** **(§ 285 Nr. 26 HGB)** **[RÄ]** *Im Anhang sind anzugeben zu Anteilen oder Anlageaktien an inländischen Investmentvermögen im Sinne des § 1 des Investmentgesetzes oder vergleichbaren ausländischen Investmentanteilen im Sinne des § 2 Abs. 9 des Investmentgesetzes von mehr als dem zehnten Teil, aufgegliedert nach Anlagezielen, deren Wert im Sinn des § 36 des Investmentgesetzes oder vergleichbarer ausländischer Vorschriften über die Ermittlung des Marktwertes, die Differenz zum Buchwert und die für das Geschäftsjahr erfolgte Ausschüttung sowie Beschränkungen in der Möglichkeit der täglichen Rückgabe; darüber hinaus die Gründe dafür, dass eine Abschreibung gemäß § 253 Abs. 3 Satz 6 unterblieben ist, einschließlich der Anhaltspunkte, die darauf hindeuten, dass die Wertminderung voraussichtlich nicht von Dauer ist; Nummer 18 ist insoweit nicht anzuwenden.* G M	☐	☐	☐	☐	

Angabepflicht im Anhang (Vorschrift, Sachverhalt, Alternativausweis, Schutzklausel, andere Besonderheiten) G = Groß; M = Mittelgroß; K = Klein	Besteht Angabe-pflicht?		Angabepflicht beachtet? (nur wenn 1. Frage mit „Ja" beantwortet)		
	Ja	Nein	Ja	Nein	Bemerkungen
Hinweis: Diese Finanzinstrumente sind nicht in die gemäß § 285 Nr. 18 HGB angabepflichtigen Finanzinstrumente einzubeziehen					
21. Ausleihungen an Gesellschafter (§ 42 Abs. 3 S. 3 GmbHG) *Ausleihungen ... gegenüber Gesellschaftern* G *sind in der Regel als solche jeweils gesondert* M *auszuweisen oder im Anhang anzugeben.* K *Werden sie unter anderen Posten ausgewiesen, so muss diese Eigenschaft vermerkt werden.* Hinweis: – Alternativ: Bilanz ☐	☐	☐	☐	☐	
22. Bestimmte Finanzinstrumente mit Ausweis über ihrem beizulegenden Wert (§ 285 Nr. 18 HGB) G M *[RÄ] Im Anhang sind anzugeben für zu den Finanzanlagen (§ 266 Abs. 2 A. III.) gehörende Finanzinstrumente, die über ihrem beizulegenden Zeitwert ausgewiesen werden, da insoweit eine außerplanmäßige Abschreibung gemäß § 253 Abs. 3 Satz 6 unterblieben ist:* *a) der Buchwert und der beizulegende Zeitwert der einzelnen Vermögensgegenstände oder angemessener Gruppierungen sowie* *b) die Gründe für das Unterlassen der Abschreibung gemäß § 253 Abs. 2 Satz 3 einschließlich der Anhaltspunkte, die darauf hindeuten, dass die Wertminderung voraussichtlich nicht von Dauer ist.*	☐	☐	☐	☐	
23. Derivative Finanzinstrumente (§ 285 Nr. 19 HGB) G M *Im Anhang sind anzugeben für jede Kategorie nicht zum beizulegenden Zeitwert bilanzierter derivativer Finanzinstrumente* *a) deren Art und Umfang,* *b) deren beizulegender Zeitwert, soweit er sich nach § 255 Abs. 4 verlässlich ermitteln lässt, unter Angabe der angewandten Bewertungsmethode,* *c) deren Buchwert und der Bilanzposten, in welchem der Buchwert, soweit vorhanden, erfasst ist, sowie* *d) die Gründe dafür, warum der beizulegende Zeitwert nicht bestimmt werden kann.*	☐	☐	☐	☐	

Angabepflicht im Anhang (Vorschrift, Sachverhalt, Alternativausweis, Schutzklausel, andere Besonderheiten) G = Groß; M = Mittelgroß; K = Klein	Besteht Angabepflicht?		Angabepflicht beachtet? (nur wenn 1. Frage mit „Ja" beantwortet)		
	Ja	Nein	Ja	Nein	Bemerkungen
24. Nur bei Kreditinstituten: **Finanzinstrumente i.S.v. § 340e Abs. 3 S. 1 HGB (§ 285 Nr. 20 HGB)** *Im Anhang sind anzugeben für gemäß § 340e Abs. 3 Satz 1 mit dem beizulegenden Zeitwert bewertete Finanzinstrumente* *a) die grundlegenden Annahmen, die der Bestimmung des beizulegenden Zeitwertes mit Hilfe allgemein anerkannter Bewertungs-methoden zugrunde gelegt wurden, sowie* *b) Umfang und Art jeder Kategorie derivativer Finanzinstrumente einschließlich der wesent-lichen Bedingungen, welche die Höhe, den Zeitpunkt und die Sicherheit künftiger Zahlungs-ströme beeinflussen können.* G M K	☐	☐	☐	☐	
25. **Forderungen gegen Gesellschafter (§ 42 Abs. 3 GmbHG)** *Forderungen ... gegenüber Gesellschaftern sind in der Regel als solche jeweils gesondert auszu-weisen oder im Anhang anzugeben. Werden sie unter anderen Posten ausgewiesen, so muss diese Eigenschaft vermerkt werden.* Hinweis: – Alternativ: Bilanz ☐ G M K	☐	☐	☐	☐	
26. **Nach dem Abschlussstichtag entstehende (antizipative) sonstige Vermögensgegenstände (§ 268 Abs. 4 S. 2 HGB)** *Werden unter dem Posten „sonstige Vermögens-gegenstände" Beträge für Vermögensgegenstände ausgewiesen, die erst nach dem Abschlussstichtag rechtlich entstehen, so müssen Beträge, die einen größeren Umfang haben, im Anhang erläutert werden.* G M	☐	☐	☐	☐	
27. **Disagio (§ 268 Abs. 6 HGB)** *Ein nach § 250 Abs. 3 in den Rechnungsab-grenzungsposten auf der Aktivseite aufge-nommener Unterschiedsbetrag ist in der Bilanz gesondert auszuweisen oder im Anhang anzugeben.* Hinweis: – Alternativ: Bilanz ☐ G M	☐	☐	☐	☐	

Angabepflicht im Anhang (Vorschrift, Sachverhalt, Alternativausweis, Schutzklausel, andere Besonderheiten) G = Groß; M = Mittelgroß; K = Klein	Besteht Angabepflicht?		Angabepflicht beachtet? (nur wenn 1. Frage mit „Ja" beantwortet)		
	Ja	Nein	Ja	Nein	Bemerkungen
28. **Genussscheine und ähnliche Rechte (§ 285 Nr. 15a) HGB)** [NEU] *Im Anhang sind Angaben zu machen über das Bestehen von Genussscheinen, Genussrechten, Wandelschuldverschreibungen, Optionsscheinen, Optionen, Besserungsscheinen oder vergleichbaren Wertpapieren oder Rechten, unter Angabe der Anzahl und der Rechte, die sie verbriefen.*	☐ G M	☐	☐	☐	
29. **Eigenkapitalanteil von Wertaufholungen (§ 29 Abs. 4 S. 2 GmbHG)** [MÄ] *Der Betrag dieser Rücklagen ist in der Bilanz gesondert auszuweisen; er kann auch im Anhang angegeben werden.* Hinweis: – Alternativ: Bilanz ☐	☐ G M K	☐	☐	☐	
30. **Bilanzaufstellung nach Ergebnisverwendung (§ 268 Abs. 1 S. 3 HGB)** [MÄ] *Die Angabe kann auch im Anhang gemacht werden.* Hinweis: – Alternativ: Bilanz ☐	☐ G M K	☐	☐	☐	
31. **Ausschüttungsgesperrte Beträge (§ 285 Nr. 28 HGB)** *Im Anhang sind anzugeben der Gesamtbetrag der Beträge im Sinne des § 268 Abs. 8, aufgegliedert in Beträge aus der Aktivierung selbst geschaffener immaterieller Vermögensgegenstände des Anlagevermögens, Beträge aus der Aktivierung latenter Steuern und aus der Aktivierung von Vermögensgegenständen zum beizulegenden Zeitwert.*	☐ G M	☐	☐	☐	
32. **Sonderposten mit Rücklageanteil bzw. steuerrechtliche Wertberichtigungen (§ 273 S. 2, 2. Halbs. HGB a.F.)** *Die Vorschriften, nach denen er gebildet worden ist, sind in der Bilanz oder im Anhang anzugeben.* Hinweise: – Alternativ: Bilanz ☐ – Die Angabepflicht gilt nur noch für **Altfälle vor BilMoG** (Art. 67 Abs. 3 Satz 1 EGHGB).	☐ G M K	☐	☐	☐	

Angabepflicht im Anhang (Vorschrift, Sachverhalt, Alternativausweis, Schutzklausel, andere Besonderheiten) G = Groß; M = Mittelgroß; K = Klein	Besteht Angabe-pflicht?		Angabepflicht beachtet? (nur wenn 1. Frage mit „Ja" beantwortet)		
	Ja	Nein	Ja	Nein	Bemerkungen
33. Berechnung der Rückstellungen für Pensionen und ähnliche Verpflichtungen (§ 285 Nr. 24 HGB) G M *Im Anhang sind anzugeben zu den Rückstellungen für Pensionen und ähnliche Verpflichtungen das angewandte versicherungsmathematische Berechnungsverfahren sowie die grundlegenden Annahmen der Berechnung, wie Zinssatz, erwartete Lohn- und Gehaltssteigerungen und zugrunde gelegte Sterbetafeln.* Hinweis: – Zu Einzelheiten vgl. IDW RS HFA 30, Tz. 89 ff.	☐	☐	☐	☐	
34. Verrechnung von Pensionsrückstellungen mit Rückdeckungsvermögen (§ 285 Nr. 25 HGB) G M K *Im Anhang sind anzugeben im Fall der Ver-rechnung von Vermögensgegenständen und Schulden nach § 246 Abs. 2 Satz 2 die Anschaffungskosten und der beizulegende Zeitwert der verrechneten Vermögensgegenstände, der Erfüllungsbetrag der verrechneten Schulden sowie die verrechneten Aufwendungen und Erträge; Nummer 20 Buchstabe a ist entsprechend anzuwenden.* Hinweis: Da § 285 Nr. 20a) HGB entsprechend anzuwenden ist, sind außerdem die grundlegenden Annahmen, die der Bestimmung des beizulegenden Zeitwertes mit Hilfe allgemein anerkannter Bewertungs-methoden zugrunde gelegt wurden, anzugeben.	☐	☐	☐	☐	
35. Fehlbetrag zu Pensionsverpflichtungen (Art. 28 Abs. 2, 48 Abs. 6 EGHGB) G M K *Bei Anwendung des Absatzes 1 müssen Kapitalge-sellschaften die in der Bilanz nicht ausgewiesenen Rückstellungen für laufende Pensionen, Anwart-schaften auf Pensionen und ähnliche Verpflichtun-gen jeweils im Anhang ... in einem Betrag angeben.* Hinweis: – Zu Einzelheiten vgl. IDW RS HFA 30, Tz. 90 ff.	☐	☐	☐	☐	
36. Fehlbetrag zu Pensionsverpflichtungen nach BilMoG (Art. 67 Abs. 2 EGHGB) G M K *Die in der Bilanz nicht ausgewiesenen Rück-stellungen für laufende Pensionen, Anwartschaften auf Pensionen und ähnliche Verpflichtungen sind jeweils im Anhang ... anzugeben.*	☐	☐	☐	☐	

Angabepflicht im Anhang (Vorschrift, Sachverhalt, Alternativausweis, Schutzklausel, andere Besonderheiten) G = Groß; M = Mittelgroß; K = Klein	Besteht Angabe-pflicht?		Angabepflicht beachtet? (nur wenn 1. Frage mit „Ja" beantwortet)		
	Ja	Nein	Ja	Nein	Bemerkungen
37. **Betrag der Überdeckung aufgrund nicht aufgelöster Rückstellungen nach BilMoG (Art. 67 Abs. 1 S. 4 EGHGB)** G M K *Wird von dem Wahlrecht nach Satz 2 Gebrauch gemacht, ist der Betrag der Überdeckung jeweils im Anhang ... anzugeben.*	☐	☐	☐	☐	
38. **Zu Altersversorgungsverpflichtungen Angabe des Unterschiedsbetrags nach § 253 Abs. 2 S. 1 HGB (§ 253 Abs. 2 S. 3 HGB)** G M K **[Neu]** *Der Unterschiedsbetrag nach Satz 1 ist in jedem Geschäftsjahr im Anhang oder unter der Bilanz darzustellen.* Hinweise: – Alternativ: Bilanz ☐ – Bei vorzeitiger Anwendung des Abzinsungs-satzes von 10 Jahren: Angaben zur Erläuterung der Ausübung der Anwendung des Wahlrechts des Art. 75 Abs. 7 Satz 1 EGHGB (Satz 4)	☐	☐	☐	☐	
39. **Sonstige Rückstellungen (§ 285 Nr. 12 HGB)** G M *Rückstellungen, die in der Bilanz unter dem Posten „sonstige Rückstellungen" nicht gesondert ausgewiesen werden, sind zu erläutern, wenn sie einen nicht unerheblichen Umfang haben.* Hinweise: – Alternativ: Bilanz ☐ – Die Angabepflicht kann z.B. auch in Form eines **Rückstellungsspiegels** erfolgen, in dem der Posten tabellarisch nach einzelnen Rückstellungsarten unter Angabe der Art und des Betrags der jeweiligen Rückstellung aufgegliedert wird (vgl. IDW RS HFA 34, Tz. 53)	☐	☐	☐	☐	
40. **Verbindlichkeiten gegenüber Gesellschaftern (§ 42 Abs. 3 GmbHG)** G M K *... Verbindlichkeiten gegenüber Gesellschaftern sind in der Regel als solche jeweils gesondert auszuweisen oder im Anhang anzugeben. Werden sie unter anderen Posten ausgewiesen, so muss diese Eigenschaft vermerkt werden.* Hinweis: – Alternativ: Bilanz ☐	☐	☐	☐	☐	

Angabepflicht im Anhang (Vorschrift, Sachverhalt, Alternativausweis, Schutzklausel, andere Besonderheiten) G = Groß; M = Mittelgroß; K = Klein	Besteht Angabe-pflicht?		Angabepflicht beachtet? (nur wenn 1. Frage mit „Ja" beantwortet)		
	Ja	Nein	Ja	Nein	Bemerkungen
41. **Nach dem Abschlussstichtag entstehende (antizipative) Verbindlichkeiten (§ 268 Abs. 5 S. 3 HGB)** *Sind unter dem Posten „Verbindlichkeiten" Beträge für Verbindlichkeiten ausgewiesen, die erst nach dem Abschlussstichtag rechtlich entstehen, so müssen Beträge, die einen größeren Umfang haben, im Anhang erläutert werden.* G M	☐	☐	☐	☐	
42. **Gesamtbetrag der Verbindlichkeiten nach Restlaufzeit (§ 285 Nr. 1a) HGB)** *Im Anhang sind anzugeben zu den in der Bilanz ausgewiesenen Verbindlichkeiten der Gesamt-betrag der Verbindlichkeiten mit einer Restlaufzeit von mehr als fünf Jahren.* G M K	☐	☐	☐	☐	
43. **Gesamtbetrag der Verbindlichkeiten nach Sicherheiten (§ 285 Nr. 1 b) HGB)** *Im Anhang sind anzugeben zu den in der Bilanz ausgewiesenen Verbindlichkeiten der Gesamt-betrag der Verbindlichkeiten, die durch Pfandrechte oder ähnliche Rechte gesichert sind, unter Angabe von Art und Form der Sicherheiten.* G M K	☐	☐	☐	☐	
44. **Aufgliederung der Verbindlichkeiten nach Restlaufzeit und nach Sicherheiten (§ 285 Nr. 2 HGB)** *Im Anhang sind anzugeben die Aufgliederung der in Nummer 1 verlangten Angaben für jeden Posten der Verbindlichkeiten nach dem vorgeschriebenen Gliederungsschema.* G M	☐	☐	☐	☐	
45. **Latente Steuern (§ 285 Nr. 29 HGB)** *Im Anhang sind anzugeben auf welchen Differen-zen oder steuerlichen Verlustvorträgen die latenten Steuern beruhen und mit welchen Steuersätzen die Bewertung erfolgt ist.* G	☐	☐	☐	☐	
46. **Latente Steuern, quantitative Zusatzangaben (§ 285 Nr. 30 HGB)** *[NEU] Im Anhang sind anzugeben, wenn latente Steuerschulden in der Bilanz angesetzt werden, die latenten Steuersalden am Ende des Geschäftsjahrs und die im Laufe des Geschäftsjahrs erfolgten Änderungen dieser Salden.* Hinweise: – Im Unterschied zu § 285 Nr. 29 HGB sind hier in jedem Fall quantitative Angaben erforderlich – Hier ist ein „Spiegel latenter Steuerschulden" möglich G M	☐	☐	☐	☐	

Angabepflicht im Anhang (Vorschrift, Sachverhalt, Alternativausweis, Schutzklausel, andere Besonderheiten) G = Groß; M = Mittelgroß; K = Klein	Besteht Angabe- pflicht?		Angabepflicht beachtet? (nur wenn 1. Frage mit „Ja" beantwortet)		
	Ja	Nein	Ja	Nein	Bemerkungen
47. **Haftungsverhältnisse** **(§ 268 Abs. 7 Nr. 1 und 2 HGB)** [MÄ] *Für die in § 251 bezeichneten Haftungsverhältnisse sind* 1. *die Angaben zu nicht auf der Passivseite aus- zuweisenden Verbindlichkeiten oder Haftungs- verhältnissen im Anhang zu machen,* 2. *dabei die Haftungsverhältnisse jeweils gesondert unter Angabe der gewährten Pfandrechte und sonstigen Sicherheiten anzugeben.*	G ☐ M K	☐	☐	☐	
48. **Verpflichtungen betreffend die Altersver- sorgung sowie gegenüber verbundenen oder assoziierten Unternehmen (§ 268 Abs. 7 Nr. 3 HGB)** [MÄ] *Jeweils gesondert zu vermerken sind Verpflichtungen betreffend die Altersversorgung und Verpflichtungen gegenüber verbundenen oder assoziierten Unternehmen.*	☐ G M K	☐	☐	☐	
49. **Eventualverbindlichkeiten und Haftungsver- hältnisse (§ 285 Nr. 27 HGB)** [RÄ] *Im Anhang sind anzugeben für nach § 268 Abs. 7 Halbsatz 1 im Anhang ausgewiesene Verbindlichkeiten und Haftungsverhältnisse die Gründe der Einschätzung des Risikos der Inanspruchnahme.*	☐ G M	☐	☐	☐	
50. **Sonstige finanzielle Verpflichtungen (§ 285 Nr. 3a), 1. Halbs. HGB)** [RÄ] *Im Anhang sind anzugeben der Gesamtbe- trag der sonstigen finanziellen Verpflichtungen, die nicht in der Bilanz enthalten sind und die nicht nach § 268 Absatz 7 oder Nummer 3 anzugeben sind, sofern diese Angabe für die Beurteilung der Finanzlage von Bedeutung ist.*	☐ G M K	☐	☐	☐	
51. **Sonstige finanzielle Verpflichtungen betreffend die Altersversorgung sowie gegenüber verbundenen oder assoziierten Unternehmen (§ 285 Nr. 3a), 2. Halbs. HGB)** [MÄ] *Davon sind Verpflichtungen betreffend die Altersversorgung und Verpflichtungen gegenüber verbundenen oder assoziierten Unternehmen jeweils gesondert anzugeben.*	☐ G M K	☐	☐	☐	

Angabepflicht im Anhang (Vorschrift, Sachverhalt, Alternativausweis, Schutzklausel, andere Besonderheiten) G = Groß; M = Mittelgroß; K = Klein	Besteht Angabepflicht?		Angabepflicht beachtet? (nur wenn 1. Frage mit „Ja" beantwortet)		
	Ja	Nein	Ja	Nein	Bemerkungen
52. **Art und Zweck sowie Risiken und Vorteile von schwebenden Geschäften** (**§ 285 Nr. 3 HGB**) [MÄ] *Im Anhang sind anzugeben Art und Zweck sowie Risiken, Vorteile und finanzielle Auswirkungen von nicht in der Bilanz enthaltenen Geschäften, soweit die Risiken und Vorteile wesentlich sind und die Offenlegung für die Beurteilung der Finanzlage des Unternehmens erforderlich ist.* G M	☐	☐	☐	☐	
IV. Erläuterungen zur GuV					
53. **Umsatzerlöse** (**§ 285 Nr. 4 HGB**) [MÄ] *Im Anhang sind anzugeben die Aufgliederung der Umsatzerlöse nach Tätigkeitsbereichen sowie nach geographisch bestimmten Märkten, soweit sich, unter Berücksichtigung der Organisation des Verkaufs, der Vermietung oder Verpachtung von Produkten und der Erbringung von Dienstleistungen der Kapitalgesellschaft die Tätigkeitsbereiche und geographisch bestimmten Märkte untereinander erheblich unterscheiden.* Hinweise: – ggf. Schutzklausel (§ 286 Abs. 2 HGB) ☐ – Die Anwendung der Ausnahmeregelung ist im Anhang anzugeben ☐ G	☐	☐	☐	☐	
54. **Erträge aus der Auflösung des Sonderpostens mit Rücklageanteil** (**§ 281 Abs. 2 S. 2 HGB a.F.**) *Erträge aus der Auflösung des Sonderpostens mit Rücklageanteil sind in dem Posten „sonstige betriebliche Erträge" ... der Gewinn- und Verlustrechnung gesondert auszuweisen oder im Anhang anzugeben.* Hinweise: – Alternativ: GuV ☐ – Die Angabepflicht gilt nur noch für **Altfälle vor BilMoG** (Art. 67. Abs. 3 Satz 1 EGHGB). G M K	☐	☐	☐	☐	
55. **Nur bei Umsatzkostenverfahren:** **Materialaufwand** (**§ 285 Nr. 8a) HGB**) *Im Anhang sind anzugeben bei Anwendung des Umsatzkostenverfahrens (§ 275 Abs. 3) der Materialaufwand des Geschäftsjahrs, gegliedert nach § 275 Abs. 2 Nr. 5.* G M	☐	☐	☐	☐	

Angabepflicht im Anhang (Vorschrift, Sachverhalt, Alternativausweis, Schutzklausel, andere Besonderheiten) G = Groß; M = Mittelgroß; K = Klein	Besteht Angabe- pflicht?		Angabepflicht beachtet? (nur wenn 1. Frage mit „Ja" beantwortet)		
	Ja	Nein	Ja	Nein	Bemerkungen
56. Nur bei Umsatzkostenverfahren: **Personalaufwand** **(§ 285 Nr. 8b) HGB)** *Im Anhang sind anzugeben bei Anwendung des Umsatzkostenverfahrens (§ 275 Abs. 3) der Personalaufwand des Geschäftsjahrs, gegliedert nach § 275 Abs. 2 Nr. 6.*	☐ G M	☐	☐	☐	
57. **Außerplanmäßige Abschreibungen auf das Anlagevermögen** **(§ 277 Abs. 3 S. 1 HGB)** [RÄ] *Außerplanmäßige Abschreibungen nach § 253 Abs. 3 Satz 5 und 6 sind jeweils gesondert auszuweisen oder im Anhang anzugeben.* Hinweis: – Alternativ: GuV ☐	☐ G M K	☐	☐	☐	
58. **Außergewöhnliche Erträge oder Aufwendungen** **(§ 285 Nr. 31 HGB)** [NEU] *Im Anhang sind anzugeben jeweils der Betrag und die Art der einzelnen Erträge und Aufwendungen von außergewöhnlicher Größen- ordnung oder außergewöhnlicher Bedeutung, soweit die Beträge nicht von untergeordneter Bedeutung sind.* Hinweise: – Die Angabepflicht bezieht sich auf sämtliche GuV-Posten (z. B. ein großer Umsatz in den Umsatzerlösen) – Bei der Beurteilung, was unter „außergewöhnlich" zu verstehen ist, dürfte sowohl auf einen Ver- gleich im Zeitablauf, als auch einen Vergleich mit anderen Unternehmen der Branche abzustellen sein	☐ G M K	☐	☐	☐	
59. **Periodenfremde Erträge und Aufwendungen** **(§ 285 Nr. 32 HGB)** [RÄ] *Im Anhang zu machen ist eine Erläuterung der einzelnen Erträge und Aufwendungen hinsicht- lich ihres Betrags und ihrer Art, die einem anderen Geschäftsjahr zuzurechnen sind, soweit die Beträge nicht von untergeordneter Bedeutung sind.*	☐ G	☐	☐	☐	
V. Sonstige Angaben					
60. **Arbeitnehmerzahl** **(§ 285 Nr. 7 HGB)** *Im Anhang sind anzugeben die durchschnittliche Zahl der während des Geschäftsjahrs beschäftigten Arbeitnehmer getrennt nach Gruppen.* Hinweis: – Bei der kleinen GmbH braucht die Trennung nach Gruppen nicht vorgenommen zu werden (§ 288 Abs. 1 Nr. 2 HGB)	☐ G M K	☐	☐	☐	

Angabepflicht im Anhang (Vorschrift, Sachverhalt, Alternativausweis, Schutzklausel, andere Besonderheiten) **G** = Groß; **M** = Mittelgroß; **K** = Klein	Besteht Angabepflicht?		Angabepflicht beachtet? (nur wenn 1. Frage mit „Ja" beantwortet)		
	Ja	Nein	Ja	Nein	Bemerkungen
61. **Organmitglieder** **(§ 285 Nr. 10 HGB)** *Im Anhang sind anzugeben alle Mitglieder des Geschäftsführungsorgans und eines Aufsichtsrats, auch wenn sie im Geschäftsjahr oder später ausgeschieden sind, mit dem Familiennamen und mindestens einem ausgeschriebenen Vornamen, einschließlich des ausgeübten Berufs ...* *Der Vorsitzende eines Aufsichtsrats, seine Stellvertreter und ein etwaiger Vorsitzender des Geschäftsführungsorgans sind als solche zu bezeichnen.*	☐ **G** **M**	☐	☐	☐	
62. **Gesamtbezüge für aktive Organmitglieder** **(§ 285 Nr. 9a) HGB)** *Im Anhang sind anzugeben für die Mitglieder des Geschäftsführungsorgans, eines Aufsichtsrats, eines Beirats oder einer ähnlichen Einrichtung jeweils für jede Personengruppe die für die Tätigkeit im Geschäftsjahr gewährten Gesamtbezüge (Gehälter, Gewinnbeteiligungen, Bezugsrechte und sonstige aktienbasierte Vergütungen, Aufwandsentschädigungen, Versicherungsentgelte, Provisionen und Nebenleistungen jeder Art).* *In die Gesamtbezüge sind auch Bezüge einzurechnen, die nicht ausgezahlt, sondern in Ansprüche anderer Art umgewandelt oder zur Erhöhung anderer Ansprüche verwendet werden.* *Außer den Bezügen für das Geschäftsjahr sind die weiteren Bezüge anzugeben, die im Geschäftsjahr gewährt, bisher aber in keinem Jahresabschluss angegeben worden sind.* *Bezugsrechte und sonstige aktienbasierte Vergütungen sind mit ihrer Anzahl und dem beizulegenden Zeitwert ihrer Gewährung anzugeben; spätere Wertveränderungen, die auf einer Änderung der Ausübungsbedingungen beruhen, sind zu berücksichtigen.* Hinweis: – ggf. Schutzklausel, wenn Bezüge **eines** Organmitglieds feststellbar ,(§ 286 Abs. 4 HGB) ☐	☐ **G** **M**	☐	☐	☐	
63. **Gesamtbezüge von ehemaligen** **Organmitgliedern und ihren Hinterbliebenen** **(§ 285 Nr. 9b) S. 1 und 2 HGB)** *Im Anhang sind anzugeben die Gesamtbezüge (Abfindungen, Ruhegehälter, Hinterbliebenenbezüge und Leistungen verwandter Art) der früheren Mitglieder der bezeichneten Organe und ihrer Hinterbliebenen. Buchstabe a Satz 2 und 3 ist entsprechend anzuwenden.*	☐ **G** **M**	☐	☐	☐	

Angabepflicht im Anhang (Vorschrift, Sachverhalt, Alternativausweis, Schutzklausel, andere Besonderheiten) G = Groß; M = Mittelgroß; K = Klein	Besteht Angabe-pflicht?		Angabepflicht beachtet? (nur wenn 1. Frage mit „Ja" beantwortet)		
	Ja	Nein	Ja	Nein	Bemerkungen
Hinweis: – ggf. Schutzklausel, wenn Bezüge **eines** Organmitglieds feststellbar (§ 286 Abs. 4 HGB) ☐					
64. **Gebildete und nicht gebildete Pensionsrückstellungen** (§ 285 Nr. 9b) S. 3 HGB) *Ferner ist der Betrag der für diese Personengruppe gebildeten Rückstellungen für laufende Pensionen und Anwartschaften auf Pensionen und der Betrag der für diese Verpflichtungen nicht gebildeten Rückstellungen anzugeben.*	☐ G M	☐	☐	☐	
65. **An Organmitglieder gewährte Vorschüsse und Kredite** (§ 285 Nr. 9c) HGB) *[RÄ] Im Anhang sind anzugeben die gewährten Vorschüsse und Kredite unter Angabe der Zinssätze, der wesentlichen Bedingungen und der gegebenenfalls im Geschäftsjahr zurückgezahlten oder erlassenen Beträge.*	☐ G M K	☐	☐	☐	
66. **Zugunsten der Organmitglieder eingegangene Haftungsverhältnisse** (§ 285 Nr. 9c) HGB) *Im Anhang sind anzugeben ... die zugunsten dieser Personen eingegangenen Haftungsverhältnisse.*	G M K	☐	☐	☐	
67. **Geschäfte zu nicht-marktüblichen Bedingungen mit nahe stehenden Unternehmen und Personen** (§ 285 Nr. 21 HGB) *Im Anhang sind anzugeben zumindest die nicht zu marktüblichen Bedingungen zustande gekommenen Geschäfte, soweit sie wesentlich sind, mit nahe stehenden Unternehmen und Personen, einschließlich Angaben zur Art der Beziehung, zum Wert der Geschäfte sowie weiterer Angaben, die für die Beurteilung der Finanzlage notwendig sind; ausgenommen sind Geschäfte mit und zwischen mittel- oder unmittelbar in 100-prozentigem Anteilsbesitz stehenden in einen Konzernabschluss einbezogenen Unternehmen; Angaben über Geschäfte können nach Geschäftsarten zusammengefasst werden, sofern die getrennte Angabe für die Beurteilung der Auswirkungen auf die Finanzlage nicht notwendig ist.*	☐ G M	☐	☐	☐	

Angabepflicht im Anhang (Vorschrift, Sachverhalt, Alternativausweis, Schutzklausel, andere Besonderheiten) G = Groß; M = Mittelgroß; K = Klein	Besteht Angabe-pflicht?		Angabepflicht beachtet? (nur wenn 1. Frage mit „Ja" beantwortet)		
	Ja	Nein	Ja	Nein	Bemerkungen
68. Anteilsbesitz (§ 285 Nr. 11 HGB) [MÄ] *Im Anhang sind anzugeben Name und Sitz anderer Unternehmen, die Höhe des Anteils am Kapital, das Eigenkapital und das Ergebnis des letzten Geschäftsjahrs dieser Unternehmen, für das ein Jahresabschluss vorliegt, soweit es sich um Beteiligungen im Sinne des § 271 Absatz 1 handelt oder ein solcher Anteil von einer Person für Rechnung der Kapitalgesellschaft gehalten wird.* Hinweise: – Nach § 271 Abs. 1 HGB wird eine Beteiligung vermutet, wenn die Anteile an einem Unternehmen insg. 20 % des Nennkapitals oder falls ein Nennkapital nicht vorhanden ist, 20 % der Summe aller Kapitalanteile an diesem Unternehmen überschreiten. – ggf. Schutzklausel (§ 286 Abs. 3 HGB; vgl. unten Nr. 70) ☐	☐ G M	☐	☐	☐	
69. Zusatzangaben beschränkt haftender Kapitalgesellschaften (§ 285 Nr. 11a) HGB) *Im Anhang sind anzugeben Name, Sitz und Rechtsform der Unternehmen, deren unbeschränkt haftender Gesellschafter die Kapitalgesellschaft ist.*	☐ G M	☐	☐	☐	
70. Angabe der Anwendung der Schutzklausel bzgl. des Anteilsbesitzes zu § 285 Nr. 11 HGB (§ 286 Abs. 3 S. 4 HGB) *Im Übrigen ist die Anwendung der Ausnahme-regelung nach Satz 1 Nr. 2 im Anhang anzugeben.*	G M	☐	☐	☐	
71. Angaben zum Mutterunternehmen bzgl. größter Konsolidierungskreis (§ 285 Nr. 14 HGB) [RÄ] *Im Anhang sind anzugeben Name und Sitz des Mutterunternehmens der Kapitalgesellschaft, das den Konzernabschluss für den größten Kreis von Unternehmen aufstellt sowie der Ort, wo der von diesem Mutterunternehmen aufgestellten Konzernabschluss erhältlich ist.*	☐ G M	☐	☐	☐	
72. Angaben zum Mutterunternehmen bzgl. kleinster Konsolidierungskreis (§ 285 Nr. 14a HGB) [NEU] *Im Anhang sind anzugeben Name und Sitz des Mutterunternehmens der Kapitalgesellschaft, das den Konzernabschluss für den kleinsten Kreis von Unternehmen aufstellt, sowie der Ort, wo der von diesem Mutterunternehmen aufgestellten Konzernabschluss erhältlich ist.*	☐ G M K	☐	☐	☐	

Angabepflicht im Anhang (Vorschrift, Sachverhalt, Alternativausweis, Schutzklausel, andere Besonderheiten) G = Groß; **M** = Mittelgroß; **K** = Klein	Besteht Angabe- pflicht?		Angabepflicht beachtet? (nur wenn 1. Frage mit „Ja" beantwortet)		
	Ja	Nein	Ja	Nein	Bemerkungen
Hinweis: – Von der kleinen GmbH braucht der Ort, wo der vom Mutterunternehmen aufgestellte KA erhältlich ist, nicht angegeben zu werden (§ 288 Abs. 1 Nr. 3 HGB)					
73. **Angaben zu befreiendem Konzernabschluss** **(§ 291 Abs. 2 Nr. 4 HGB)** **G** **M** **K** [RÄ] *Der Konzernabschluss und Konzernlage-bericht eines Mutterunternehmens mit Sitz in einem Mitgliedstaat der Europäischen Union oder in einem anderen Vertragsstaat des Abkommens über den Europäischen Wirtschaftsraum haben befreiende Wirkung, wenn ...* *der Anhang des Jahresabschlusses des zu be-freienden Unternehmens folgende Angaben enthält:* *a) Name und Sitz des Mutterunternehmens, das den befreienden Konzernabschluss und Konzernlagebericht aufstellt,* *b) einen Hinweis auf die Befreiung von der Ver-pflichtung, einen Konzernabschluss und einen Konzernlagebericht aufzustellen, und* *c) eine Erläuterung der im befreienden Konzern-abschluss vom deutschen Recht abweichend angewandten Bilanzierungs-, Bewertungs- und Konsolidierungsmethoden.*	☐	☐	☐	☐	
74. **Honorar des Abschlussprüfers** **(§ 285 Nr. 17 HGB)** **G** **(M)** *Im Anhang sind anzugeben das von dem Abschlussprüfer für das Geschäftsjahr berechnete Gesamthonorar, aufgeschlüsselt in das Honorar für* *a) die Abschlussprüfungsleistungen,* *b) andere Bestätigungsleistungen,* *c) Steuerberatungsleistungen,* *d) sonstige Leistungen,* *soweit die Angaben nicht in einem das Unter-nehmen einbeziehenden Konzernabschluss enthalten sind.* Hinweis: – Soweit mittelgroße GmbH diese Angaben nicht machen, sind sie verpflichtet, diese der WP-Kammer auf deren schriftliche Anforderungen zu übermitteln (§ 288 Abs. 2 Satz 2 HGB)	☐	☐	☐	☐	

Angabepflicht im Anhang (Vorschrift, Sachverhalt, Alternativausweis, Schutzklausel, andere Besonderheiten) **G** = Groß; **M** = Mittelgroß; **K** = Klein	Besteht Angabe-pflicht?		Angabepflicht beachtet? (nur wenn 1. Frage mit „Ja" beantwortet)		
	Ja	Nein	Ja	Nein	Bemerkungen
75. Besondere Vorgänge nach dem Schluss des Geschäftsjahrs (§ 285 Nr. 33 HGB) **G M** [NEU] *Im Anhang sind anzugeben Vorgänge von besonderer Bedeutung, die nach dem Schluss des Geschäftsjahrs eingetreten und weder in der Gewinn- und Verlustrechnung noch in der Bilanz berücksichtigt sind, unter Angabe ihrer Art und ihrer finanziellen Auswirkungen.* Hinweise: – Diese Angabe war vor BilRUG Teil des Lagebe-richts (Nachtragsbericht gem. § 289 Abs. 2 Nr. 1 HGB a.F.) – Eine Fehlanzeige (wie noch zum Lagebericht gem. DRS 20.114) ist hier nicht vorgesehen	☐	☐	☐	☐	
76. Ergebnisverwendungsvorschlag bzw. -beschluss (§ 285 Nr. 34 HGB) **G M** [NEU] *Im Anhang ist anzugeben der Vorschlag für die Verwendung des Ergebnisses oder der Beschluss über seine Verwendung.* Hinweis: – Darzustellen sein dürfte, wie das Ergebnis verwendet werden soll (vgl. Begr. zum BilRUG)	☐	☐	☐	☐	

		Referenz	**AG**
Mandant		Erstellt von / am	
Auftrag		Durchgesehen von / am	
Prüffeld / Betreff	**Anhang für Aktiengesellschaften**	Qualitätssicherung durch / am	

Angaben zur Gesellschaft und zur Aufstellung des Anhangs

BilRUG: **[NEU]** = neue Angabe, **[RÄ]** = redaktionelle Änderung, **[MÄ]** = materielle Änderung

Rechtsform:

☐ AG

☐ KGaA

Größe:

☐ Klein (= K)

☐ Mittelgroß (= M)

☐ Groß (= G)

In der Spalte „Besteht Angabepflicht?" wird mit G, M, K angegeben, ob für **diese** Größenklasse überhaupt eine Angabepflicht besteht (ansonsten Befreiung).

Besteht **Angabepflicht**, dann ist dieses Feld anzukreuzen und in der nächsten Spalte zu prüfen (anzukreuzen), ob die Angabepflicht im Anhang auch konkret beachtet wurde.

☐ **Anhang als Entwurf**   Erstellt von _____ am _____

☐ **Anhang als endg. Fassung**   Erstellt von _____ am _____

Angabepflicht im Anhang (Vorschrift, Sachverhalt, Alternativausweis, Schutzklausel, andere Besonderheiten) G = Groß; M = Mittelgroß; K = Klein	Besteht Angabe-pflicht?		Angabepflicht beachtet? (nur wenn 1. Frage mit „Ja" beantwortet)		
	Ja	Nein	Ja	Nein	Bemerkungen

I. Allgemeine Angaben zum Jahresabschluss

	Besteht Angabepflicht? Ja	Nein	Ja	Nein	Bemerkungen
0. Erstmalige Anwendung der Neu-Definition der Umsatzerlöse des § 277 Abs. 1 HGB (Art. 75 Abs. 2 S. 3 EGHGB) G M K [NEU] *Bei der erstmaligen Anwendung der in Satz 1 bezeichneten Vorschriften ist im Anhang [...] auf die fehlende Vergleichbarkeit der Umsatzerlöse hinzuweisen und unter nachrichtlicher Darstellung des Betrags der Umsatzerlöse des Vorjahres, der sich aus der Anwendung von § 277 Abs. 1 in der Fassung des Bilanzrichtlinie-Umsetzungsgesetzes ergeben haben würde, zu erläutern.*	☐	☐	☐	☐	
1. Angaben zur Identifikation der Gesellschaft (§ 264 Abs. 1a) HGB) G M K [NEU] *In dem Jahresabschluss sind die Firma, der Sitz, das Registergericht und die Nummer, unter der die Gesellschaft in das Handelsregister einge-tragen ist, anzugeben. Befindet sich die Gesell-schaft in Liquidation oder Abwicklung, ist auch diese Tatsache anzugeben.* Hinweis: – Alternativen: In der Überschrift des Jahresab-schlusses oder auf gesondertem Deckblatt zum Jahresabschluss oder an anderer herausge-hobener Stelle (vgl. Begr. zum BilRUG)	☐	☐	☐	☐	
2. Allgemeines zum Anhang/Reihenfolge bestimmter Anhangangaben (§ 284 Abs. 1 S. 1 HGB) G M K [NEU] *In den Anhang sind diejenigen Angaben aufzunehmen, die zu den einzelnen Posten der Bilanz oder der Gewinn- und Verlustrechnung vorgeschrieben sind; sie sind in der Reihenfolge der einzelnen Posten der Bilanz und der Gewinn- und Verlustrechnung darzustellen. Im Anhang sind auch die Angaben zu machen, die in Ausübung eines Wahlrechts nicht in die Bilanz oder in die Gewinn- und Verlustrechnung aufgenommen wurden.* Hinweis: – Die Anhangangaben sind neuerdings in der **Reihenfolge der Bilanz-/GuV-Posten** darzustellen; dabei kann es sinnvoll sein, die Angaben mit Nummern zu versehen („Notes")	☐	☐	☐	☐	

Angabepflicht im Anhang (Vorschrift, Sachverhalt, Alternativausweis, Schutzklausel, andere Besonderheiten) G = Groß; M = Mittelgroß; K = Klein	Besteht Angabe- pflicht?		Angabepflicht beachtet? (nur wenn 1. Frage mit „Ja" beantwortet)		
	Ja	Nein	Ja	Nein	Bemerkungen
3. **Zusatzangaben bzgl. Bild der VFE-Lage** **(§ 264 Abs. 2 S. 2 HGB)** *Führen besondere Umstände dazu, dass der Jahresabschluss ein den tatsächlichen Ver- hältnissen entsprechendes Bild im Sinne des Satzes 1 nicht vermittelt, so sind im Anhang zusätzliche Angaben zu machen.*	☐ G M K	☐	☐	☐	
4. **Darstellungsstetigkeit** **(§ 265 Abs. 1 S. 2 HGB)** *Die Form der Darstellung, insbesondere die Gliederung der aufeinanderfolgenden Bilanzen und Gewinn- und Verlustrechnungen, ist beizubehalten, soweit nicht in Ausnahmefällen wegen besonderer Umstände Abweichungen erforderlich sind. Die Abweichungen sind im Anhang anzugeben und zu begründen.*	☐ G M K	☐	☐	☐	
5. **Vergleichbarkeit mit Vorjahresbeträgen** **(§ 265 Abs. 2 S. 2 HGB)** *In der Bilanz sowie in der Gewinn- und Verlust- rechnung ist zu jedem Posten der entsprechende Betrag des vorhergehenden Geschäftsjahrs anzugeben. Sind die Beträge nicht vergleichbar, so ist dies im Anhang anzugeben und zu erläutern.*	☐ G M K	☐	☐	☐	
6. **Anpassung von Vorjahresbeträgen** **(§ 265 Abs. 2 S. 3 HGB)** *Wird der Vorjahresbetrag angepasst, so ist auch dies im Anhang anzugeben und zu erläutern.*	☐ G M K	☐	☐	☐	
7. **Ergänzung der Gliederung bei mehreren Geschäftszweigen** **(§ 265 Abs. 4 S. 2 HGB)** *Sind mehrere Geschäftszweige vorhanden und bedingt dies die Gliederung des Jahresabschlusses nach verschiedenen Gliederungsvorschriften, so ist der Jahresabschluss nach der für einen Geschäftszweig vorgeschriebenen Gliederung aufzustellen und nach der für die anderen Geschäftszweige vorgeschriebenen Gliederung zu ergänzen. Die Ergänzung ist im Anhang anzugeben und zu begründen.*	☐ G M	☐	☐	☐	

Angabepflicht im Anhang (Vorschrift, Sachverhalt, Alternativausweis, Schutzklausel, andere Besonderheiten) G = Groß; **M** = Mittelgroß; **K** = Klein	Besteht Angabe- pflicht?		Angabepflicht beachtet? (nur wenn 1. Frage mit „Ja" beantwortet)		
	Ja	**Nein**	**Ja**	**Nein**	**Bemerkungen**
8. **Gesonderter Ausweis zusammengefasster Posten** (§ 265 Abs. 7 Nr. 2 HGB) *Die mit arabischen Zahlen versehenen Posten der Bilanz und der Gewinn- und Verlustrechnung können, wenn nicht besondere Formblätter vorgeschrieben sind, zusammengefasst ausgewiesen werden, wenn* *1. ...* *2. dadurch die Klarheit der Darstellung vergrößert wird; in diesem Falle müssen die zusammengefassten Posten jedoch im Anhang gesondert ausgewiesen werden.* G M K	☐	☐	☐	☐	
II. Bilanzierungs- und Bewertungsmethoden					
9. **Bilanzierungs- und Bewertungsmethoden** (§ 284 Abs. 2 Nr. 1 HGB) *Im Anhang müssen die auf die Posten der Bilanz und der Gewinn- und Verlustrechnung angewandten Bilanzierungs- und Bewertungsmethoden angegeben werden.* Hinweise: – Hierzu zählen jetzt auch die Grundlagen der **Fremdwährungsumrechnung** – Beispiel: Zu **Verbindlichkeitenrückstellungen** sind hier ausdrücklich folgende Angaben zu machen (vgl. IDW RS HFA 34, Tz. 51 f.): – die angewandten Schätzverfahren – bei einer Restlaufzeit von einem Jahr oder weniger die Ausübung des Abzinsungswahlrechts – die der Ermittlung des Aufzinsungsaufwands zugrunde gelegten Annahmen – bei einer Bewertung von Pauschalrückstellungen unter Anwendung der Gruppenbewertung von Schulden gem. § 240 Abs. 4 HGB die Bewertungsparameter – ob Erfolge aus Änderungen des Abzinsungszinssatzes oder Zinseffekte im operativen oder im Finanzergebnis ausgewiesen werden G M K	☐	☐	☐	☐	
10. **Abweichungen von Bilanzierungs- und Bewertungsmethoden** (§ 284 Abs. 2 Nr. 2 HGB) [RÄ] *Im Anhang müssen Abweichungen von Bilanzierungs- und Bewertungsmethoden angegeben und begründet werden; deren Einfluss auf die Vermögens-, Finanz- und Ertragslage ist gesondert darzustellen.* G M K	☐	☐	☐	☐	

Angabepflicht im Anhang (Vorschrift, Sachverhalt, Alternativausweis, Schutzklausel, andere Besonderheiten) **G** = Groß; **M** = Mittelgroß; **K** = Klein	Besteht Angabe-pflicht?		Angabepflicht beachtet? (nur wenn 1. Frage mit „Ja" beantwortet)		
	Ja	Nein	Ja	Nein	Bemerkungen
11. Erhebliche Unterschiedsbeträge bei Bewertungsvereinfachungsmethoden (§ 284 Abs. 2 Nr. 3 HGB) [RÄ] *Im Anhang müssen bei Anwendung einer Bewertungsmethode nach § 240 Abs. 4, § 256 Satz 1 die Unterschiedsbeträge pauschal für die jeweilige Gruppe ausgewiesen werden, wenn die Bewertung im Vergleich zu einer Bewertung auf der Grundlage des letzten vor dem Abschlussstichtag bekannten Börsenkurses oder Marktpreises einen erheblichen Unterschied aufweist.* G M	☐	☐	☐	☐	
12. Fremdkapitalzinsen in Herstellungskosten (§ 284 Abs. 2 Nr. 4 HGB) [RÄ] *Im Anhang müssen Angaben über die Einbeziehung von Zinsen für Fremdkapital in die Herstellungskosten gemacht werden.* Hinweis: – Vgl. dazu auch die Angaben zu den Anlagegegenständen unten Nr. 17 G M K	☐	☐	☐	☐	
13. Bewertungseinheiten (Hedge-Accounting) (§ 285 Nr. 23 HGB) *Im Anhang sind anzugeben bei Anwendung des § 254,* a) *mit welchem Betrag jeweils Vermögensgegen-stände, Schulden, schwebende Geschäfte und mit hoher Wahrscheinlichkeit vorgesehene Transaktionen zur Absicherung welcher Risiken in welche Arten von Bewertungseinheiten einbezogen sind sowie die Höhe der mit Bewertungseinheiten abgesicherten Risiken,* G M K	☐	☐	☐	☐	
b) *für die jeweils abgesicherten Risiken, warum in welchem Umfang und für welchen Zeitraum sich die gegenläufigen Wertänderungen oder Zahlungsströme künftig voraussichtlich aus-gleichen einschließlich der Methode der Ermittlung,* c) *eine Erläuterung der mit hoher Wahrscheinlich-keit erwarteten Transaktionen, die in Bewertungseinheiten einbezogen wurden, soweit die Angaben nicht im Lagebericht gemacht werden.* Hinweise: – Alternativ: Lagebericht (Risikobericht) ☐ – Dies gilt auch für Rückstellungen, die in eine Bewertungseinheit einbezogen sind (vgl. IDW RS HFA 34, Tz. 54)		☐	☐	☐	

Angabepflicht im Anhang (Vorschrift, Sachverhalt, Alternativausweis, Schutzklausel, andere Besonderheiten) G = Groß; M = Mittelgroß; K = Klein	Besteht Angabe- pflicht?		Angabepflicht beachtet? (nur wenn 1. Frage mit „Ja" beantwortet)		
	Ja	Nein	Ja	Nein	Bemerkungen

III. Erläuterungen zur Bilanz

14. **Mitzugehörigkeit zu anderen Bilanzposten (§ 265 Abs. 3 S. 1 HGB)** *Fällt ein Vermögensgegenstand oder eine Schuld unter mehrere Posten der Bilanz, so ist die Mitzugehörigkeit zu anderen Posten bei dem Posten, unter dem der Ausweis erfolgt ist, zu vermerken oder im Anhang anzugeben, wenn dies zur Aufstellung eines klaren und übersichtlichen Jahresabschlusses erforderlich ist.* Hinweis: – Alternativ: Bilanz ☐	G M K	☐	☐	☐	☐	
15. **Anlagegitter/-spiegel (§ 284 Abs. 3 S. 1 und 2 HGB)** **[RÄ]** *Im Anhang ist die Entwicklung der einzelnen Posten des Anlagevermögens in einer gesonderten Aufgliederung darzustellen. Dabei sind, ausgehend von den gesamten Anschaffungs- und Herstellungs- kosten, die Zugänge, Abgänge, Umbuchungen und Zuschreibungen des Geschäftsjahrs sowie die Abschreibungen gesondert aufzuführen.* Hinweis: – Bruttoanlagespiegel (Vorjahreszahlen nicht zwingend)	G M	☐	☐	☐	☐	
16. **Abschreibungen des Geschäftsjahrs (§ 284 Abs. 3 S. 3 HGB)** **[MÄ]** *Zu den Abschreibungen sind gesondert folgende Angaben zu machen:* *die Abschreibungen in ihrer gesamten Höhe zu Beginn und Ende des Geschäftsjahrs* *die im Laufe des Geschäftsjahrs vorgenommenen Abschreibungen* *Änderungen in den Abschreibungen in ihrer gesamten Höhe im Zusammenhang mit Zu- und Abgängen sowie Umbuchungen im Laufe des Geschäftsjahrs.*	G M	☐	☐	☐	☐	
17. **Fremdkapitalzinsen in den Herstellungskosten von Anlagegegenständen (§ 284 Abs. 3 S. 4 HGB)** **[NEU]** *Sind in die Herstellungskosten Zinsen für Fremdkapital einbezogen worden, ist für jeden Posten des Anlagevermögens anzugeben, welcher Betrag an Zinsen im Geschäftsjahr aktiviert worden ist.* Hinweis: – Die Angaben können auch postenweise außerhalb des Anlagegitters gemacht werden	G M	☐	☐	☐	☐	

Angabepflicht im Anhang (Vorschrift, Sachverhalt, Alternativausweis, Schutzklausel, andere Besonderheiten) G = Groß; M = Mittelgroß; K = Klein	Besteht Angabepflicht?		Angabepflicht beachtet? (nur wenn 1. Frage mit „Ja" beantwortet)		
	Ja	Nein	Ja	Nein	Bemerkungen
18. **Forschungs- und Entwicklungskosten (§ 285 Nr. 22 HGB)** *Im Anhang sind anzugeben im Fall der Aktivierung nach § 248 Abs. 2 der Gesamtbetrag der Forschungs- und Entwicklungskosten des Geschäftsjahres sowie der davon auf die selbst geschaffenen immateriellen Vermögensgegenstände des Anlagevermögens entfallende Betrag.* G M	☐	☐	☐	☐	
19. **Abschreibungszeitraum des Geschäfts- oder Firmenwerts (§ 285 Nr. 13 HGB)** [MÄ] *Im Anhang sind anzugeben jeweils eine Erläuterung des Zeitraums, über den ein entgeltlich erworbener Geschäfts- oder Firmenwert abgeschrieben wird.* Hinweise: – Zu berücksichtigen ist hier die neue Vorschrift des § 253 Abs. 3 Satz 3 und 4 HGB i.d.F. des BilRUG: *Kann in Ausnahmefällen die voraussichtliche Nutzungsdauer eines selbst geschaffenen immateriellen Vermögensgegenstands des Anlagevermögens nicht verlässlich geschätzt werden, sind planmäßige Abschreibungen auf die Herstellungskosten über einen Zeitraum von zehn Jahren vorzunehmen. Satz 3 findet auf einen entgeltlich erworbenen Geschäfts- oder Firmenwert entsprechende Anwendung.* – Die Nutzungsdauer von 15 Jahren gem. § 7 EStG sollte hier nicht herangezogen werden G M K	☐	☐	☐	☐	
20. **Anteile oder Anlageaktien an inländischen Investmentvermögen (§ 285 Nr. 26 HGB)** [RÄ] *Im Anhang sind anzugeben zu Anteilen oder Anlageaktien an inländischen Investmentvermögen im Sinn des § 1 des Investmentgesetzes oder vergleichbaren ausländischen Investmentanteilen im Sinn des § 2 Abs. 9 des Investmentgesetztes von mehr als dem zehnten Teil, aufgegliedert nach Anlagezielen, deren Wert im Sinn des § 36 des Investmentgesetztes oder vergleichbarer ausländischer Vorschriften über die Ermittlung des Marktwertes, die Differenz zum Buchwert und die für das Geschäftsjahr erfolgte Ausschüttung sowie Beschränkungen in der Möglichkeit der täglichen Rückgabe; darüber hinaus die Gründe dafür, dass eine Abschreibung gemäß § 253 Abs. 3 Satz 6 unterblieben ist, einschließlich der Anhaltspunkte, die darauf hindeuten, dass die Wertminderung voraussichtlich nicht von Dauer ist; Nummer 18 ist insoweit nicht anzuwenden.* G M	☐	☐	☐	☐	

Angabepflicht im Anhang (Vorschrift, Sachverhalt, Alternativausweis, Schutzklausel, andere Besonderheiten) G = Groß; M = Mittelgroß; K = Klein	Besteht Angabe-pflicht?		Angabepflicht beachtet? (nur wenn 1. Frage mit „Ja" beantwortet)		
	Ja	Nein	Ja	Nein	Bemerkungen
Hinweis: Diese Finanzinstrumente sind nicht in die gemäß § 285 Nr. 18 HGB angabepflichtigen Finanzinstrumente einzubeziehen					
21. **Bestimmte Finanzinstrumente mit Ausweis über ihrem beizulegenden Wert (§ 285 Nr. 18 HGB)** **G** **M** [RÄ] *Im Anhang sind anzugeben für zu den Finanzanlagen (§ 266 Abs. 2 A. III.) gehörende Finanzinstrumente, die über ihrem beizulegenden Zeitwert ausgewiesen werden, da insoweit eine außerplanmäßige Abschreibung gemäß § 253 Abs. 3 Satz 6 unterblieben ist:* *a) der Buchwert und der beizulegende Zeitwert der einzelnen Vermögensgegenstände oder ange-messener Gruppierungen sowie* *b) die Gründe für das Unterlassen der Ab-schreibung gemäß § 253 Abs. 2 Satz 3 einschließlich der Anhaltspunkte, die darauf hindeuten, dass die Wertminderung voraussichtlich nicht von Dauer ist.*	☐	☐	☐	☐	
22. **Derivative Finanzinstrumente (§ 285 Nr. 19 HGB)** **G** **M** *Im Anhang sind anzugeben für jede Kategorie nicht zum beizulegenden Zeitwert bilanzierter derivativer Finanzinstrumente* *a) deren Art und Umfang,* *b) deren beizulegender Zeitwert, soweit er sich nach § 255 Abs. 4 verlässlich ermitteln lässt, unter Angabe der angewandten Bewertungsmethode,* *c) deren Buchwert und der Bilanzposten, in welchem der Buchwert, soweit vorhanden, erfasst ist, sowie* *d) die Gründe dafür, warum der beizulegende Zeitwert nicht bestimmt werden kann.*	☐	☐	☐	☐	
23. Nur bei Kreditinstituten: **Finanzinstrumente i.S.v. § 340e Abs. 3 S. 1 HGB (§ 285 Nr. 20 HGB)** **G** **M** **K** *Im Anhang sind anzugeben für gemäß § 340e Abs. 3 Satz 1 mit dem beizulegenden Zeitwert bewertete Finanzinstrumente* *a) die grundlegenden Annahmen, die der Bestimmung des beizulegenden Zeitwertes mit Hilfe allgemein anerkannter Bewertungs-methoden zugrunde gelegt wurden, sowie*	☐	☐	☐	☐	

Angabepflicht im Anhang (Vorschrift, Sachverhalt, Alternativausweis, Schutzklausel, andere Besonderheiten) G = Groß; M = Mittelgroß; K = Klein	Besteht Angabe-pflicht?		Angabepflicht beachtet? (nur wenn 1. Frage mit „Ja" beantwortet)		
	Ja	Nein	Ja	Nein	Bemerkungen
b) Umfang und Art jeder Kategorie derivativer Finanzinstrumente einschließlich der wesentlichen Bedingungen, welche die Höhe, den Zeitpunkt und die Sicherheit künftiger Zahlungsströme beeinflussen können.					
24. **Nach dem Abschlussstichtag entstehende (antizipative) sonstige Vermögensgegenstände (§ 268 Abs. 4 S. 2 HGB)** G M *Werden unter dem Posten „sonstige Vermögens-gegenstände" Beträge für Vermögensgegenstände ausgewiesen, die erst nach dem Abschlussstichtag rechtlich entstehen, so müssen Beträge, die einen größeren Umfang haben, im Anhang erläutert werden.*	☐	☐	☐	☐	
25. **Angaben zu Vorratsaktien (§ 160 Abs. 1 Nr. 1 AktG)** G M *Im Anhang sind Angaben zu machen über den Be-stand und den Zugang an Aktien, die ein Aktionär für Rechnung der Gesellschaft oder eines ab-hängigen oder eines im Mehrheitsbesitz der Gesell-schaft stehenden Unternehmens oder ein ab-hängiges oder im Mehrheitsbesitz der Gesellschaft stehendes Unternehmen als Gründer oder Zeichner oder in Ausübung eines bei einer bedingten Kapitalerhöhung eingeräumten Umtausch- oder Bezugsrechts übernommen hat; sind solche Aktien im Geschäftsjahr verwertet worden, so ist auch über die Verwertung unter Angabe des Erlöses und die Verwendung des Erlöses zu berichten.* Hinweis: – ggf. Schutzklausel (§ 160 Abs. 2 AktG) ☐	☐	☐	☐	☐	
26. **Angaben zu eigenen Aktien (§ 160 Abs. 1 Nr. 2 AktG)** G M K *Im Anhang sind Angaben zu machen über den Bestand an eigenen Aktien der Gesellschaft, die sie, ein abhängiges oder im Mehrheitsbesitz der Gesellschaft stehendes Unternehmen oder ein anderer für Rechnung der Gesellschaft oder eines abhängigen oder eines im Mehrheitsbesitz der Gesellschaft stehenden Unternehmens erworben oder als Pfand genommen hat; dabei sind die Zahl dieser Aktien und der auf sie entfallende Betrag des Grundkapitals sowie deren Anteil am Grund-kapital, für erworbene Aktien ferner der Zeitpunkt des Erwerbs und die Gründe für den Erwerb anzu-geben. Sind solche Aktien im Geschäftsjahr erwor-ben oder veräußert worden, so ist auch über den Erwerb oder die Veräußerung unter Angabe der Zahl dieser Aktien, des auf sie entfallenden Betrags des Grundkapitals, des Anteils am Grundkapital und des Erwerbs oder Veräußerungspreises sowie über die Verwendung des Erlöses zu berichten.*	☐	☐	☐	☐	

Angabepflicht im Anhang (Vorschrift, Sachverhalt, Alternativausweis, Schutzklausel, andere Besonderheiten) G = Groß; M = Mittelgroß; K = Klein	Besteht Angabe-pflicht?		Angabepflicht beachtet? (nur wenn 1. Frage mit „Ja" beantwortet)		
	Ja	Nein	Ja	Nein	Bemerkungen
Hinweise: – Diese Angabe ist mit der Maßgabe anzuwenden, dass die Gesellschaft nur Angaben zu von ihr selbst oder durch eine andere Person für Rechnung der Gesellschaft erworbenen und gehaltenen eigenen Aktien machen muss und über die Verwendung des Erlöses aus der Ver-äußerung eigener Aktien nicht zu berichten braucht – ggf. Schutzklausel (§ 160 Abs. 2 AktG) ☐					
27. **Disagio** **(§ 268 Abs. 6 HGB)** *Ein nach § 250 Abs. 3 in den Rechnungsabgren-zungsposten auf der Aktivseite aufgenommener Unterschiedsbetrag ist in der Bilanz gesondert auszuweisen oder im Anhang anzugeben.* Hinweis: – Alternativ: Bilanz ☐	☐ G M	☐	☐	☐	
28. **Angaben zu Zahl und Nennbetrag der Aktien** **(§ 160 Abs. 1 Nr. 3 AktG)** *[RÄ] Im Anhang sind Angaben zu machen über die Zahl der Aktien jeder Gattung, wobei zu Nennbetragsaktien der Nennbetrag und zu Stückaktien der rechnerische Wert für jede von ihnen anzugeben ist, sofern sich diese Angaben nicht aus der Bilanz ergeben;* *davon sind Aktien, die bei einer bedingten Kapitalerhöhung oder einem genehmigten Kapital im Geschäftsjahr gezeichnet wurden, jeweils gesondert anzugeben.* Hinweis: – ggf. Schutzklausel (§ 160 Abs. 2 AktG) ☐	☐ G M	☐	☐	☐	
29. **Genehmigtes Kapital** **(§ 160 Abs. 1 Nr. 4 AktG)** *Im Anhang sind Angaben zu machen über das genehmigte Kapital.* Hinweis: – ggf. Schutzklausel (§ 160 Abs. 2 AktG) ☐	☐ G M	☐	☐	☐	
30. **Bezugsrechte, Wandelschuldverschreibungen** **(§ 160 Abs. 1 Nr. 5 AktG)** *[RÄ] Im Anhang sind Angaben zu machen über die Zahl der Bezugsrechte gemäß § 192 Abs. 2 Nummer 3.* Hinweis: – ggf. Schutzklausel (§ 160 Abs. 2 AktG) ☐	☐ G M	☐	☐	☐	

Angabepflicht im Anhang (Vorschrift, Sachverhalt, Alternativausweis, Schutzklausel, andere Besonderheiten) **G** = Groß; **M** = Mittelgroß; **K** = Klein	Besteht Angabe- pflicht?		Angabepflicht beachtet? (nur wenn 1. Frage mit „Ja" beantwortet)		
	Ja	Nein	Ja	Nein	Bemerkungen
31. Genussscheine und ähnliche Rechte **(§ 285 Abs. 15a) HGB)** [NEU] *Im Anhang sind Angaben zu machen über das Bestehen von Genussscheinen, Genussrechten, Wandelschuldverschreibungen, Optionsscheinen, Optionen, Besserungsscheinen oder vergleichbaren Wertpapieren oder Rechten, unter Angabe der Anzahl und der Rechte, die sie verbriefen.*	☐ G M	☐	☐	☐	
32. Kapitalrücklage **(§ 152 Abs. 2 AktG)** *Zu dem Posten „Kapitalrücklage" sind in der Bilanz oder im Anhang gesondert anzugeben* *1. der Betrag, der während des Geschäftsjahrs eingestellt wurde;* *2. der Betrag, der für das Geschäftsjahr entnommen wird.* Hinweis: – Alternativ: Bilanz ☐	☐ G M	☐	☐	☐	
33. Gewinnrücklagen **(§ 152 Abs. 3 AktG)** *Zu den einzelnen Posten der Gewinnrücklagen sind in der Bilanz oder im Anhang jeweils gesondert anzugeben* *1. die Beträge, die die Hauptversammlung aus dem Bilanzgewinn des Vorjahrs eingestellt hat;* *2. die Beträge, die aus dem Jahresüberschuss des Geschäftsjahrs eingestellt werden;* *3. die Beträge, die für das Geschäftsjahr entnommen werden.* Hinweis: – Alternativ: Bilanz ☐	☐ G M	☐	☐	☐	
34. Eigenkapitalanteil von Wertaufholungen **(§ 58 Abs. 2a) S. 2 AktG)** [MÄ] *Der Betrag dieser Rücklagen ist in der Bilanz gesondert auszuweisen; er kann auch im Anhang angegeben werden.* Hinweis: – Alternativ: Bilanz ☐	☐ G M K	☐	☐	☐	
35. Bilanzaufstellung nach Ergebnisverwendung **(§ 268 Abs. 1 S. 3 HGB)** [MÄ] *Die Angabe kann auch im Anhang gemacht werden.* Hinweis: – Alternativ: Bilanz ☐	☐ G M K	☐	☐	☐	

Angabepflicht im Anhang (Vorschrift, Sachverhalt, Alternativausweis, Schutzklausel, andere Besonderheiten) G = Groß; **M** = Mittelgroß; **K** = Klein	Besteht Angabe- pflicht?		Angabepflicht beachtet? (nur wenn 1. Frage mit „Ja" beantwortet)		
	Ja	Nein	Ja	Nein	Bemerkungen
36. **Ausschüttungsgesperrte Beträge (§ 285 Nr. 28 HGB)** *Im Anhang sind anzugeben der Gesamtbetrag der Beträge im Sinn des § 268 Abs. 8, aufgegliedert in Beträge aus der Aktivierung selbst geschaffener immaterieller Vermögensgegenstände des Anlage- vermögens, Beträge aus der Aktivierung latenter Steuern und aus der Aktivierung von Vermögens- gegenständen zum beizulegenden Zeitwert.*	☐ G M	☐	☐	☐	
37. **Sonderposten mit Rücklageanteil bzw. steuerrechtliche Wertberichtigungen (§ 273 S. 2, 2. Halbs. HGB a.F.)** *Die Vorschriften, nach denen er gebildet worden ist, sind in der Bilanz oder im Anhang anzugeben.* Hinweise: – Alternativ: Bilanz ☐ – Die Angabepflicht gilt nur noch für **Altfälle vor BilMoG** (Art. 67 Abs. 3 Satz 1 EGHGB).	☐ G M K	☐	☐	☐	
38. **Berechnung der Rückstellungen für Pensionen und ähnliche Verpflichtungen (§ 285 Nr. 24 HGB)** *Im Anhang sind anzugeben zu den Rückstellungen für Pensionen und ähnliche Verpflichtungen das angewandte versicherungsmathematische Berechnungsverfahren sowie die grundlegenden Annahmen der Berechnung, wie Zinssatz, erwartete Lohn- und Gehaltssteigerungen und zugrunde gelegte Sterbetafeln.* Hinweis: – Zu Einzelheiten vgl. IDW RS HFA 30, Tz. 89 ff.	☐ G M	☐	☐	☐	
39. **Verrechnung von Pensionsrückstellungen mit Rückdeckungsvermögen (§ 285 Nr. 25 HGB)** *Im Anhang sind anzugeben im Fall der Verrechnung von Vermögensgegenständen und Schulden nach § 246 Abs. 2 Satz 2 die Anschaffungskosten und der beizulegende Zeitwert der verrechneten Vermögensgegenstände, der Erfüllungsbetrag der verrechneten Schulden sowie die verrechneten Aufwendungen und Erträge; Nummer 20 Buchstabe a ist entsprechend anzuwenden.* Hinweis: Da § 285 Nr. 20a) HGB entsprechend anzuwenden ist, sind außerdem die grundlegenden Annahmen, die der Bestimmung des beizulegenden Zeitwertes mit Hilfe allgemein anerkannter Bewertungs- methoden zugrunde gelegt wurden, anzugeben	☐ G M K	☐	☐	☐	

Angabepflicht im Anhang (Vorschrift, Sachverhalt, Alternativausweis, Schutzklausel, andere Besonderheiten) G = Groß; M = Mittelgroß; K = Klein	Besteht Angabe-pflicht?		Angabepflicht beachtet? (nur wenn 1. Frage mit „Ja" beantwortet)		
	Ja	Nein	Ja	Nein	Bemerkungen
40. **Fehlbetrag zu Pensionsverpflichtungen (Art. 28 Abs. 2, 48 Abs. 6 EGHGB)** *Bei Anwendung des Absatzes 1 müssen Kapital-gesellschaften die in der Bilanz nicht ausge-wiesenen Rückstellungen für laufende Pensionen, Anwartschaften auf Pensionen und ähnliche Verpflichtungen jeweils im Anhang ... in einem Betrag angeben.* Hinweis: – Zu Einzelheiten vgl. IDW RS HFA 30, Tz. 90 ff.	☐ G M K	☐	☐	☐	
41. **Fehlbetrag zu Pensionsverpflichtungen nach BilMoG (Art. 67 Abs. 2 EGHGB)** *Die in der Bilanz nicht ausgewiesenen Rückstellungen für laufende Pensionen, Anwartschaften auf Pensionen und ähnliche Verpflichtungen sind jeweils im Anhang ... anzugeben.*	☐ G M K	☐	☐	☐	
42. **Betrag der Überdeckung aufgrund nicht aufgelöster Rückstellungen nach BilMoG (Art. 67 Abs. 1 S. 4 EGHGB)** *Wird von dem Wahlrecht nach Satz 2 Gebrauch gemacht, ist der Betrag der Überdeckung jeweils im Anhang ... anzugeben.*	☐ G M K	☐	☐	☐	
43. **Zu Altersversorgungsverpflichtungen Angabe des Unterschiedsbetrags nach § 253 Abs. 2 S. 1 HGB (§ 253 Abs. 2 S. 3 HGB)** **[Neu]** *Der Unterschiedsbetrag nach Satz 1 ist in jedem Geschäftsjahr im Anhang oder unter der Bilanz darzustellen.* Hinweise: – Alternativ: Bilanz ☐ – Bei vorzeitiger Anwendung des Abzinsungs-satzes von 10 Jahren: Angaben zur Erläuterung der Ausübung der Anwendung des Wahlrechts des Art. 75 Abs. 7 Satz 1 EGHGB (Satz 4)	☐ G M K	☐	☐	☐	
44. **Sonstige Rückstellungen (§ 285 Nr. 12 HGB)** *Rückstellungen, die in der Bilanz unter dem Posten „sonstige Rückstellungen" nicht gesondert ausge-wiesen werden, sind zu erläutern, wenn sie einen nicht unerheblichen Umfang haben.*	☐ G M	☐	☐	☐	

Angabepflicht im Anhang (Vorschrift, Sachverhalt, Alternativausweis, Schutzklausel, andere Besonderheiten) G = Groß; M = Mittelgroß; K = Klein	Besteht Angabe-pflicht?		Angabepflicht beachtet? (nur wenn 1. Frage mit „Ja" beantwortet)		
	Ja	Nein	Ja	Nein	Bemerkungen
Hinweise: – Alternativ: Bilanz ☐ – Die Angabepflicht kann z. B. auch in Form eines **Rückstellungsspiegels** erfolgen, in dem der Posten tabellarisch nach einzelnen Rückstellungsarten unter Angabe der Art und des Betrags der jeweiligen Rückstellung aufgegliedert wird (vgl. IDW RS HFA 34, Tz. 53)					
45. **Nach dem Abschlussstichtag entstehende (antizipative) Verbindlichkeiten (§ 268 Abs. 5 S. 3 HGB)** *Sind unter dem Posten „Verbindlichkeiten" Beträge für Verbindlichkeiten ausgewiesen, die erst nach dem Abschlussstichtag rechtlich entstehen, so müssen Beträge, die einen größeren Umfang haben, im Anhang erläutert werden.*	☐ G M	☐	☐	☐	
46. **Gesamtbetrag der Verbindlichkeiten nach Restlaufzeit (§ 285 Nr. 1a) HGB)** *Im Anhang sind anzugeben zu den in der Bilanz ausgewiesenen Verbindlichkeiten der Gesamtbetrag der Verbindlichkeiten mit einer Restlaufzeit von mehr als fünf Jahren.*	☐ G M K	☐	☐	☐	
47. **Gesamtbetrag der Verbindlichkeiten nach Sicherheiten (§ 285 Nr. 1 b) HGB)** *Im Anhang sind anzugeben zu den in der Bilanz ausgewiesenen Verbindlichkeiten der Gesamtbetrag der Verbindlichkeiten, die durch Pfandrechte oder ähnliche Rechte gesichert sind, unter Angabe von Art und Form der Sicherheiten.*	☐ G M K	☐	☐	☐	
48. **Aufgliederung der Verbindlichkeiten nach Restlaufzeit und nach Sicherheiten (§ 285 Nr. 2 HGB)** *Im Anhang sind anzugeben die Aufgliederung der in Nummer 1 verlangten Angaben für jeden Posten der Verbindlichkeiten nach dem vorgeschriebenen Gliederungsschema.*	☐ G M	☐	☐	☐	
49. **Latente Steuern (§ 285 Nr. 29 HGB)** *Im Anhang sind anzugeben auf welchen Differenzen oder steuerlichen Verlustvorträgen die latenten Steuern beruhen und mit welchen Steuersätzen die Bewertung erfolgt ist.*	☐ G	☐	☐	☐	

Angabepflicht im Anhang (Vorschrift, Sachverhalt, Alternativausweis, Schutzklausel, andere Besonderheiten) G = Groß; M = Mittelgroß; K = Klein	Besteht Angabe-pflicht?		Angabepflicht beachtet? (nur wenn 1. Frage mit „Ja" beantwortet)		
	Ja	Nein	Ja	Nein	Bemerkungen
50. **Latente Steuern, quantitative Zusatzangaben (§ 285 Nr. 30 HGB)** [NEU] *Im Anhang sind anzugeben, wenn latente Steuerschulden in der Bilanz angesetzt werden, die latenten Steuersalden am Ende des Geschäftsjahrs und die im Laufe des Geschäftsjahrs erfolgten Änderungen dieser Salden.* Hinweise: – *Im Unterschied zu § 285 Nr. 29 HGB sind hier in jedem Fall quantitative Angaben erforderlich* – *Hier ist ein „Spiegel latenter Steuerschulden" möglich*	☐ G M	☐	☐	☐	
51. **Haftungsverhältnisse (§ 268 Abs. 7 Nr. 1 und 2 HGB)** [MÄ] *Für die in § 251 bezeichneten Haftungsver-hältnisse sind* *die Angaben zu nicht auf der Passivseite auszu-weisenden Verbindlichkeiten oder Haftungsver-hältnissen im Anhang zu machen,* *dabei die Haftungsverhältnisse jeweils gesondert unter Angabe der gewährten Pfandrechte und sonstigen Sicherheiten anzugeben.*	☐ G M K	☐	☐	☐	
52. **Verpflichtungen betreffend die Altersver-sorgung sowie gegenüber verbundenen oder assoziierten Unternehmen (§ 268 Abs. 7 Nr. 3 HGB)** [MÄ] *Jeweils gesondert zu vermerken sind Ver-pflichtungen betreffend die Altersversorgung und Verpflichtungen gegenüber verbundenen oder assoziierten Unternehmen.*	☐ G M K	☐	☐	☐	
53. **Eventualverbindlichkeiten und Haftungsver-hältnisse (§ 285 Nr. 27 HGB)** [RÄ] *Im Anhang sind anzugeben für nach § 268 Abs. 7 Halbsatz 1 im Anhang ausgewiesene Verbindlichkeiten und Haftungsverhältnisse die Gründe der Einschätzung des Risikos der Inanspruchnahme.*	☐ G M	☐	☐	☐	
54. **Sonstige finanzielle Verpflichtungen (§ 285 Nr. 3a), 1. Halbs. HGB)** [RÄ] *Im Anhang sind anzugeben der Gesamtbetrag der sonstigen finanziellen Verpflichtungen, die nicht in der Bilanz enthalten sind und die nicht nach § 268 Absatz 7 oder Nummer 3 anzugeben sind, sofern diese Angabe für die Beurteilung der Finanzlage von Bedeutung ist.*	☐ G M K	☐	☐	☐	

Angabepflicht im Anhang (Vorschrift, Sachverhalt, Alternativausweis, Schutzklausel, andere Besonderheiten) G = Groß; M = Mittelgroß; K = Klein	Besteht Angabe- pflicht?		Angabepflicht beachtet? (nur wenn 1. Frage mit „Ja" beantwortet)		
	Ja	Nein	Ja	Nein	Bemerkungen
55. **Sonstige finanzielle Verpflichtungen betreffend die Altersversorgung sowie gegenüber verbundenen oder assoziierten Unternehmen (§ 285 Nr. 3a), 2. Halbs. HGB)** [MÄ] *Davon sind Verpflichtungen betreffend die Altersversorgung und Verpflichtungen gegenüber verbundenen oder assoziierten Unternehmen jeweils gesondert anzugeben.*	☐ G M K	☐	☐	☐	
56. **Art und Zweck sowie Risiken und Vorteile von schwebenden Geschäften (§ 285 Nr. 3 HGB)** [MÄ] *Im Anhang sind anzugeben Art und Zweck sowie Risiken, Vorteile und finanzielle Aus- wirkungen von nicht in der Bilanz enthaltenen Geschäften, soweit die Risiken und Vorteile wesentlich sind und die Offenlegung für die Beurteilung der Finanzlage des Unternehmens erforderlich ist.*	☐ G M	☐	☐	☐	
IV. Erläuterungen zur GuV					
57. **Umsatzerlöse (§ 285 Nr. 4 HGB)** [MÄ] *Im Anhang sind anzugeben die Aufgliederung der Umsatzerlöse nach Tätigkeitsbereichen sowie nach geographisch bestimmten Märkten, soweit sich, unter Berücksichtigung der Organisation des Verkaufs, der Vermietung oder Verpachtung von Produkten und der Erbringung von Dienst- leistungen der Kapitalgesellschaft die Tätigkeits- bereiche und geographisch bestimmten Märkte untereinander erheblich unterscheiden.* Hinweise: – ggf. Schutzklausel (§ 286 Abs. 2 HGB) ☐ – Die Anwendung der Ausnahmeregelung ist im Anhang anzugeben ☐	☐ G	☐	☐	☐	
58. **Erträge aus der Auflösung des Sonderpostens mit Rücklageanteil (§ 281 Abs. 2 S. 2 HGB a.F.)** *Erträge aus der Auflösung des Sonderpostens mit Rücklageanteil sind in dem Posten „sonstige betriebliche Erträge" ... der Gewinn- und Verlust- rechnung gesondert auszuweisen oder im Anhang anzugeben.* Hinweise: – Alternativ: GuV ☐ – Die Angabepflicht gilt nur noch für **Altfälle vor BilMoG** (Art. 67. Abs. 3 Satz 1 EGHGB)	☐ G M K	☐	☐	☐	

Angabepflicht im Anhang (Vorschrift, Sachverhalt, Alternativausweis, Schutzklausel, andere Besonderheiten) G = Groß; M = Mittelgroß; K = Klein	Besteht Angabe-pflicht?		Angabepflicht beachtet? (nur wenn 1. Frage mit „Ja" beantwortet)		
	Ja	Nein	Ja	Nein	Bemerkungen
59. Nur bei Umsatzkostenverfahren: **Materialaufwand** **(§ 285 Nr. 8a) HGB)** *Im Anhang sind anzugeben bei Anwendung des Umsatzkostenverfahrens (§ 275 Abs. 3) der Materialaufwand des Geschäftsjahrs, gegliedert nach § 275 Abs. 2 Nr. 5.* G M	☐	☐	☐	☐	
60. Nur bei Umsatzkostenverfahren: **Personalaufwand** **(§ 285 Nr. 8b) HGB)** *Im Anhang sind anzugeben bei Anwendung des Umsatzkostenverfahrens (§ 275 Abs. 3) der Personalaufwand des Geschäftsjahrs, gegliedert nach § 275 Abs. 2 Nr. 6.* G M	☐	☐	☐	☐	
61. **Außerplanmäßige Abschreibungen auf das Anlagevermögen** **(§ 277 Abs. 3 S. 1 HGB)** **[RÄ]** *Außerplanmäßige Abschreibungen nach § 253 Abs. 3 Satz 5 und 6 sind jeweils gesondert auszuweisen oder im Anhang anzugeben.* Hinweis: – Alternativ: GuV ☐ G M K	☐	☐	☐	☐	
62. **Außergewöhnliche Erträge oder Aufwendungen** **(§ 285 Nr. 31 HGB)** **[NEU]** *Im Anhang sind anzugeben jeweils der Betrag und die Art der einzelnen Erträge und Aufwendungen von außergewöhnlicher Größenordnung oder außergewöhnlicher Bedeutung, soweit die Beträge nicht von untergeordneter Bedeutung sind.* Hinweise: – Die Angabepflicht bezieht sich auf sämtliche GuV-Posten (z. B. ein großer Umsatz in den Umsatzerlösen) – Bei der Beurteilung, was unter „außergewöhnlich" zu verstehen ist, dürfte sowohl auf einen Vergleich im Zeitablauf, als auch einen Vergleich mit anderen Unternehmen der Branche abzustellen sein G M K	☐	☐	☐	☐	
63. **Periodenfremde Erträge und Aufwendungen** **(§ 285 Nr. 32 HGB)** **[RÄ]** *Im Anhang zu machen ist eine Erläuterung der einzelnen Erträge und Aufwendungen hinsichtlich ihres Betrags und ihrer Art, die einem anderen Geschäftsjahr zuzurechnen sind, soweit die Beträge nicht von untergeordneter Bedeutung sind.* G	☐	☐	☐	☐	

Angabepflicht im Anhang (Vorschrift, Sachverhalt, Alternativausweis, Schutzklausel, andere Besonderheiten) G = Groß; M = Mittelgroß; K = Klein	Besteht Angabe- pflicht?		Angabepflicht beachtet? (nur wenn 1. Frage mit „Ja" beantwortet)		
	Ja	Nein	Ja	Nein	Bemerkungen
64. **Ergänzung der GuV nach dem Jahresüber- schluss/-fehlbetrag** **(§ 158 Abs. 1 S. 2 AktG)** G M *Die Gewinn- und Verlustrechnung ist nach dem* K *Posten „Jahresüberschuss/Jahresfehlbetrag" in Fortführung der Nummerierung um die folgenden Posten zu ergänzen:* *1. Gewinnvortrag/Verlustvortrag aus dem Vorjahr* *2. Entnahmen aus der Kapitalrücklage* *3. Entnahmen aus Gewinnrücklagen* *a) aus der gesetzlichen Rücklage* *b) aus der Rücklage für eigene Aktien* *c) aus satzungsmäßigen Rücklagen* *d) aus anderen Gewinnrücklagen* *4. Einstellungen in Gewinnrücklagen* *a) in die gesetzliche Rücklage* *b) in die Rücklage für eigene Aktien* *c) in satzungsmäßige Rücklagen* *d) in andere Gewinnrücklagen* *5. Bilanzgewinn/Bilanzverlust* *Die Angaben nach Satz 1 können auch im Anhang gemacht werden.* Hinweis: – Alternativ: am Ende der GuV ☐	☐	☐	☐	☐	
65. **Ausweis der Kapitalherabsetzung** **(§ 240 S. 3 AktG)** G M *Im Anhang ist zu erläutern, ob und in welcher Höhe die aus der Kapitalherabsetzung und aus der Auf- lösung von Gewinnrücklagen gewonnenen Beträge* *1. zum Ausgleich von Wertminderungen,* *2. zur Deckung von sonstigen Verlusten oder* *3. zur Einstellung in die Kapitalrücklage* *verwandt werden.*	☐	☐	☐	☐	
V. Sonstige Angaben					
66. **Arbeitnehmerzahl** **(§ 285 Nr. 7 HGB)** G M *Im Anhang sind anzugeben die durchschnittliche* K *Zahl der während des Geschäftsjahrs beschäftigten Arbeitnehmer getrennt nach Gruppen.* Hinweis: – Von der kleinen AG / KGaA braucht die Trennung nach Gruppen nicht vorgenommen zu werden (§ 288 Abs. 1 Nr. 2 HGB)	☐	☐	☐	☐	

Angabepflicht im Anhang (Vorschrift, Sachverhalt, Alternativausweis, Schutzklausel, andere Besonderheiten) G = Groß; M = Mittelgroß; K = Klein	Besteht Angabe- pflicht?		Angabepflicht beachtet? (nur wenn 1. Frage mit „Ja" beantwortet)		
	Ja	Nein	Ja	Nein	Bemerkungen
67. Organmitglieder **(§ 285 Nr. 10 HGB)** *Im Anhang sind anzugeben alle Mitglieder des Geschäftsführungsorgans und eines Aufsichtsrats, auch wenn sie im Geschäftsjahr oder später ausgeschieden sind, mit dem Familiennamen und mindestens einem ausgeschriebenen Vornamen, einschließlich des ausgeübten Berufs ...* *Der Vorsitzende eines Aufsichtsrats, seine Stell- vertreter und ein etwaiger Vorsitzender des Geschäftsführungsorgans sind als solche zu bezeichnen.*	☐ G M	☐	☐	☐	
68. Gesamtbezüge für aktive Organmitglieder **(§ 285 Nr. 9a) HGB)** *Im Anhang sind anzugeben für die Mitglieder des Geschäftsführungsorgans, eines Aufsichtsrats, eines Beirats oder einer ähnlichen Einrichtung jeweils für jede Personengruppe die für die Tätigkeit im Geschäftsjahr gewährten Gesamt- bezüge (Gehälter, Gewinnbeteiligungen, Bezugs- rechte und sonstige aktienbasierte Vergütungen, Aufwandsentschädigungen, Versicherungsentgelte, Provisionen und Nebenleistungen jeder Art).* *In die Gesamtbezüge sind auch Bezüge ein- zurechnen, die nicht ausgezahlt, sondern in Ansprüche anderer Art umgewandelt oder zur Erhöhung anderer Ansprüche verwendet werden.* *Außer den Bezügen für das Geschäftsjahr sind die weiteren Bezüge anzugeben, die im Geschäftsjahr gewährt, bisher aber in keinem Jahresabschluss angegeben worden sind.* *Bezugsrechte und sonstige aktienbasierte Ver- gütungen sind mit ihrer Anzahl und dem beizu- legenden Zeitwert ihrer Gewährung anzugeben; spätere Wertveränderungen, die auf einer Änderung der Ausübungsbedingungen beruhen, sind zu berücksichtigen.* Hinweise: – KGaA (§ 286 Abs. 4 AktG): Der auf den Kapitalanteil eines persönlich haftenden Gesellschafters entfallende Gewinn braucht hier nicht angegeben zu werden. – ggf. Schutzklausel, wenn Bezüge **eines** Organmitglieds feststellbar (§ 286 Abs. 4 HGB) ☐	☐ G M	☐	☐	☐	

Angabepflicht im Anhang (Vorschrift, Sachverhalt, Alternativausweis, Schutzklausel, andere Besonderheiten) G = Groß; M = Mittelgroß; K = Klein	Besteht Angabe- pflicht?		Angabepflicht beachtet? (nur wenn 1. Frage mit „Ja" beantwortet)		
	Ja	Nein	Ja	Nein	Bemerkungen
69. **Gesamtbezüge von ehemaligen Organmitgliedern und ihren Hinterbliebenen (§ 285 Nr. 9b) S. 1 und 2 HGB)** G M *Im Anhang sind anzugeben die Gesamtbezüge (Abfindungen, Ruhegehälter, Hinterbliebenen- bezüge und Leistungen verwandter Art) der früheren Mitglieder der bezeichneten Organe und ihrer Hinterbliebenen. Buchstabe a Satz 2 und 3 ist entsprechend anzuwenden.* Hinweise: – KGaA (§ 286 Abs. 4 AktG): Der auf den Kapital- anteil eines persönlich haftenden Gesellschafters entfallende Gewinn braucht hier nicht angegeben zu werden – ggf. Schutzklausel, wenn Bezüge **eines** Organmitglieds feststellbar (§ 286 Abs. 4 HGB) ☐	☐	☐	☐	☐	
70. **Gebildete und nicht gebildete Pensionsrückstellungen (§ 285 Nr. 9b) S. 3 HGB)** G M *Ferner ist der Betrag der für diese Personengruppe gebildeten Rückstellungen für laufende Pensionen und Anwartschaften auf Pensionen und der Betrag der für diese Verpflichtungen nicht gebildeten Rückstellungen anzugeben.* Hinweis: – KGaA (§ 286 Abs. 4 AktG): Der auf den Kapital- anteil eines persönlich haftenden Gesellschafters entfallende Gewinn braucht hier nicht angegeben zu werden.	☐	☐	☐	☐	
71. **An Organmitglieder gewährte Vorschüsse und Kredite (§ 285 Nr. 9c) HGB)** G M K **[RÄ]** *Im Anhang sind anzugeben die gewährten Vorschüsse und Kredite unter Angabe der Zinssätze, der wesentlichen Bedingungen und der gegebenenfalls im Geschäftsjahr zurückgezahlten oder erlassenen Beträge.*	☐	☐	☐	☐	
72. **Zugunsten der Organmitglieder eingegangene Haftungsverhältnisse (§ 285 Nr. 9c) HGB)** G M K *Im Anhang sind anzugeben... die zugunsten dieser Personen eingegangenen Haftungsverhältnisse.*	☐	☐	☐	☐	

Angabepflicht im Anhang (Vorschrift, Sachverhalt, Alternativausweis, Schutzklausel, andere Besonderheiten) G = Groß; **M** = Mittelgroß; **K** = Klein	Besteht Angabe-pflicht?		Angabepflicht beachtet? (nur wenn 1. Frage mit „Ja" beantwortet)		
	Ja	Nein	Ja	Nein	Bemerkungen
73. **Geschäfte zu nicht-marktüblichen Bedingungen mit nahe stehenden Unternehmen und Personen (§ 285 Nr. 21 HGB)** G M *Im Anhang sind anzugeben zumindest die nicht zu marktüblichen Bedingungen zustande gekomme-nen Geschäfte, soweit sie wesentlich sind, mit nahe stehenden Unternehmen und Personen, einschließlich Angaben zur Art der Beziehung, zum Wert der Geschäfte sowie weiterer Angaben, die für die Beurteilung der Finanzlage notwendig sind; ausgenommen sind Geschäfte mit und zwischen mittel- oder unmittelbar in 100-prozentigem Anteilsbesitz stehenden in einen Konzernabschluss einbezogenen Unternehmen; Angaben über Geschäfte können nach Geschäftsarten zusammengefasst werden, sofern die getrennte Angabe für die Beurteilung der Auswirkungen auf die Finanzlage nicht notwendig ist.*	☐	☐	☐	☐	
74. **Anteilsbesitz (§ 285 Nr. 11 HGB)** G M [MÄ] *Im Anhang sind anzugeben Name und Sitz anderer Unternehmen, die Höhe des Anteils am Kapital, das Eigenkapital und das Ergebnis des letzten Geschäftsjahrs dieser Unternehmen, für das ein Jahresabschluss vorliegt, soweit es sich um Beteiligungen im Sinne des § 271 Absatz 1 handelt oder ein solcher Anteil von einer Person für Rechnung der Kapitalgesellschaft gehalten wird.* Hinweise: – Nach § 271 Abs. 1 HGB wird eine **Beteiligung** vermutet, wenn die Anteile an einem Unter-nehmen insg. 20 % des Nennkapitals oder falls ein Nennkapital nicht vorhanden ist, 20 % der Summe aller Kapitalanteile an diesem Unter-nehmen überschreiten – ggf. Schutzklausel (§ 286 Abs. 3 HGB; vgl. unten Nr. 76) ☐	☐	☐	☐	☐	
75. **Zusatzangaben beschränkt haftender Kapitalgesellschaften (§ 285 Nr. 11a) HGB)** G M *Im Anhang sind anzugeben Name, Sitz und Rechtsform der Unternehmen, deren unbeschränkt haftender Gesellschafter die Kapitalgesellschaft ist.*	☐	☐	☐	☐	

Angabepflicht im Anhang (Vorschrift, Sachverhalt, Alternativausweis, Schutzklausel, andere Besonderheiten) G = Groß; M = Mittelgroß; K = Klein	Besteht Angabe-pflicht?		Angabepflicht beachtet? (nur wenn 1. Frage mit „Ja" beantwortet)		
	Ja	Nein	Ja	Nein	Bemerkungen
76. **Angabe der Anwendung der Schutzklausel bzgl. des Anteilsbesitzes zu § 285 Nr. 11 HGB (§ 286 Abs. 3 S. 4 HGB)** *Im Übrigen ist die Anwendung der Ausnahme-regelung nach Satz 1 Nr. 2 im Anhang anzugeben.* G M	☐	☐	☐	☐	
77. **Angaben zum Mutterunternehmen bzgl. größter Konsolidierungskreis (§ 285 Nr. 14 HGB)** **[RÄ]** *Im Anhang sind anzugeben Name und Sitz des Mutterunternehmens der Kapitalgesellschaft, das den Konzernabschluss für den größten Kreis von Unternehmen aufstellt sowie der Ort, wo der von diesem Mutterunternehmen aufgestellten Konzernabschluss erhältlich ist.* G M	☐	☐	☐	☐	
78. **Angaben zum Mutterunternehmen bzgl. kleinster Konsolidierungskreis (§ 285 Nr. 14a) HGB)** **[NEU]** *Im Anhang sind anzugeben Name und Sitz des Mutterunternehmens der Kapitalgesellschaft, das den Konzernabschluss für den kleinsten Kreis von Unternehmen aufstellt, sowie der Ort, wo der von diesem Mutterunternehmen aufgestellten Konzernabschluss erhältlich ist.* Hinweis: – Von der kleinen AG / KGaA braucht der Ort, wo der vom Mutterunternehmen aufgestellte Konzernabschluss erhältlich ist, nicht angegeben zu werden (§ 288 Abs. 1 Nr. 3 HGB) G M K	☐	☐	☐	☐	
79. **Angaben zu befreiendem Konzernabschluss (§ 291 Abs. 2 Nr. 4 HGB)** **[RÄ]** *Der Konzernabschluss und Konzernlage-bericht eines Mutterunternehmens mit Sitz in einem Mitgliedstaat der Europäischen Union oder in einem anderen Vertragsstaat des Abkommens über den Europäischen Wirtschaftsraum haben befreiende Wirkung, wenn ... der Anhang des Jahresabschlusses des zu be-freienden Unternehmens folgende Angaben enthält:* a) *Name und Sitz des Mutterunternehmens, das den befreienden Konzernabschluss und Konzernlagebericht aufstellt,* b) *einen Hinweis auf die Befreiung von der Verpflichtung, einen Konzernabschluss und einen Konzernlagebericht aufzustellen, und* c) *eine Erläuterung der im befreienden Konzern-abschluss vom deutschen Recht abweichend angewandten Bilanzierungs-, Bewertungs- und Konsolidierungsmethoden.* G M K	☐	☐	☐	☐	

Angabepflicht im Anhang (Vorschrift, Sachverhalt, Alternativausweis, Schutzklausel, andere Besonderheiten) G = Groß; M = Mittelgroß; K = Klein	Besteht Angabe- pflicht?		Angabepflicht beachtet? (nur wenn 1. Frage mit „Ja" beantwortet)		
	Ja	Nein	Ja	Nein	Bemerkungen
80. **Bestehen einer wechselseitigen Beteiligung** **(§ 160 Abs. 1 Nr. 7 AktG)** *Im Anhang sind Angaben zu machen über das Bestehen einer wechselseitigen Beteiligung unter Angabe des Unternehmens.* Hinweis: – ggf. Schutzklausel (§ 160 Abs. 2 AktG) ☐	☐ G M	☐	☐	☐	
81. **Bestehen einer Beteiligung an der Gesellschaft, die mitgeteilt worden ist** **(§ 160 Abs. 1 Nr. 8 AktG)** *Im Anhang sind Angaben zu machen über das Bestehen einer Beteiligung, die nach § 20 Abs. 1 oder Abs. 4 dieses Gesetzes oder nach § 21 Abs. 1 oder Abs. 1a des Wertpapierhandelsgesetzes mitgeteilt worden ist; dabei ist der nach § 20 Abs. 6 dieses Gesetzes oder der nach § 25 Abs. 1 des Wertpapierhandelsgesetzes veröffentlichte Inhalt der Mitteilung anzugeben.* Hinweis: – ggf. Schutzklausel (§ 160 Abs. 2 AktG) ☐	☐ G M	☐	☐	☐	
82. **Honorar des Abschlussprüfers** **(§ 285 Nr. 17 HGB)** *Im Anhang sind anzugeben das von dem Ab- schlussprüfer für das Geschäftsjahr berechnete Gesamthonorar, aufgeschlüsselt in das Honorar für a) die Abschlussprüfungsleistungen, b) andere Bestätigungsleistungen, c) Steuerberatungsleistungen, d) sonstige Leistungen, soweit die Angaben nicht in einem das Unternehmen einbeziehenden Konzernabschluss enthalten sind.* Hinweis: – Soweit mittelgroße AG / KGaA diese Angaben nicht machen, sind sie verpflichtet, diese der WP-Kammer auf deren schriftliche Anforderung zu übermitteln (§ 288 Abs. 2 Satz 2 HGB)	☐ G (M)	☐	☐	☐	
83. **Besondere Vorgänge nach dem Schluss des Geschäftsjahrs** **(§ 285 Nr. 33 HGB)** **[NEU]** *Im Anhang sind anzugeben Vorgänge von besonderer Bedeutung, die nach dem Schluss des Geschäftsjahrs eingetreten und weder in der Gewinn- und Verlustrechnung noch in der Bilanz berücksichtigt sind, unter Angabe ihrer Art und ihrer finanziellen Auswirkungen.*	☐ G M	☐	☐	☐	

Angabepflicht im Anhang (Vorschrift, Sachverhalt, Alternativausweis, Schutzklausel, andere Besonderheiten) G = Groß; M = Mittelgroß; K = Klein	Besteht Angabe- pflicht?		Angabepflicht beachtet? (nur wenn 1. Frage mit „Ja" beantwortet)		
	Ja	Nein	Ja	Nein	Bemerkungen
Hinweise: – Diese Angabe war vor BilRUG Teil des Lagebe- richts (Nachtragsbericht gem. § 289 Abs. 2 Nr. 1 HGB a.F.) – Eine Fehlanzeige (wie noch zum Lagebericht gem. DRS 20.114) ist hier nicht vorgesehen					
84. **Ergebnisverwendungsvorschlag bzw. -beschluss** **(§ 285 Nr. 34 HGB)** [NEU] *Im Anhang ist anzugeben der Vorschlag für die Verwendung des Ergebnisses oder der Beschluss über seine Verwendung.* Hinweis: – Darzustellen sein dürfte, wie das Ergebnis verwendet werden soll (vgl. Begr. zum BilRUG)	☐ G M	☐	☐	☐	
85. **Sonderprüfung wegen unzulässiger Unterbewertung** **(§ 261 Abs. 1 S. 3 und 4 AktG)** *In diesem Fall sind im Anhang die Gründe anzugeben und in einer Sonderrechnung die Entwicklung des von den Sonderprüfern festgestellten Wertes oder Betrags auf den nach Satz 2 angesetzten Wert oder Betrag darzustellen. Sind die Gegenstände nicht mehr vorhanden, so ist darüber und über die Verwendung des Ertrags aus dem Abgang der Gegenstände im Anhang zu berichten.*	☐ G M	☐	☐	☐	

		Referenz	**Lagebericht**
Mandant		Erstellt von / am	
Auftrag		Durchgesehen von / am	
Prüffeld / Betreff	**Aufstellung des Lageberichts**	Qualitätssicherung durch / am	

Angaben zur Gesellschaft und zur Aufstellung des Lageberichts (LB)

Rechtsform: ☐ GmbH   ☐ GmbH & Co   ☐ AG/KGaA   ☐ andere: _____

Größe: ☐ groß   ☐ mittelgroß   ☐ klein (freiwilliger LB)

☐ **Lagebericht als Entwurf**   Erstellt von _____ am _____

☐ **Lagebericht als endg. Fassung** Erstellt von _____ am _____

Muster für den Aufbau eines Lageberichts nach HGB

Beispiel Nr. 1

I. Darstellung des Geschäftsverlaufs

Angaben z. B. zu folgenden Bereichen: Entwicklung der Gesamtwirtschaft und der Branche, Geschäftsergebnis, Umsatz- und Auftragsentwicklung, Produktion, Beschaffung, Investitionen, Finanzierungsmaßnahmen/-vorhaben, nichtfinanzielle Leistungsindikatoren, Personal- und Sozialbereich, Umweltschutz, sonstige wichtige Ereignisse im Geschäftsjahr

II. Darstellung der Lage

Angaben z. B. zur Vermögens-, Finanz- und Ertragslage sowie zu Kennzahlen, Kapitalflussrechnung, Sparten / Segmente, Mehrperiodendarstellung

III. Voraussichtliche Entwicklung mit Hinweisen auf wesentliche Chancen und Risiken der künftigen Entwicklung

Angaben z. B. zu noch nicht abgeschlossenen Verträgen, Großaufträgen, neue Geschäftsfelder, Investitions- und Finanzplanung; wirtschaftliche und rechtliche Bestandsgefährdungspotentiale; operative, finanzielle, strategische und Zinsrisiken, Risikomanagementziele

IV. Sonstige Angaben

Angaben – soweit zutreffend – zu: Verwendung von Finanzinstrumenten, Forschung und Entwicklung, Zweigniederlassungen, Grundzüge des Vergütungssystems, Merkmale des IKS und des Risikomanagementsystems im Hinblick auf den Rechnungslegungsprozess, Erklärung zur Unternehmensführung, Schlusserklärung zum Abhängigkeitsbericht sowie sonstige freiwillige Berichterstattung

Beispiel Nr. 2

   I. Wirtschaftsbericht ($\Rightarrow$ § 289 Abs. 1 S. 1 bis 3 und Abs. 3 HGB)

   II. Risikobericht und Prognosebericht ($\Rightarrow$ § 289 Abs. 1 S. 4 HGB)

   III. Risikoberichterstattung über Finanzinstrumente ($\Rightarrow$ § 289 Abs. 2 Nr. 1 HGB)

   IV. Forschungs- und Entwicklungsbericht ($\Rightarrow$ § 289 Abs. 2 Nr. 2 HGB)

   V. Zweigniederlassungsbericht ($\Rightarrow$ § 289 Abs. 2 Nr. 3 HGB)

   VI. Vergütungsbericht ($\Rightarrow$ § 289 Abs. 2 Nr. 4 HGB)

   VII. Angaben zu § 160 Abs. 1 Nr. 2 AktG (Bestand an eigenen Aktien)

   VIII. Merkmale des IKS und des Risikomanagementsystems ($\Rightarrow$ § 289 Abs. 5 HGB)

   IX. Erklärung zur Unternehmensführung ($\Rightarrow$ § 289a HGB)

   X. Sonstiges ($\Rightarrow$ § 289 Abs. 4 Nr. 1 bis 9 HGB; § 312 Abs. 3 S. 2 AktG; etc.)

Berichtspflicht im Lagebericht (Vorschrift, Sachverhalt, Besonderheiten)	Besteht Berichts- pflicht?		Berichtspflicht beachtet? (nur wenn 1. Frage mit „Ja" beantwortet)		
	Ja	Nein	Ja	Nein	Bemerkungen
I. Darstellung des Geschäftsverlaufs (§ 289 Abs. 1 S. 1 bis 3 HGB) *Im Lagebericht sind der Geschäftsverlauf einschließ- lich des Geschäftsergebnisses und die Lage der Kapitalgesellschaft so darzustellen, dass ein den tatsächlichen Verhältnissen entsprechendes Bild vermittelt wird. Er hat eine ausgewogene und umfassende, dem Umfang und der Komplexität der Geschäftstätigkeit entsprechende Analyse des Geschäftsverlaufs und der Lage der Gesellschaft zu enthalten. In die Analyse sind die für die Geschäfts- tätigkeit bedeutsamsten finanziellen Leistungs- indikatoren einzubeziehen und unter Bezugnahme auf die im Jahresabschluss ausgewiesenen Beträge und Angaben zu erläutern.*					
1. Entwicklung der Gesamtwirtschaft • Angaben z. B. zu Nachfrageentwicklung, Steuer-, Geldzinspolitik, wirtschaftspolitische Reformen, Wechselkursentwicklungen, etc.	☐	☐	☐	☐	
2. Entwicklung der Branche • Angaben z. B. zu Wettbewerbs- und Marktver- hältnissen, Umsatz, Rentabilität, Preis- und Lohn- entwicklung sowie Position / Marktanteil des Unternehmens in der Branche, etc.	☐	☐	☐	☐	
3. Geschäftsergebnis • Angaben zum Jahresergebnis (§ 275 Abs. 2 bzw. Abs. 3 HGB) und auf die darin enthaltenen Ergebniskomponenten, -strukturen und -ent- wicklungen; evtl. auch Angaben anderer Kennzahlen wie EBIT, EBITDA, etc.	☐	☐	☐	☐	
4. Umsatzentwicklung • Angaben zum Umsatz: z. B. segmentiert nach Tätigkeitsgebieten/geographischen Bereichen, Schätzung der Umsatzentwicklung, Export-/ Marktanteile, Absatzpreise/-mengen, Preis- und Absatzpolitik, etc.	☐	☐	☐	☐	
5. Auftragslage und -entwicklung • Angaben z. B. zu Auftragsbestand, -eingänge, -reichweite, langfristige Auftragsfertigung	☐	☐	☐	☐	
6. Produktion • Angaben zu hergestellten Produkten: z. B. Mengen wesentlicher Produktgruppen, Hinweise auf Veränderungen gegenüber dem Vorjahr, etc.	☐	☐	☐	☐	

Berichtspflicht im Lagebericht (Vorschrift, Sachverhalt, Besonderheiten)	Besteht Berichts-pflicht?		Berichtspflicht beachtet? (nur wenn 1. Frage mit „Ja" beantwortet)		
	Ja	Nein	Ja	Nein	Bemerkungen
• Angaben zur Produkt- und Sortimentspolitik: z. B. Einschätzung der Marktchancen, Investitionen in neue Produkte, Neukonzeption von Produkten, Sortimentsbereinigung, Altersaufbau des Produktionsprogramms, etc.	☐	☐	☐	☐	
• Angaben zur Wirtschaftlichkeit der Produktion: z. B. Altersaufbau der Produktionsanlagen, Inbetriebnahme/Stilllegung von Produktions-anlagen, Mehrschichtnutzung, Kapazitätsaus-lastung, Produktionsausfälle, Rationalisierungs-maßnahmen, Qualitätssicherung (DIN ISO), etc.	☐	☐	☐	☐	
7. Beschaffung • Angaben zur Materialwirtschaft: z. B. Risiken bei der Preis-, Kurs- oder Mengenentwicklung auf den Beschaffungsmärkten, Lagerausstattung, Vorrats-politik, Preise, Konditionen, Lieferfristen, etc.	☐	☐	☐	☐	
8. Sachinvestitionen • Angaben z. B. zu wesentlichen Investitions-vorhaben, Aufgliederung der Investitionen nach Zweck, Standort/Unternehmensbereich, etc.	☐	☐	☐	☐	
9. Finanzinvestitionen • Angaben z. B. zu Beteiligungen, andere Finanz-investitionen (Art, Zweck, Höhe, Rendite, Risiko), etc.	☐	☐	☐	☐	
10. Finanzierungsmaßnahmen/-vorhaben • Angaben zur Finanzierung: z. B. Höhe des Kapitalbedarfs, Herkunft, Volumen und Fristigkeit des Kapitals, besondere Finanzierungsmaß-nahmen (z. B. Genussscheine, Anleihen, Aktienemission), Leasingverpflichtungen, derivative Finanzinstrumente, etc.	☐	☐	☐	☐	
11. Nur bei großer Kapitalgesellschaft und gleich-gestellter Kapitalgesellschaft & Co.: **Nichtfinanzielle Leistungsindikatoren (§ 289 Abs. 3 HGB)** *Bei einer großen Kapitalgesellschaft (§ 267 Abs. 3) gilt Absatz 1 Satz 3 entsprechend für nicht-finanzielle Leistungsindikatoren, wie Informationen über Umwelt- und Arbeitnehmerbelange, soweit sie für das Verständnis des Geschäftsverlaufs oder der Lage von Bedeutung sind.* • Angaben zu branchenbezogenen Besonderheiten, die einen Branchenvergleich ermöglichen, insbes. Informationen zu Arbeitnehmerbelangen und zu Umweltbelangen, etc.	☐	☐	☐	☐	
• Angaben zur Arbeitnehmerschaft: z. B. Auswahl und Qualifikation der Mitarbeiter, Altersaufbau, Ar-beitszeitregelungen, Betriebsvereinbarungen, etc.	☐	☐	☐	☐	

Berichtspflicht im Lagebericht (Vorschrift, Sachverhalt, Besonderheiten)	Besteht Berichtspflicht?		Berichtspflicht beachtet? (nur wenn 1. Frage mit „Ja" beantwortet)		
	Ja	Nein	Ja	Nein	Bemerkungen
• Angaben zur Struktur des Personalaufwands: z.B. Entlohnungssystem, besondere Vergütungsregelungen (Gewinnbeteiligung, Gratifikation, Belegschaftsaktien), etc.	☐	☐	☐	☐	
• Angaben zu betrieblichen Sozialleistungen: z.B. betriebliche Altersversorgung, Betriebskrankenkassen, Werkswohnungen, Betriebskindergärten, etc.	☐	☐	☐	☐	
• Angaben zur Aus- und Weiterbildung: z.B. Maßnahmen und Einrichtungen hierfür, Ausgaben hierfür, etc.	☐	☐	☐	☐	
• Angaben zu Umweltschutzmaßnahmen: z.B. Beseitigung von Altlasten und Abfällen, Gewässerschutzmaßnahmen, etc.	☐	☐	☐	☐	
• Aufwand für Umweltschutzaktivitäten und -investitionen	☐	☐	☐	☐	
• Art und Umfang von Umweltrisiken	☐	☐	☐	☐	
12. **Sonstige wichtige Ereignisse und Entwicklungen im Geschäftsjahr** Angaben z.B. zu wichtigen Verträgen, Kooperationsvereinbarungen, Pachtverträgen, Erwerb/Veräußerung von Beteiligungen, Umstrukturierungsmaßnahmen, Rechtsstreitigkeiten, Unglücksfällen, etc.	☐	☐	☐	☐	
II. **Darstellung der Lage (§ 289 Abs. 1 S. 1 bis 3 HGB)** *Im Lagebericht sind ... die Lage der Kapitalgesellschaft so darzustellen, dass ein den tatsächlichen Verhältnissen entsprechendes Bild vermittelt wird. Er hat eine ausgewogene und umfassende, dem Umfang und der Komplexität der Geschäftstätigkeit entsprechende Analyse ... der Lage der Gesellschaft zu enthalten. In die Analyse sind die für die Geschäftstätigkeit bedeutsamsten finanziellen Leistungsindikatoren einzubeziehen und unter Bezugnahme auf die im Jahresabschluss ausgewiesenen Beträge und Angaben zu erläutern.*					
13. **Vermögenslage** • Angaben z.B. zu vertikalen Vermögensstrukturkennzahlen, Höhe und Zusammensetzung des Vermögens und der Kapitalstruktur, Investitions- und Abschreibungspolitik, außerbilanzielle Finanzierungsinstrumente, etc.	☐	☐	☐	☐	
14. **Finanzlage** • Angaben z.B. zu Finanzstruktur, Liquiditätsgraden, Finanzierungsrechnungen (Cash-Flow-Rechnungen), Kapitalflussrechnung (DRS 21), etc.	☐	☐	☐	☐	

Berichtspflicht im Lagebericht (Vorschrift, Sachverhalt, Besonderheiten)	Besteht Berichts- pflicht?		Berichtspflicht beachtet? (nur wenn 1. Frage mit „Ja" beantwortet)		
	Ja	Nein	Ja	Nein	Bemerkungen
15. **Ertragslage** • Angaben z.B. zu Ergebnisquellen, bereinigtem „Ergebnis nach DVFA / SG", Strukturkennzahlen, Rentabilitätskennzahlen, etc.	☐	☐	☐	☐	
III. Voraussichtliche Entwicklung mit Hinweisen auf wesentliche Chancen und Risiken der künftigen Entwicklung (§ 289 Abs. 1 Satz 4 HGB) *Ferner ist im Lagebericht die voraussichtliche Entwicklung mit ihren wesentlichen Chancen und Risiken zu beurteilen und zu erläutern; zugrunde liegende Annahmen sind anzugeben.*					
16. **Risikobericht** • Angaben zu wesentlichen Risiken der voraus- sichtlichen Entwicklung einschl. der zugrunde- liegenden Annahmen: z.B. noch nicht abge- schlossene Verträge, Großaufträge, Umsatz- und Ergebnisentwicklung, Investitions- und Finanz- planung, Entwicklung von Geschäftsfeldern, etc.	☐	☐	☐	☐	
• Angaben zu wirtschaftlichen Bestandsgefähr- dungspotentialen: Probleme bei Going Concern, Entwicklung der Zahlungsfähigkeit, sich abzeichnende Vermögensverluste, etc.	☐	☐	☐	☐	
• Angaben zu rechtlichen Bestandsgefährdungs- potentialen: z.B. Überschuldung, Zahlungs- unfähigkeit, etc.	☐	☐	☐	☐	
• Angaben zu sonstigen Chancen und Risiken mit besonderem Einfluss auf die VFE-Lage: z.B. finanzielle und strategische Entscheidungen, Personalentwicklung, fehlende Innovation, etc.	☐	☐	☐	☐	
17. **Prognosebericht** • Darstellung der voraussichtlichen Entwicklung mit ihren wesentlichen Chancen und Risiken für die beiden nächsten Geschäftsjahre	☐	☐	☐	☐	
18. **Zuverlässigkeit des unternehmensinternen Planungssystems sowie der zugrundegelegten Daten und Annahmen** • Angaben zur Einschätzung der Prognose- sicherheit sowie zur Plausibilität, Widerspruchs- freiheit und Vollständigkeit der Annahmen über die voraussichtliche Entwicklung	☐	☐	☐	☐	

Berichtspflicht im Lagebericht (Vorschrift, Sachverhalt, Besonderheiten)	Besteht Berichtspflicht?		Berichtspflicht beachtet? (nur wenn 1. Frage mit „Ja" beantwortet)		
	Ja	Nein	Ja	Nein	Bemerkungen
IV. Sonstige Angaben					
19. **Verwendung von Finanzinstrumenten (§ 289 Abs. 2 S. 1 Nr. 1 HGB)** *Im Lagebericht ist auch einzugehen auf:* *a) die Risikomanagementziele und -methoden der Gesellschaft einschließlich ihrer Methoden zur Absicherung aller wichtigen Arten von Transaktionen, die im Rahmen der Bilanzierung von Sicherungsgeschäften erfasst werden, sowie*	☐	☐	☐	☐	
b) die Preisänderungs-, Ausfall- und Liquiditätsrisiken sowie die Risiken aus Zahlungsstromschwankungen, denen die Gesellschaft ausgesetzt ist, *jeweils in Bezug auf die Verwendung von Finanzinstrumenten durch die Gesellschaft und sofern dies für die Beurteilung der Lage oder der voraussichtlichen Entwicklung von Belang ist.*	☐	☐	☐	☐	
20. **Forschung und Entwicklung (§ 289 Abs. 2 S. 1 Nr. 2 HGB)** *Im Lagebericht ist auch einzugehen auf: den Bereich Forschung und Entwicklung.* • Angabepflicht besteht nur, wenn Aktivitäten branchenüblich sind und für eigene Zwecke entfaltet werden: z.B. wesentliche Tätigkeitsschwerpunkte und Ergebnisse, Gesamtaufwendungen, Anzahl der hier tätigen Mitarbeiter, Investitionen, Zuwendungen, Lizenzeinnahmen, etc.	☐	☐	☐	☐	
21. **Zweigniederlassungen (§ 289 Abs. 2 S. 1 Nr. 3 HGB)** *Im Lagebericht ist auch einzugehen auf bestehende Zweigniederlassungen der Gesellschaft.* • Angaben z.B. zu Belegenheitsorten der in- und ausländischen Zweigniederlassungen, wesentliche Veränderungen gegenüber dem Vorjahr (Neugründung, Schließung, Verlegung), wirtschaftliche Eckdaten (Umsätze, Aufträge, Investitionen, Mitarbeiter), etc.	☐	☐	☐	☐	
22. Nur bei börsennotierter AG: **Vergütungssystem und ggf. Angaben gemäß § 285 S. 1 Nr. 9a) S. 5 bis 9 HGB (§ 289 Abs. 2 S. 1 Nr. 4 HGB)** *Im Lagebericht ist auch einzugehen auf die Grundzüge des Vergütungssystems der Gesellschaft für die in § 285 Nr. 9 HGB genannten Gesamtbezüge, soweit es sich um eine börsennotierte Aktiengesellschaft handelt. Werden dabei auch Angaben entsprechend § 285 Nr. 9 Buchstabe a Satz 5 bis 9 HGB gemacht, können diese im Anhang unterbleiben.*	☐	☐	☐	☐	

Berichtspflicht im Lagebericht (Vorschrift, Sachverhalt, Besonderheiten)	Besteht Berichts-pflicht?		Berichtspflicht beachtet? (nur wenn 1. Frage mit „Ja" beantwortet)		
	Ja	Nein	Ja	Nein	Bemerkungen
23. Angaben zu § 160 Abs. 1 Nr. 2 AktG (§ 289 Abs. 2 S. 2 HGB) *Sind im Anhang Angaben nach § 160 Abs. 1 Nr. 2 AktG (Bestand an eigenen Aktien) zu machen, ist im Lagebericht darauf zu verweisen.* • Kurzer Hinweis auf die vorgenommene Anhangangabe hierzu	☐	☐	☐	☐	
24. Nur bei AG/KGaA, die einen organisierten Markt durch von ihnen ausgegebene stimmberechtigte Aktien in Anspruch nehmen: **Angaben nach dem Übernahmerichtlinie-Umsetzungsgesetz (§ 289 Abs. 4 Nr. 1 bis 9 HGB)** *Im Lagebericht sind anzugeben (soweit die Angaben nicht im Anhang zu machen sind ⇒ dann ist im LB darauf zu verweisen):*					
1. die Zusammensetzung des gezeichneten Kapitals; bei verschiedenen Aktiengattungen sind für jede Gattung die damit verbundenen Rechte und Pflichten und der Anteil am Gesellschaftskapital anzugeben, soweit die Angaben nicht im Anhang zu machen sind;	☐	☐	☐	☐	
2. Beschränkungen, die Stimmrechte oder die Übertragung von Aktien betreffen, auch wenn sie sich aus Vereinbarungen zwischen Gesellschaftern ergeben können, soweit sie dem Vorstand der Gesellschaft bekannt sind;	☐	☐	☐	☐	
3. direkte oder indirekte Beteiligungen am Kapital, die 10 vom Hundert der Stimmrechte überschreiten, soweit die Angaben nicht im Anhang zu machen sind;	☐	☐	☐	☐	
4. die Inhaber von Aktien mit Sonderrechten, die Kontrollbefugnisse verleihen; die Sonderrechte sind zu beschreiben;	☐	☐	☐	☐	
5. die Art der Stimmrechtskontrolle, wenn Arbeitnehmer am Kapital beteiligt sind und ihre Kontrollrechte nicht unmittelbar ausüben;	☐	☐	☐	☐	
6. die gesetzlichen Vorschriften und Bestimmungen der Satzung über die Ernennung und Abberufung der Mitglieder des Vorstands und über die Änderung der Satzung;	☐	☐	☐	☐	
7. die Befugnisse des Vorstands insbesondere hinsichtlich der Möglichkeit, Aktien auszugeben oder zurückzukaufen;	☐	☐	☐	☐	
8. wesentliche Vereinbarungen der Gesellschaft, die unter der Bedingung eines Kontrollwechsels infolge eines Übernahmeangebots stehen, und die hieraus folgenden Wirkungen; die Angabe kann unterbleiben, soweit sie geeignet ist, der Gesellschaft einen erheblichen Nachteil zuzufügen; die Angabepflicht nach anderen gesetzlichen Vorschriften bleibt unberührt;	☐	☐	☐	☐	

Berichtspflicht im Lagebericht (Vorschrift, Sachverhalt, Besonderheiten)	Besteht Berichts- pflicht?		Berichtspflicht beachtet? (nur wenn 1. Frage mit „Ja" beantwortet)		
	Ja	Nein	Ja	Nein	Bemerkungen
9. Entschädigungsvereinbarungen der Gesellschaft, die für den Fall eines Übernahmeangebots mit den Mitgliedern des Vorstands oder Arbeitnehmern getroffen sind.	☐	☐	☐	☐	
25. Nur bei kapitalmarktorientierten Kapitalgesellschaften i.S.d. § 264d HGB: **Merkmale des IKS und Risikomanagementsystems (§ 289 Abs. 5 HGB)** • Beschreibung der wesentlichen Merkmale des internen Kontrollsystems und des Risikomanagementsystems im Hinblick auf den Rechnungslegungsprozess	☐	☐	☐	☐	
26. Nur bei börsennotierter AG / KGaA sowie best. anderen mitbestimmten Unternehmen: **Erklärung zur Unternehmensfortführung (§ 289a HGB)** • Eine Erklärung zur Unternehmensführung ist in den LB (gesonderten Abschnitt) aufzunehmen	☐	☐	☐	☐	
• Sie kann auch auf der Internetseite der Gesellschaft öffentlich zugänglich gemacht werden. In diesem Fall ist in den LB eine Bezugnahme aufzunehmen, welche die Angabe der Internetseite enthält	☐	☐	☐	☐	
• In die (allgemeine) Erklärung sind aufzunehmen: 1. die Erklärung gemäß § 161 AktG.	☐	☐	☐	☐	
2. relevante Angaben zu Unternehmensführungspraktiken, die über die gesetzlichen Anforderungen hinaus angewandt werden, nebst Hinweis, wo sie öffentlich zugänglich sind.	☐	☐	☐	☐	
3. eine Beschreibung der Arbeitsweise von Vorstand und Aufsichtsrat sowie der Zusammensetzung und Arbeitsweise von deren Ausschüssen (ggf. Verweis auf Internetseite möglich).	☐	☐	☐	☐	
• Nach dem Gesetz zur Geschlechter-(Frauen-) quote sind ferner in die Erklärung aufzunehmen: 4. Bei börsennotierten AG: Die Festlegungen nach § 76 Abs. 4 und § 111 Abs. 5 AktG und die Angabe, ob die festgelegten Zielgrößen während des Bezugszeitraums erreicht worden sind, und wenn nicht, Angaben zu den Gründen.	☐	☐	☐	☐	

Berichtspflicht im Lagebericht (Vorschrift, Sachverhalt, Besonderheiten)	Besteht Berichts- pflicht?		Berichtspflicht beachtet? (nur wenn 1. Frage mit „Ja" beantwortet)		
	Ja	Nein	Ja	Nein	Bemerkungen
5. Bei börsennotierten AG / KGaA, die aufgrund von § 96 Abs. 2 und 3 AktG Mindestanteile einzuhalten haben, oder börsennotierte Europäische Gesellschaften (SE), die aufgrund von § 17 Abs. 2 oder § 24 Abs. 3 des SE-Aus- führungsgesetzes Mindestanteile einzubehalten haben; ferner bei anderen mitbestimmungs- pflichtigen Unternehmen i.S.v. § 289a Abs. 4 HGB: Angabe, ob die Gesellschaft bei der Besetzung des Aufsichtsrats mit Frauen und Männern jeweils Mindestanteile im Bezugszeitraum eingehalten hat, und wenn nicht, Angaben zu den Gründen.	☐	☐	☐	☐	
27. Nur bei AG: **Schlusserklärung zum Abhängigkeitsbericht (§ 312 Abs. 3 S. 2 AktG)** • Die Schlusserklärung zum Abhängigkeitsbericht ist auch in den LB aufzunehmen	☐	☐	☐	☐	
28. **Angaben zur Selbstdarstellung des Unternehmens** • Angabepflichten bei Eigenbetrieben bzw. Eigen- und Beteiligungsgesellschaften (z.B. § 25 EigVO NW; KFA 1/1996) • Branchenspezifische Angabepflichten (z.B. § 57 RechVersV)	☐	☐	☐	☐	
29. **Freiwillige Berichterstattung** • Über die Mindestanforderungen (§ 289 HGB) hinaus ist eine weitergehende Berichterstattung zulässig, wenn dadurch die Übersichtlichkeit des LB nicht verschlechtert wird (z.B. gesellschafts- bezogene Berichterstattung, informative Selbst- darstellung)	☐	☐	☐	☐	
30. **Unterzeichnung und Datumsangabe** • Hierzu besteht keine Pflicht, es kann aber durchaus sinnvoll sein (damit wird offensichtlich die Verantwortung für den Inhalt des LB über- nommen)	☐	☐	☐	☐	

	Referenz	Endkontrolle
Mandant		Erstellt von / am
Auftrag		Durchgesehen von / am
Prüffeld / Betreff	**Endkontrolle**	Qualitätssicherung durch / am

	n/a	Ja	Nein	Bemerkungen
A. Abschließende Feststellungen				
1. Können Sie folgende Feststellungen treffen?				
a) Feststellung, dass sämtliche Posten vollständig ausgewiesen wurden, die ihr zugrunde liegenden Vermögensgegenstände vorhanden und dem bilanzierenden Unternehmen zuzurechnen sind?	☐	☐	☐	
b) Feststellung, dass die ausgewiesenen Posten entsprechend den handelsrechtlichen Vorschriften bewertet wurden (unter Angabe evtl. Abweichungen zu den steuerrechtlichen Vorschriften)?	☐	☐	☐	
c) Feststellungen, dass sämtliche handelsrechtlichen Ausweisvorschriften beachtet wurden?	☐	☐	☐	
d) Feststellung, dass die zutreffenden Schlussfolgerungen und Beurteilungen abgeleitet worden sind?	☐	☐	☐	
2. Abstimmung korrespondierender Posten in Bilanz und GuV, z.B.:				
a) Anlagevermögen / Abschreibungen	☐	☐	☐	
b) Anlagevermögen / Aufwand oder Ertrag aus der Veräußerung von Anlagengegenständen	☐	☐	☐	
c) Beteiligungen / Beteiligungserträge, Gewinnabführungen	☐	☐	☐	
d) Vorräte / Bestandserhöhungen bzw. -minderungen	☐	☐	☐	
e) Vorräte / Umsatzerlöse (Umschlagshäufigkeit)	☐	☐	☐	
f) Pauschalwertberichtigung / sonstige betriebliche Aufwendungen bzw. Erträge	☐	☐	☐	
g) Rechnungsabgrenzungsposten / Aufwands- bzw. Ertragskonten (insbesondere Disagio / Zinsaufwand)	☐	☐	☐	
h) Rücklagen / Entnahmen aus Einstellungen in Rücklagen	☐	☐	☐	
i) Umlaufvermögen (Wertpapiere, Forderungen) / Abschreibungen	☐	☐	☐	
j) Rückstellungen / sonstige betriebliche Aufwendungen bzw. Erträge	☐	☐	☐	
k) Fremdkapital / Zinsaufwand (Plausibilität)	☐	☐	☐	
3. Nachaddieren der Bilanz und der GuV und Überprüfung auf Schreibfehler	☐	☐	☐	

	n/a	Ja	Nein	Bemerkungen
4. Ist sichergestellt, dass in dem Jahresabschluss angegeben wurden: die Firma, der Sitz, das Registergericht und die Nummer, unter der die Gesellschaft im Handelsregister eingetragen ist?	☐	☐	☐	
5. Bei Anfertigung eines Erstellungsberichts:				
a) Haben Sie sich davon überzeugt, dass der Erstellungsbericht vollständig ist und dass alle Feststellungen getroffen worden sind, die gesetzlich oder vertraglich gefordert sind?	☐	☐	☐	
b) Stehen die im Erstellungsbericht enthaltenen Informationen mit denen im JA und den abschließenden Feststellungen im Einklang und sind sie in sich widerspruchsfrei?	☐	☐	☐	
c) Entspricht die gewählte Formulierung in der Bescheinigung – insbesondere bei Einschränkung oder Zusätzen – dem Prüfungsergebnis?	☐	☐	☐	
d) Abstimmung des Inhaltsverzeichnisses des Berichts mit den Überschriften und den Seitenzahlen	☐	☐	☐	
e) Vergleich der Postenbezeichnungen und Beträge des Erläuterungsteils und des Hauptteils des Berichts mit Bilanz und GuV sowie mit HGB	☐	☐	☐	
f) Nachprüfung der im Berichtstext des Hauptteils, des Erläuterungsteils und der Anlagen genannten Beträge und Prozentzahlen, Quersummenprüfung und Abstimmung mit den in den Postenüberschriften genannten Beträgen sowie der Datumsangaben	☐	☐	☐	
g) Abstimmung aller Vorjahresbeträge im Bericht und in den Anlagen mit dem Vorjahresbericht	☐	☐	☐	
h) Überprüfung der Erläuterungen des Berichts auf ihre Schlüssigkeit	☐	☐	☐	
i) Letzte Fassung des Berichts rechnerisch geprüft?	☐	☐	☐	
k) Liegen dem Erstellungsbericht die im Inhalts- / Anlagenverzeichnis erwähnten Anlagen bei?				
ka) Bilanz	☐	☐	☐	
kb) GuV	☐	☐	☐	
kc) Anhang (sofern Aufstellungspflicht)	☐	☐	☐	
kd) LB (sofern Aufstellungspflicht)	☐	☐	☐	
ke) Bescheinigung	☐	☐	☐	
kf) Allgemeine Auftragsbedingungen (aktuelles Formular)	☐	☐	☐	
kg) Fakultative Anlagen				
• Aufgliederungen / Erläuterungen	☐	☐	☐	
• Rechtliche / wirtschaftliche Verhältnisse	☐	☐	☐	

	n/a	Ja	Nein	Bemerkungen

B. Wesentliche Punkte, die die Aufmerksamkeit der Berichtskritik und des verantwortlichen Berufsangehörigen erfordern (erforderlichenfalls zusätzliche Anlage anfertigen)

6. Größenordnung für

   • große ☐ ☐ ☐

   • mittelgroße ☐ ☐ ☐

   • kleine ☐ ☐ ☐

   Kapital- / KapCo-Gesellschaft liegt vor.

7. Kann die Going-Concern-Prämisse aufrechterhalten werden? ☐ ☐ ☐

8. Erfolgte eine Anpassung an die letzte BP? ☐ ☐ ☐

9. Ist sichergestellt, dass keine

   • bilanzielle Überschuldung ☐ ☐ ☐

   • tatsächliche Überschuldung ☐ ☐ ☐

   vorliegt?

C. Beratungsbedarf

10. Ergibt sich aus dem Jahresabschluss steuerlicher Beratungsbedarf (z.B. Umwandlungen, Organschaft, sinnvolle Verlustvortragsnutzung, verdeckte Gewinnausschüttungsproblematik, Betriebsverlagerung, bilanzpolitische Planung, Anpassung an (geplante) gesetzliche Änderungen, steuermindernde Maßnahmen? ☐ ☐ ☐

11. Ergibt sich aus dem Jahresabschluss zwingender oder sinnvoller juristischer Beratungsbedarf (z.B. Haftungsfragen, Nachfolgeregelungen, Vertragsüberarbeitungen)? ☐ ☐ ☐

	Referenz	**MicroBil**
Mandant	Erstellt von / am	
Auftrag	Durchgesehen von / am	
Prüffeld / Betreff **Auftragsbesonderheit: Jahresabschlüsse von Kleinstkapitalgesellschaften (MicroBil) § 267a HGB**	Qualitätssicherung durch / am	

	n/a	Ja	Nein	Bemerkungen

Allgemeine Maßnahmen

1. Sind die ausgewiesenen Bilanzwerte durch die Sachkonten nachgewiesen? ☐ ☐ ☐

2. Wurden die maßgebenden Inventare
   a) rechnerisch überprüft, ☐ ☐ ☐
   b) mit den Sachkonten abgestimmt? ☐ ☐ ☐

3. Haben Sie sich davon überzeugt, welche materiellen und formellen Gestaltungsmöglichkeiten (Ansatz-, Bewertungs- und Ausweiswahlrechte sowie Ermessenentscheidungen) ausgeübt werden sollen? ☐ ☐ ☐

4. Haben Sie festgestellt, ob Änderungen bei den angewandten Ansatz- und Bewertungsmethoden sowie ggf. bei der Form der Darstellung des Jahresabschlusses erfolgen und ob diese Änderungen zulässig sind? ☐ ☐ ☐

4a. Ist sichergestellt, dass in dem Jahresabschluss die Firma, der Sitz, das Registergericht und die Nummer, unter der die Gesellschaft im Handelsregister eingetragen ist, angegeben wurden? ☐ ☐ ☐

Anlagevermögen

5. Haben Sie sich anhand der Anlagenkartei und anhand der Buchhaltung davon überzeugt, dass die Zu- und Abgänge vollständig erfasst und die Instandhaltungsaufwendungen zutreffend voneinander abgegrenzt wurden? ☐ ☐ ☐

6. Haben Sie sich davon überzeugt, dass für wesentliche Anlagegüter Eigentumsnachweise und welche Belastungen durch Rechte Dritter vorliegen? ☐ ☐ ☐

7. Haben Sie die Leasingverträge daraufhin überprüft, ob wirtschaftliches Eigentum des Unternehmens vorliegt? ☐ ☐ ☐

8. Haben Sie sich davon überzeugt, dass die Höhe der Herstellungs- und Anschaffungskosten sowie der Anschaffungsnebenkosten zutreffend ermittelt und ausgewiesen wurde? ☐ ☐ ☐

9. Sind die angewandten Abschreibungsmethoden zulässig? ☐ ☐ ☐

9a. Wurden Hilfsmittel zur Schätzung der Nutzungsdauer, wie AfA-Tabellen herangezogen? ☐ ☐ ☐

9b. Soweit bei nach dem 31.12.2015 aktivierten immateriellen Vermögensgegenständen des Anlagevermögens die Nutzungsdauer nicht verlässlich geschätzt werden konnte: Wurden planmäßige Abschreibungen über einen Zeitraum von 10 Jahren vorgenommen, Art. 75 Abs. 4 EGHGB? ☐ ☐ ☐

	n/a	Ja	Nein	Bemerkungen
10. Haben Sie sich davon überzeugt, ob Gründe für außerplanmäßige Abschreibungen vorliegen oder ob bei Wegfall der Gründe für außerplanmäßige Abschreibungen in Vorjahren Wertaufholungen vorzunehmen sind?	☐	☐	☐	
11. Haben Sie sich davon überzeugt, dass folgende Geschäftsvorfälle richtig verbucht und ausgewiesen sind:				
a) Erträge/Aufwendungen aus dem Kauf und Verkauf von Anlagevermögen,	☐	☐	☐	
b) Abschreibungen,	☐	☐	☐	
c) Erträge aus laufender Verzinsung/Gewinnausschüttung und deren Abgrenzung von Finanzanlagen?	☐	☐	☐	

Umlaufvermögen

Vorräte

	n/a	Ja	Nein	Bemerkungen
12. Haben Sie sich davon überzeugt, dass die ‚Abläufe der Bestandsaufnahme (Vollständigkeit, Nachprüfbarkeit, Einzelerfassung) den Grundsätzen ordnungsmäßiger Inventur entsprechen?	☐	☐	☐	
13. Ist sichergestellt, dass Vorräte Dritter nicht erfasst werden bzw. bei Dritten lagernde Vorräte sowie unterwegs befindliche Waren berücksichtigt werden?	☐	☐	☐	
14. Haben Sie sich vergewissert, dass die zeitliche Abgrenzung zum Abschlussstichtag zutreffend erfolgt?	☐	☐	☐	
15. Entsprechen die angewandten Bewertungsmethoden und Bewertungsvereinfachungsverfahren sowie die ermittelten Werte den handelsrechtlichen Vorschriften?	☐	☐	☐	
15a. Wurden nur solche Anschaffungskostenminderungen bei der Bewertung berücksichtigt, die den Vermögensgegenständen einzeln zugeordnet werden (anderenfalls Umsatzerlöse)?	☐	☐	☐	
16. Haben Sie sich durch Befragung in sonstiger Weise davon überzeugt, dass Verluste im Auftragsbestand hinreichend erfasst und in der Bilanz entsprechend dem Imparitätsprinzip berücksichtigt werden?	☐	☐	☐	
17. Haben Sie sich durch Befragung oder in sonstiger Weise davon überzeugt, dass bei längerfristiger Fertigung/Montage sichergestellt ist, dass die Gewinnrealisierung erst bei Abnahme eines Teilauftrags erfolgt?	☐	☐	☐	

Forderungen, sonstige Vermögensgegenstände, Wertpapiere, liquide Mittel

	n/a	Ja	Nein	Bemerkungen
18. Ist sichergestellt, dass die Grundsätze, nach denen Forderungen erstmals eingebucht werden (Abgrenzung und Realisierung des Umsatzes), den GOB entsprechen und die üblicherweise anfallenden Erlösschmälerungen (Rechnungsabstriche, Warenrücknahmen, Vergütungen, Rabatte und Boni) zutreffend gewährt und verbucht werden?	☐	☐	☐	

	n/a	Ja	Nein	Bemerkungen
19. Haben Sie die durchschnittliche Umschlagszeit der Forderungen mit der des Vorjahres verglichen?	☐	☐	☐	
20. Haben Sie sich wesentliche Abweichungen oder Implausibilitäten beim Vergleich der durchschnittlichen Umschlagszeit erklären lassen?	☐	☐	☐	
21. Haben Sie den Wert wesentlicher Forderungen mit dem früherer Perioden oder mit Planwerten verglichen oder haben Sie sich implausible Abweichungen erläutern lassen?	☐	☐	☐	
22. Haben Sie anhand der OPOS-Listen Besonderheiten festgestellt (z. B. hohe Verkehrszahlen, unveränderter Anfangsbestand, Stornierungen, Gutschriften, kreditorische Debitoren etc.) und deren Ursache zu Ihrer Zufriedenheit geklärt?	☐	☐	☐	
23. Erfolgt die zeitliche Abgrenzung zum Abschlussstichtag zutreffend?	☐	☐	☐	
24. Liegen Forderungen oder Vermögensgegenstände, die auf fremde Währung lauten, vor?	☐	☐	☐	
Wenn **ja**: Ist die Währungsumrechnung, die Behandlung der Währungsdifferenzen zutreffend erfolgt?	☐	☐	☐	
25. Haben Sie die Existenz der Forderungen durch Bestätigungen Dritter, insbesondere durch Saldenbestätigungen, Anwaltsbestätigungen etc., überprüft und ggf. alternative Prüfungshandlungen vorgenommen?	☐	☐	☐	
26. Haben Sie sich über die Vorgehensweise zur Bestimmung von dubiosen Forderungen (Mahnverfahren, Zahlungsausgleich nach dem Abschlussstichtag, Altersstruktur) und zur Festlegung von Wertberichtigungen informiert?	☐	☐	☐	
27. Sind in ausreichendem Umfang Einzel- und Pauschalwertberichtigungen vorgenommen worden?	☐	☐	☐	
28. Sind Forderungen gegen nahe stehende Unternehmen und Personen nach Inhalt und Umfang angemessen?	☐	☐	☐	
29. Sind die Forderungen gegenüber dem Finanzamt mit den Erklärungen oder Steuerbescheiden oder den Berechnungen für das laufende Jahr abgestimmt?	☐	☐	☐	
30. Haben Sie sich davon überzeugt, dass ggf. Beteiligungen an Arbeitsgemeinschaften und ähnlichen kurzfristigen Gesellschaften sowie die daraus resultierenden Forderungen und Verbindlichkeiten zum Abschlussstichtag in der Buchführung zutreffend erfasst sind?	☐	☐	☐	
31. Ist der Ausweis der Wertpapiere im Umlaufvermögen sachgerecht?	☐	☐	☐	
32. Liegen für die liquiden Mittel das Kassenbuch bzw. Kontoauszüge und ggf. Saldenbestätigungen der Kreditinstitute zum Abschlussstichtag vor?	☐	☐	☐	
33. Bestehen bei Bankguthaben Verfügungsbeschränkungen?	☐	☐	☐	
34. Wurden ggf. Verträge über derivative Finanzinstrumente in der Buchhaltung zutreffend erfasst?	☐	☐	☐	

	n/a	Ja	Nein	Bemerkungen

Aktive und passive Rechnungsabgrenzungsposten

35. Haben Sie sich davon überzeugt, dass die aktiven und passiven Rechnungsabgrenzungsposten rechnerisch zutreffend und periodengerecht gebildet wurden? ☐ ☐ ☐

Aktive und passive latente Steuern

36. Wurden bei unterschiedlichen Wertansätzen in der Handels- und in der Steuerbilanz oder bei steuerlichen Verlustvorträgen latente Steuern ermittelt und ggf. bestehende Wahlrechte angemessen und stetig ausgeübt? ☐ ☐ ☐

37. Wurden ggf. die aktiven und passiven latenten Steuern rechnerisch zutreffend ermittelt? ☐ ☐ ☐

Eigenkapital

38. Haben Sie sich anhand von
   a) Handelsregisterauszügen, ☐ ☐ ☐
   b) Verträgen, ☐ ☐ ☐
   c) Protokollen der Gesellschafterversammlungen, ☐ ☐ ☐
   d) Befragungen der relevanten Personen ☐ ☐ ☐
   über Änderungen beim Eigenkapital überzeugt?

39. Haben Sie sichergestellt, dass das bilanzierte Eigenkapital mit den Vertragsgrundlagen und dem aktuellen Handelsregisterauszug übereinstimmt? ☐ ☐ ☐

40. Haben Sie sich vergewissert, ob ausstehende Einlagen zutreffend erfasst und gebucht sind? ☐ ☐ ☐

41. Wurden die Beschränkungen, die für das Halten eigener Anteile gelten, §§ 71, 71a-e AktG, § 33 GmbHG, beachtet? ☐ ☐ ☐

42. Haben Sie sich die Gewinnverteilungsbeschlüsse oder andere vertragliche Regelungen zur Gewinnverwendung oder über Entnahmen vorlegen lassen? ☐ ☐ ☐

43. Haben Sie sich davon überzeugt, dass die gesellschaftsrechtlich veranlassten Geschäftsvorfälle entsprechend den gesetzlichen und vertraglichen Vorgaben auf den Gesellschafter- und Kapitalkonten zutreffend verbucht wurden? ☐ ☐ ☐

44. Wurden Ihre Auftraggeber ggf. auf gesellschafts- und steuerrechtliche Vorschriften (insbesondere auf verdeckte Gewinnausschüttungen bei Ausschüttungssperren) hingewiesen? ☐ ☐ ☐

45. Wurden Nachschussverpflichtungen bzw. Hafteinlageverpflichtungen zutreffend erfasst? ☐ ☐ ☐

46. Wurde die Abgrenzung zwischen Eigenkapital und Fremdkapital in Form von Gesellschafterdarlehen richtig vorgenommen? ☐ ☐ ☐

	n/a	Ja	Nein	Bemerkungen

Rückstellungen

47. Wurden bei allen Rückstellungen der Verbrauch, die Auflösung, die Zuführung und die Buchungen in der Gewinn- und Verlustrechnung zutreffend vorgenommen? ☐ ☐ ☐

48. Wurden ggf. Verzinsungen zutreffend ermittelt? ☐ ☐ ☐

49. Wurden Pensionsrückstellungen – ggf. anhand von Gutachten – entsprechend den gesetzlichen und vertraglichen Regelungen ermittelt? ☐ ☐ ☐

50. Wurden bei der Ermittlung der Pensionsrückstellungen eventuell vorgenommene Vertragsänderungen berücksichtigt? ☐ ☐ ☐

51. Haben Sie sich vergewissert, ob Vermögensgegenstände, die dem Zugriff aller übrigen Gläubiger entzogen sind und ausschließlich der Erfüllung von Pensionsansprüchen dienen, verrechnet wurden und ob ggf. ein Aktivüberhang bilanziert wurde? ☐ ☐ ☐

52. Entspricht die Entwicklung der Steuerrückstellungen den vorliegenden Steuerbescheiden und Abrechnungen der Finanzämter? ☐ ☐ ☐

53. Wurden ggf. Rückstellungen für Außenprüfungen oder Rechtsbehelfs- und Klageverfahren zutreffend gebildet? ☐ ☐ ☐

54. Haben Sie sich – ggf. durch Befragungen – davon überzeugt, dass sämtliche ungewisse Verbindlichkeiten und sämtliche Drohverluste durch Rückstellungen vollständig erfasst sind und dass entsprechende Nachweise vorliegen? ☐ ☐ ☐

55. Haben Sie die Salden wesentlicher korrespondierender Aufwandskonten mit den Salden der zurückliegenden vergleichbaren Perioden verglichen und sich davon überzeugt, dass hieraus kein Rückstellungsbedarf notwendig ist? ☐ ☐ ☐

Verbindlichkeiten

56. Haben Sie sich davon überzeugt, dass auf fremde Währungen lautende Verbindlichkeiten zutreffend umgerechnet und die Währungsdifferenzen ordnungsgemäß verbucht wurden? ☐ ☐ ☐

57. Sind sämtliche Bankverbindlichkeiten durch Kontoauszüge, Darlehensverträge und ggf. Saldenbestätigungen der Kreditinstitute nachgewiesen? ☐ ☐ ☐

58. Wurden sämtliche Verbindlichkeiten nach ihren Laufzeiten und ihrer Besicherung, insbesondere unter Angabe der Art und Form der Sicherheiten, vollständig erfasst? ☐ ☐ ☐

59. Wurden ggf. sich aus der Art der Bankgeschäfte ergebende Risiken (z. B. durch Derivate) oder besondere Bewertungsfragen zutreffend bilanziert? ☐ ☐ ☐

60. Wurden Zinsabgrenzungen in dem erforderlichen Umfang vorgenommen? ☐ ☐ ☐

	n/a	Ja	Nein	Bemerkungen
61. Lässt sich anhand der Relation von Wareneinsatz zu Umsatzerlösen im laufenden Berichtszeitraum und im Vorjahreszeitraum ausschließen, dass Anhaltspunkte für wesentliche ungebuchte Verbindlichkeiten vorliegen?	☐	☐	☐	
62. Haben Sie sich bei größeren Abweichungen vom Vorjahresstand der Liefer- und Leistungsverbindlichkeiten darüber informiert, welche Gründe hierfür vorliegen?	☐	☐	☐	
63. Konnten Besonderheiten anhand von OPOS-Listen (z.B. hohe Verkehrszahlen, unveränderter Anfangsbestand, Stornierungen, debitorische Kreditoren) bei Verbindlichkeiten aus Lieferungen und Leistungen festgestellt und im Hinblick auf ihre Verursachung und ihre zutreffende buchhalterische Erfassung geklärt werden?	☐	☐	☐	
64. Haben Sie sich anhand geeigneter Unterlagen davon überzeugt, ob bei wesentlichen Verbindlichkeiten aus Lieferungen und Leistungen die Lieferung bzw. der Eigentumsübergang erfolgt ist?	☐	☐	☐	
65. Haben Sie sichergestellt, dass die Periodengerechtigkeit bei Verbindlichkeiten aus Lieferungen und Leistungen gewahrt wurde?	☐	☐	☐	
66. Haben Sie sich durch geeignete Maßnahmen, z.B. Saldenbestätigungen, sonstige Bestätigungen Dritter, von der vollständigen und zutreffenden Erfassung der Verbindlichkeiten aus Lieferungen und Leistungen überzeugt?	☐	☐	☐	
67. Haben Sie sich davon überzeugt, dass sämtliche Verbindlichkeiten gegenüber nahestehenden Unternehmen und Personen zutreffend erfasst wurden und nach Inhalt und Umfang angemessen sind?	☐	☐	☐	
68. Wurden bei den sonstigen Verbindlichkeiten solche der sozialen Sicherheit und der Steuern vollständig erfasst und mit ggf. vorliegenden Bescheiden abgestimmt?	☐	☐	☐	
69. Sind die übrigen sonstigen Verbindlichkeiten nach Rechtsgrund und Berechnung nachvollziehbar?	☐	☐	☐	
70 Haben Sie sich von dem Ausgleich neuer Rechnungen überzeugt?	☐	☐	☐	
71. Wurden mögliche Verjährungstatbestände zutreffend erfasst?	☐	☐	☐	

Haftungsverhältnisse

	n/a	Ja	Nein	Bemerkungen
72. Haben Sie sich davon überzeugt, dass alle Haftungsverhältnisse nach § 251 HGB erfasst und a) bei freiwilliger Anhangerstellung im Anhang jeweils gesondert unter Angabe der gewährten Pfandrechte und sonstigen Sicherheiten angegeben sind, soweit es sich nicht um auf der Passivseite auszuweisende Posten handelt: – die Verbindlichkeiten aus der Begebung und Übertragung von Wechseln,	☐	☐	☐	

	n/a	Ja	Nein	Bemerkungen
– die Verbindlichkeiten aus Bürgschaften,	☐	☐	☐	
– die Wechsel und Scheckbürgschaften,	☐	☐	☐	
– die Verbindlichkeiten aus Gewährleistungsverträgen,	☐	☐	☐	
– die sonstigen Haftungsverhältnisse aus der Bestellung von Sicherheiten für fremde Verbindlichkeiten?	☐	☐	☐	
– und dabei Verpflichtungen betreffend die Altersversorgung gesondert vermerkt sind und	☐	☐	☐	
– dabei auch jeweils gesondert vermerkt sind				
• Verpflichtungen gegenüber verbundenen Unternehmen,	☐	☐	☐	
• Verpflichtungen gegenüber assoziierten Unternehmen (i.d.R. bei Beteiligungen mit mindestens 20 % der Gesellschafterstimmrechte)	☐	☐	☐	
b) oder vorgenannte Angaben				
• unter der Bilanz vermerkt sind?	☐	☐	☐	
• Wurde ggf. sämtlicher Rückstellungsbedarf aus Haftungsverhältnissen bilanziert?	☐	☐	☐	

Gewinn- und Verlustrechnung

	n/a	Ja	Nein	Bemerkungen
73a. Wurden unter den Umsatzerlösen alle, auch außerordentliche Erlöse aus dem Verkauf und der Vermietung oder Verpachtung von Produkten sowie aus der Erbringung von Dienstleistungen erfasst?	☐	☐	☐	
73b. Wurde sichergestellt, dass				
– Verkäufe von Umlaufvermögen (neben Vorräten u.a.) auch nicht mehr benötigte RHB-Stoffe oder Schrottverkäufe,	☐	☐	☐	
– Umlagen für Managementleistungen (z.B. Konzernumlagen, Verrechnung von Entwicklungsleistungen, IT- oder Rechnungswesenleistungen, Belastungen für Expatriates),	☐	☐	☐	
– Erlöse aus (auch nicht betriebstypischen) Dienstleistungen, wie beispielsweise der Vermietung von Werkswohnungen oder Kantinenerlöse,	☐	☐	☐	
– Haftungsvergütung für die Übernahme der persönlichen Haftung,	☐	☐	☐	
– Boni,	☐	☐	☐	
– empfangene Aufwandszuschüsse (z.B. Werbekostenzuschüsse, Lizenzgebühren), als Umsatzerlöse gezeigt werden?	☐	☐	☐	
73c. Wurden alle sonstigen, direkt mit dem Umsatz verbundenen Steuern, für die der Unternehmer Steuerschuldner ist (insbesondere Verbrauchs- und Verkehrssteuern wie die Tabak-, Bier, Sekt-, Kaffee- oder Mineralölsteuer), von den Umsatzerlösen abgezogen?	☐	☐	☐	
74. Wurden bei den Umsatzerlösen und dem Wareneinsatz untypisch große Geschäfte verbucht?	☐	☐	☐	
Wenn **ja**: Haben Sie sich von der Berechtigung dieser Buchung überzeugt?	☐	☐	☐	

	n/a	Ja	Nein	Bemerkungen
74a. Wurden unter den sonstigen betrieblichen Erträgen nur die Erträge erfasst, die nicht aus dem Verkauf und der Vermietung oder Verpachtung von Produkten oder aus der Erbringung von Dienstleistungen resultieren?	☐	☐	☐	
75. Haben Sie die bilanzabhängigen Werte der Gewinn- und Verlustrechnung mit den zugehörigen Bilanzposten (z. B. Bestandsveränderungen, Abschreibungen) bzw. die Konten einzelner Posten der GuV mit den zugehörigen Konten der Bilanz (z. B. Einzel- bzw. Pauschalwertberichtigung, Verbrauch bzw. Auflösung von Rückstellungen) abgestimmt?	☐	☐	☐	
76. Haben Sie sich davon überzeugt, dass Aufwendungen für Dauerschuldverhältnisse (z. B. Mieten und Leasing) vollständig erfasst wurden und dass die Erträge und Aufwendungen des Geschäftsjahres periodengerecht bilanziert wurden?	☐	☐	☐	
77. Haben Sie wesentliche Relationen von Umsatzerlösen/ Gesamtleistungen zum Wareneinsatz verglichen und sind zu dem Ergebnis gekommen, dass keine zu weiteren Prüfungsmaßnahmen Anlass gebenden ungewöhnlichen Relationen vorliegen?	☐	☐	☐	
78. Konnten signifikante Änderungen in der Gewinn- und Verlustrechnung auf Posten- und auf Kontenebene hinreichend erläutert werden?	☐	☐	☐	
79. Wurden die Steuern vom Einkommen und vom Ertrag sowie die sonstigen Steuern zutreffend ermittelt?	☐	☐	☐	

Anhang

	n/a	Ja	Nein	Bemerkungen
80. Haben Sie berücksichtigt, dass nach § 264 Abs. 1 S. 5 HGB auf den Anhang verzichtet werden kann, wenn				
– die Haftungsverhältnisse unter der Bilanz jeweils gesondert angegeben sind,	☐	☐	☐	
– die an Mitglieder der Geschäftsführung des Aufsichtsrats, eines Beirats oder einer ähnlichen Einrichtung gewährten Vorschüsse und Kredite unter Angabe der Zinssätze, der wesentlichen Bedingungen und der ggf. im Geschäftsjahr zurückgezahlten Beträge sowie die zugunsten dieser Personen eingegangenen Haftungsverhältnisse unter der Bilanz angegeben sind,	☐	☐	☐	
– im Falle einer AG oder KGaA die in § 160 Abs. 1 S. 1 Nr. 2 AktG geforderten Angaben unter der Bilanz angegeben sind?	☐	☐	☐	
81. Falls ein Anhang gleichwohl aufgestellt wird:				
a) Haben Sie sich vergewissert, dass bei der Aufstellung des Anhangs der Grundsatz der Klarheit und Übersichtlichkeit sowohl bei den Pflicht- als auch bei den freiwilligen Angaben beachtet wurde?	☐	☐	☐	
b) Haben Sie die Vollständigkeit des Anhangs ggf. mittels einer Checkliste überprüft?	☐	☐	☐	